王阳明

与

白鹿洞书院

周建华　王修权　编著

江西人民出版社
Jiangxi People's Publishing House
全国百佳出版社

图书在版编目（CIP）数据

王阳明与白鹿洞书院／周建华，王修权编著. -- 南昌：
江西人民出版社，2024.4

ISBN 978-7-210-15461-7

Ⅰ. ①王… Ⅱ. ①周… ②王… Ⅲ. ①王守仁
（1472-1528）-心学-研究②白鹿洞书院-教育史-
研究Ⅳ. ①B248.25②G649.299.564

中国国家版本馆 CIP 数据核字（2024）第 091593 号

王阳明与白鹿洞书院
WANG YANGMING YU BAILUDONG SHUYUAN
周建华　王修权　编著

责 任 编 辑：吴艺文
封 面 设 计：章　雷

 江西人民出版社 出版发行
Jiangxi People's Publishing House
全国百佳出版社

地　　　址：江西省南昌市三经路 47 号附 1 号（邮编：330006）
网　　　址：www.jxpph.com
编辑部电话：0791-86898470
发行部电话：0791-86898893
承　印　厂：南昌市红星印刷有限公司
经　　　销：各地新华书店

开　　　本：787 毫米×1092 毫米　1/16
印　　　张：16.75
字　　　数：250 千字
版　　　次：2024 年 4 月第 1 版
印　　　次：2024 年 4 月第 1 次印刷
书　　　号：ISBN 978-7-210-15461-7
定　　　价：62.00 元
赣版权登字-01-2024-170

一部书院史,半部中国史、中国文化史、中国教育史。

白鹿洞书院诞生在盛唐,壮大在两宋,辉煌在明代,僵化在清代,飘摇在民国。大唐盛世,中国国力强盛,世界瞩目,书院应运而生;两宋,文化灿烂,经济繁荣,书院也兴旺鼎盛;有明一代,思想活跃,政教完善,书院得到进一步的发展;清代封建体制已臻完备,统治者沉浸于文治武功,书院成为御用的工具,教条、僵化;清末民国,国家千疮百孔,兵荒马乱,民不聊生,书院也蛰伏在中华大地呻吟、挣扎。

白鹿洞书院是中国历史上第一所教育体系完整的书院,传承了中国千年的儒学文教传统,特别是理学文化的传统。这当然要感谢两个人:朱熹和王阳明。

白鹿洞书院诞生、发展的时间进程,和理学的酝酿、创始、发展节点几乎重叠。白鹿洞书院诞生在唐末,这一时期刚好是宋明理学的准备阶段;白鹿洞书院在宋代复兴,而这一阶段刚好是周敦颐在庐山脚下演绎并创始理学,四传之后至朱熹,朱熹集理学之大成,并在白鹿洞书院演绎他的理学思想。明代,理学在复兴的同时,王阳明举起了心学的旗帜,把理学推向了新阶段;而此时,白鹿洞书院进入了发展的高峰,其推动的力量就是王阳明的师友和弟子。也就是说,宋明理学从创立、发展到推向新阶段的三个重要节点、三个重要人物,都在白鹿洞书院得到呈现——创始人周敦颐、集大成者朱熹、推向新阶段者王阳明,都在白鹿洞书院交集,这在中国思想史、中国教育史、中国文化史上都是值得大书特书的重要事象。

嘉靖年间,在王阳明过化白鹿洞书院的影响下,书院的讲学风气十分兴盛,一大批阳明学说的服膺者来到这里,讲阳明心学,如邹守益、陈九川、蔡宗兖、王畿、魏良器、罗洪先、贡安国、章潢、徐阶等,他们或者在书院举办讲会,或者入主书院,或在这里著书立说,各有成就,影响巨大。偶尔有一些人讲程朱理学,但都不成气候,其时王阳明的影响远远大于朱熹。明代中叶以后,白鹿洞书院成为阳明后学的道场,白鹿洞书院又辉煌了一阵子。后朝廷禁止书院,贬抑阳明心学,于是,书院和阳明心学一起式微。

然而,王阳明在白鹿书院时间虽短,其意义却非同一般,足以留诸白鹿洞书院的历史,载入中国书院教育乃至思想文化的史册:

他曾两次来到白鹿洞书院讲学传道;

他在这里观"心",讲述《朱子晚年定论》,陈解"朱陆"之辩;

他把他的代表作《大学古本序》拿到这里,并亲书《大学古本》,勒石纪铭;

他亲书《中庸古本》《修道说》,也刻诸洞府;

他的朋友李梦阳、邵宝、唐龙托起了书院辉煌的太阳;

他亲自推荐有学问、有气节、有担当的弟子担任书院山长;

他在这里讲学,传授心学要旨;

他在这里写诗作文,抒情纪事;

邹守益、陈九川等一大批弟子,随他一起过化;

他走后,他的门人王畿、章潢等依然恋恋不舍,在这里缅怀师长、传承圣学;

若干年后,他的亲传弟子也走了,但他的后学仍然在这里聚讲,徘徊不忍离去……

白鹿洞书院汇集儒家典籍，形成了完整的书院教育理论体系，成为后世书院的办学范本和准则，标志着书院的制度化，明确了教育目的、过程，提出修身、处事、接物，使书院有了纲领性学规，集中体现了书院精神，对当世、后世书院、官学乃至东亚等地的理学传播都产生了重大影响。

以白鹿洞为标志的中国古代书院的主要职能是传道、习礼、藏书、著述，传统书院在教育过程中体现出来的以道德涵养为核心的人文精神、独立风格、批判传统，对现代大学精神的构建，有重要的启示；古代书院的历史使命、办学方式、延师聘教的体制、灵活的讲学形式，对我们今天仍有一定的借鉴意义。同时，透过王阳明与白鹿洞书院文化，可进一步解读集立德、立功、立言于一身的"三不朽"圣人王阳明的教育思想的意义、内涵，学习他的人文精神和心学奥涵，心存良知，身系家国，知行合一，践履初心。

目 录

第一章

千年白鹿 朱王贯道

——白鹿洞书院的前世今生

一、唐祚宋继　文风蔚起

谈起唐代江右文化,常常会被问到几个问题:唐代江右最有名的诗人是谁? 其中最有名的诗是哪一首? 写的什么内容? 诚然,要说散文,滕王阁的"腾蛟起凤"当在其列,众所周知,故事发生在南昌,《滕王阁序》的作者却是山西人王勃。而作者是江右之人,诗作又是写江右之事,就有许多人想不到。江西人王贞白,在庐山白鹿洞,写了一首有关书院读书的诗,载入了史册。诗的题目是《白鹿洞》,其一内容是:

读书不觉已春深,一寸光阴一寸金。

不是道人来引笑,周情孔思正追寻。

诗的前两句意思是说,学子专心读书,不知不觉中,时令已进入暮春,时光如白驹过隙,分分秒秒一点一滴快速流逝。因此要珍惜光阴,珍之如黄金,惜之如瑰宝。这四句诗,成为不朽的格言,勉励人们特别是读书人要珍惜时间、刻苦研习。

这首诗流传千百年,大家耳熟能详,但大家未必尽知,它写于白鹿洞书院,它的作者是王贞白。

王贞白(875—958),字有道,号灵溪。今江西广丰人。唐乾宁二年(895)登进士,授职校书郎,曾与罗隐、方干、贯休同唱和。在登第授职之间的 7 年中，他随军出塞抵御外敌，写下了许多边塞诗，有不少反映边塞生活、激励士气的佳作。征戍之情，深切动人。对军旅之劳、战争景象的描写气势豪迈、色彩浓烈、音调铿锵。

白鹿洞书院，位于江西庐山东南五老峰下，这里山水环合，碧树成荫，清邃幽静，两山夹岸，一水中通，四周高、中间低，俯视如洞，有泉石之胜，无市井之喧。名有"白鹿洞"，其实并无什么"洞"，之所以称为"洞"，是道家意义上"洞天福地"的意思，意指这里是世外桃源，读书、清修的最佳去处。

有关白鹿洞书院的由来，有两种说法。第一种说法认为，白鹿洞是白鹿真人修道的地方，时间可以推至春秋战国时期。另一种比较通常的说法是源于唐李渤，唐代贞元年间，河南洛阳学者李渤与兄李涉隐居读书于此。李渤养白鹿一头自娱，出入跟从，人称李渤为"白鹿先生"。长庆年间，李渤经大文豪韩愈的举荐，出任江州（今九江）刺史，于洞中广植花木，修建台榭，成为四方文人聚会、讲学和吟咏的场所。李渤有《喜弟淑再至为长歌》，写出了这段时间的情怀与生活："前年别时秋九月，白露吹霜金吹烈。离鸿一别影初分，泪袖双挥心哽咽。别来几度得音书，南岳知□□□□。庐山峨峨倚天碧，捧排空崖千万尺。社榜长题高士名，食堂每记云山迹。我本开云此山住，偶为名利相萦误。自负心机四十年，羞闻社客山中篇。忧时魂梦忆归路，觉来疑在林中眠。昨日亭前乌鹊喜，果得今朝尔来此。吾吟行路五十篇，尽说江南数千里。自怜兄弟今五人，共萦儒素家尚贫。虽然廪饩各不一，就中总免拘常伦。长兄年少曾落拓，拔剑沙场随卫霍。口里虽谭周孔文，怀中不舍孙吴略。次兄一生能苦节，夏聚流萤冬映雪。非论疾恶志如霜，更觉临泉心似铁。第三之兄更奇异，昂昂独负青云志。下看金玉不如泥，肯道王侯身可贵。却愁清逸不干时，高踪大器无人知。倘逢感激许然诺，必能万古留清规。念尔年来方二十，夙夜孜孜能独立。卷中笔落星汉摇，洞里丹灵鬼神泣。嗟余流浪心最狂，十年学剑逢时康。心中不解事拘束，世间谈笑多相妨。广海青山殊未足，逢著高楼还醉宿。朝走安公枥上驹，暮伦陶公篱边菊。近来诗思殊无况,苦被时流不相放。云腾浪走势未衰,鹤膝蜂腰岂能障。送尔为文殊不识,贵从一一传胸臆。若到湖南见紫霄,会须待我同攀陟。"

李渤早年隐居嵩山,刻苦读书。元和初年,以任左拾遗起家,后历任著作佐郎、右补阙、考功员外郎等。得罪宰相杜元颖,出任江西虔州(今赣州)、江州(今九江)刺史。唐文宗太和五年,授太子宾客,卒赠礼部尚书。唐长庆元年,李渤任江州刺史时,于旧时隐居处白鹿洞创建栖真堂、台榭,游娱其间,从游者众,成为一处名胜。

南唐升元年间(937—943),朝廷在这里建"庐山国学",使这里与金陵(今南京)的"国子监"齐名,距今已有1060多年的历史。

北宋初年,白鹿洞建有书院,范围更广,建筑更多,与岳麓书院、嵩阳书院、石鼓书院并称中国"四大书院",经常来这里读书的人有上百人。太平兴国二年,从江州知州周述所请,国子监颁给白鹿洞书院印本《九经》,号白鹿国学,白鹿洞书院有了真正意义上的藏书。咸平五年,朝廷敕当地府县重修,又塑宣圣十哲之像,书院开始有了真正意义上的先哲、先师、先贤的祭祀。宣圣指孔子,十哲指颜渊、闵子骞、冉伯牛、仲弓、宰我、子贡、冉有、季路、子游、子夏。皇祐五年,又于故址复建白鹿洞书堂、学馆十余间,教四方来学之士,挂起了"白鹿洞书院"的匾额。后书院一度荒废。

淳熙年间,朱熹任南康知军,带来了白鹿洞书院的振兴发展,使白鹿洞书院成为真正意义上的中国古代四大书院之首。朱熹恢复了书院的规制,并亲自主持洞务,亲自讲学。淳熙七年,高宗御书"白鹿洞书院"匾额,并赐《石经》与监本《九经》藏于书院,列《圣贤为学次第》以示学者。后朱熹由浙东提举赠钱三十万,建礼圣殿并塑像,置学田。淳熙十年,南康知军朱端章建礼圣殿板壁,绘从祀先圣先哲先贤像,置学田。开禧元年,山长李中主建云章阁,将周敦颐、程颢、程颐与朱熹一并祀于讲堂之后。嘉定十年,朱熹之子朱在任南康军知军,踵其父绩,朱在非常重视书院建设,重新修葺了书院。嘉定十四年,南康军知军黄桂重建礼圣殿,增廓白鹿贡院、卧龙祠堂等,又将罚没的三百亩田作为学田。咸淳四年，南康知军刘传汉非常重视书院的建设，他带头捐出了自己的俸禄，创白鹿洞贡士仓，修流渐桥。

《白鹿洞书院教条》不但体现了朱熹以"格物、致知、诚意、正心、修身、齐家、治国、平天下"等一套儒家经典为基础的教育思想，而且成为南宋以后中国700年封建社会书院办学的样式，也是教育史上最早的教育规章制度之一。

朱熹对白鹿洞书院的贡献是：根据当时社会发展对教育的需求，制定出一整套完备的教学规范、学规；将他的教学主张变成教学实践；将四书五经等确定为学生主修科目；系统地改革了之前官办书院教育目的仅仅就是读书为做官的弊端；大胆地推行、创办出新型的书院教育制度；注重对学生的德育教育，以及全方位的素质教育。朱熹在白鹿洞书院的教育改革实践，直接影响了之后近700年的科举、教育制度，并成为后世中国办学所遵行的榜样。也就是从此时始，白鹿洞书院开始享有"海内书院第一，天下书院之首"的美誉。自朱熹之后，白鹿洞书院"一时文风士习之盛济济焉，彬彬焉"，成为宋代传习理学的重要基地。

朱熹在主持白鹿洞书院洞务时，还发生了可以载入中国思想史的一件大事，就是邀请陆九渊来到白鹿洞书院讲学。在这之前，朱熹和陆九渊在江西铅山的鹅湖书院，进行了一场辩论，史称"鹅湖之会"，朱熹与陆九渊就尊德性与道问学展开激烈辩论。鹅湖之会后，朱熹曾经在给张栻的信中激烈批评陆九渊。在朱熹看来，陆九渊的问题在于完全不提倡读书，只一味强调践行，称在实践中时时察看自己的心，就能开悟本心之所在，过于玄乎。3年后，陆九龄特地拜会朱熹，为鹅湖会上己方在辩论中用语之激烈致歉。此时朱熹和诗一首，进一步表达自己的理学主张及对二陆的批评。

鹅湖之会6年后，受朱熹之邀，陆九渊主动带着弟子，从家乡金溪前去白鹿洞书院拜见朱熹。在白鹿洞书院，朱熹和陆九渊两人携手共游湖山。陆九渊还应朱熹邀请，在白鹿洞书院，选取《论语》中的"义利"章作了一次公开的演讲。这次相会，史称"南康之集"。陆九渊所作演讲，指出志于义与志于利之高下之别;联系实际,指出要在现实生活中辨别义利,区分君子与小人。当时有听众听讲后激动得泪流满面,朱熹也深深被打动,频频出汗,以至于要不停挥扇。演讲结束,朱熹上前致辞,诚恳表达对陆九渊的赞颂,表示自己当与众门生恪守陆先生之训教,自己对于义利篇的理解不如陆九渊之深刻。

这次南康之会,两位均已是步入暮年的学者,不再有鹅湖之会的意气之争,而是握手言欢。虽然学术观点不同,但并不影响双方的友谊,且双方辩难,对双方的学术都有促进。

两宋期间,洪迈、王应麟、郭祥正、米芾、吕祖谦、朱熹、陆九渊、杨万里、黄榦、陈宓等名士高流都曾经过化书院,撑起了书院的文化高度。

元至正年间,白鹿洞书院遭到火灾,不久重修。大德年间,南康路总管崔翼之增置学田百亩。泰定年间,南康路总管汪从善任职5年,大修书院,恢复了朱熹时所定的山园疆界,禁止砍伐,增建房舍,匾额大书"天下大书院"。此时的白鹿洞书院是元代最辉煌的时期。至正十一年,白鹿洞书院毁于兵火,化为一片焦土。

二、明代复兴　清渐式微

白鹿洞书院最值得称道的是两个重要节点,那就是宋代朱熹的复兴,明代的鼎盛。到了明代,开始书院得到复兴,后又遭到打压,遂至式微。在明代,书院有三变,即翟溥福建书院于荆棘草莱之中,也就是开拓之功;李龄聘胡居仁为书院山长,振起了一代儒风;阳明讲学于书院,带来了心学与书院一起鼎盛。万历之后,书院虽稍有振兴,但是先圣的灵光已经日趋幽隐了。

明正统三年,南康知府翟溥福砍开荆棘丛生的白鹿洞书院故址,可以说是厥功甚伟,明代白鹿洞书院始自翟氏。翟溥福(1381—1450),字本德,广东东莞人。永乐元年进士,授青阳知县,后升为南康知府,颇有惠政。其时白鹿洞书院已荒废多年,杂草丛生,野狐出没,翟溥福带领百姓一起修复,聘请老师教育本府子弟，每月初一、十五，不管政务有多忙，他都亲自到书院授课。翟溥福任职期满，奏请准予告老还乡。曾任江西巡抚的刑部侍郎赵新说："翟君为此郡第一位贤能守臣，不可让离去。"翟溥福恳请辞官多时，才蒙允准。辞别南康之日，南康的父老乡亲争相赠送金帛，翟溥福坚辞不受。百姓牵船含泪送别，在鄱阳湖堤边为他建生祠，又在白鹿洞书院"三贤祠"内设立他的牌位，与三贤并列。所谓"三贤"，即唐代白鹿洞书院创始人李渤、宋代的宋明理学创始人周敦颐，以及宋明理学集大成者、振兴白鹿洞书院的朱熹。可见翟溥福在南康百姓心目中的地位。

明天顺二年，南康知府陈敏政修葺书院，建贯道桥。成化元年至十七年，江西提学佥事李龄与南康知府何浚重修书院，并捐俸添置学田，聘胡居仁为白鹿洞书院山长，使理学得到了彰显。胡居仁（1434—1484），字叔心，号敬斋，江西余干人。幼时聪敏异常，称为"神童"。胡居仁兴趣广泛，博览群书，《左传》《公羊》，诸子百家，楚辞汉赋，唐诗宋辞等，无不涉猎。与陈献章、娄谅同时拜崇仁硕儒吴与弼为师，而醇正笃实，饱读儒家经典，尤致力于程朱理学。认为"气之有形体者为实，无形体者为虚；若理则无不实也"。其穷理方法不止一端："读书得之虽多，讲论得之尤速，思虑得之最深，行事得之最实。"所倡之学称之为"崇仁学派"，名闻当时，影响后世。胡居仁绝意仕进，筑室山中，讲学论道，追随者甚众。寻主白鹿书院，以布衣终身。万历中，追谥文敬，从祀文庙。胡居仁以一介布衣获聘入主白鹿洞书院，延名师，购书籍，量学租，陈学弊，作洞记，定学规，兴复白鹿洞书院于将废。虽因学风士习等原因导致他最终忍痛辞归，但他给书院留下了宝贵的精神遗产，对整饬当时浮风士习，传播程朱理学思想有着深远的历史影响。

弘治十年，江西提学佥事苏葵重修书院。书院延聘娄谅之子娄性为山长，书院名声大振，来书院读书的人达到500多人。弘治十三年，江西巡按陈铨、提学苏葵增置书院学田，保证了书院经费的日常运转。弘治十四、十六年，王阳明之友邵宝任江西提学，他常来书院讲学，并置学田。

正德六年，王阳明之友李梦阳任江西提学，又有一番作为。他清旧田，作新志，亲自讲学，现存"白鹿洞书院"的匾额是李梦阳所书写。正德十五年，江西巡按唐龙访查书院书籍、田亩，聘请王阳明弟子蔡宗兖为书院山长；次年，江西巡抚王阳明又增置书院学田，并在书院讲学论道，书院的发展达到了高峰。

嘉靖年间，南康知府罗辂，江西左布政使陈洪谟，江西巡按徐岱，江西提学徐一鸣，南康知府王溱、何浚，江西巡按魏谦吉，江西参政张元冲，江西提学王宗沐等，先后扩建书院、置学田，书院得到了持续的发展。

万历年间，大学士张居正禁"伪学"，诏毁天下书院，把书院学田卖了，得到的款项充给边防军需。御史张简以白鹿洞书院有敕额，不能随便毁弃；有先圣的遗像，应留下300余亩学田供祭祀用，算是给书院留下了一点文脉。万历十年，权倾一时的张居正寿终正寝，生前所进行的一些决策逐渐被全面的否定。次年，东林党首领之一、给事中邹元标奏请恢复书院，诏从之。巡道王桥请复白鹿洞书院、山塘并修理。万历十二年，南康同知张汝正清白鹿洞学田。万历十三年，江西参政程拱宸请复白鹿洞田。万历十五年，推官舒九思清白鹿洞田。万历十七年，江西提学朱廷益聘请南昌布衣章潢为书院山长。万历十九年，南康知府田琯改宗儒祠，迁文会堂，颇有建置。万历二十二年，南康知府彭梦祖在流芳桥西题"古国学"。

崇祯十三年，江西提学侯峒曾主聘廖文英为书院山长；按院徐养心、抚院刘宗祥会请南昌翰林李明睿主书院讲席。这是明代白鹿洞书院最后的辉煌。

有明一代，许多名士如陈敏政、彭时、张元祯、何乔新、李梦阳、罗辂、邵宝以及王阳明及其门人邹守益、陈九川、王畿等都在这里或复建制，或扩建筑，或著述，或讲学授徒，使书院得到了进一步的发展。

明清之际，朝代交替，烽烟四起，兵荒马乱，民不聊生，文风衰颓，白鹿洞书院几经荒废。蔡士英和李长春等主事之人，在战事纷起之时兴复书院。清代大兴文字狱，把书院一类的讲学名区，改造成为科举的附庸。乾隆、嘉庆之后，虽然书院也有所修葺，但其目的在于向朝廷表功，其职能是拔贡、乡荐。

清末，书院改成新学，不复旧日之职能。

顺治年间，南康知府李长春有志复兴书院，但世乱甫定，难以如愿，虽留金数十，嘱意前任修之，亦无结果。其后，南康知府徐士仪、江西巡抚蔡士英、南康知府薛所习、推官范礽、知县黄秉坤都曾先后协力修葺，清理洞田，并聘山长主持洞务，书院有了一点复兴的样子，看到了希望。康熙年间，江西巡抚、推官、提学、南康知府等官吏复修书院，置洞田，建庑院及大成门，添设号舍，清洞田，垦石山。

康熙二十二年，安世鼎上疏国子监，请求赐书院《十三经》《廿一史》，延聘名宦汤来贺为书院山长。汤来贺（1607—1688），字佐平，改字念平，号惕庵，江西南丰人。中进士，官至兵部侍郎兼广东巡抚。明末清初散文家、诗人。汤来贺幼承家学，淹贯古今，博文为豫章之冠。其在政以廉洁著称，其品行兼优，受史可法器重，奏荐朝廷誉其为"立品以千秋自命，立志以圣贤为法，天下治行第一也"。清初天下一统，百废俱兴，朝廷急需人才，江西巡抚安世鼎亲赴南丰，敦请汤来贺主讲白鹿洞，汤来贺婉言相拒。安世鼎知道汤来贺注重名节，以入白鹿洞内是"入山非出山"也，说动了汤来贺。汤来贺来到白鹿洞书院主讲，四面八方的生童、学者竞相入洞拜师，如有干特、干建邦父子，湖北潜江七旬进士莫大岸等，均拜于汤来贺门下，被士林传为美谈。汤来贺重在"躬行"，秉承程朱理学，亲自订立《白鹿洞书院学规》，使白鹿洞书院重振昔日雄风，成为全国书院教育的楷模，得到康熙皇帝的嘉奖，御赐白鹿洞书院"学达性天"匾以示奖励。

乾隆皇帝也重视白鹿洞书院，赐御书"洙泗心传"匾额。乾隆年间，书院也得到了修葺，书院也正常招生、讲学。道光年间，都昌籍贡生余泰捐款修葺书院。南康知府邱建猷详请增加膏火，为琐约八条，经学者遵守，一时之间，书院的学习风气非常兴盛。

光绪九年，给事中上疏朝廷，江西白鹿洞书院，建置之初，法良意美，据奏历年既久，田亩渐就湮芜，兼以吏役侵渔，岁入租息实不及半，以致书院日益颓弛,士子肄业寥寥,遗规几废。著潘霨督饬地方官将白鹿洞田租,认真清查,勿任侵蚀,并于书院一切事宜,设法整顿,以复旧章。朝廷颁江西白鹿洞书院匾额"阐明正学"。次年,提督江西学政陈宝琛重修书院,又筹措经费,增加学额。其时书院名声大振,来这里受学的,除了本省之外,邻省湖北、安徽、江苏的学众,也纷至沓来,校舍容纳不下,租上下坂李村为学生宿舍。江西的官吏也常来书院讲学。

清末,书院停办,取消月课。书院的款项除留下了一部分作祭祀经费外,其余都拨给了南康府官立中学堂。

三、兵荒马乱　书院遭劫

清光绪末年,政府引进西方新式学校及其制度,于清光绪二十七年(1901)诏令全国书院一律改为新式学堂,中国书院及其制度至此结束,白鹿洞书院也随即停办。从清末至民国几十年间,白鹿洞书院随着兵荒马乱的祖国一起呻吟,遭到了摧残,进入了无序、苟延残喘的时期。中华人民共和国成立之后,政府有序地加以管理,这座千年学府得到很好的保护。

1903年,白鹿洞书院藏书送至南康府(今庐山市)中学暂存。1906年,江苏观察使崔敬郛上书两江督院,慨叹白鹿洞书院"无讲学之人,不复弦歌之盛,而讲堂文室,亦已上漏旁穿,鞠为灌莽。夫以前贤胜域,先哲典型,竟致湮没"。建议将白鹿洞书院改建为师范学堂,请求"租税拨归该书院重修之用,以后逐年再收租税,亦可提充该书院常用经费,想以庐山租界之利供庐山学界所需",但崔敬郛的建议没有得到采纳。

1911年,白鹿洞书院部分房屋与全部山场划拨给江西省农业院,设为江西高等森林学堂。1912年1月更名为江西高等农林学校,7月再更名为江西农林专门学校。1913年定为该校演习林。1918年1月4日,九江县教育会等以争建第六师范于白鹿洞书院,上书敦促当局明确立场,尽早开办。1921年8

月 27 日,白鹿洞书院藏书遭焚毁,盗书案事发。1923 年,臧佑宸在白鹿洞书院创办私立鹿洞小学。1932 年,上海义赈会拨款修葺白鹿洞书院文会堂、独对亭、名教东地坊,新建五老亭等处。1933 年,蒋介石在庐山决定:于白鹿洞书院兴办"暑期党政人员训练所",受训人员计 1000 名。同年,江西农林专科学校设森林分校于庐山白鹿洞书院。

1935 年,江西教育厅厅长程时煃、熊育钖等联名发起重修白鹿洞书院建议,省政府同意并交由江西省建设厅组织实施。1936 年,庐山林场主任熊兆罴向江西省农业院作《(两年来)庐山林场工作》报告,将"江西农艺专科学校白鹿洞演习林,改为鹿洞区,划归庐山林场所属的第四区"。是年,白鹿洞分区移交中央陆军军官学校特别训练班接管;暑期将原海会寺、白鹿洞书院的庐山军官训练团一部分,迁至庐山传习学舍继续举行。

1938 年,江西九江沦陷,白鹿洞书院沦为日军兵营,长达 7 年。1943 年,白鹿洞书院古松遭日军砍伐甚多,用作铁路枕木及桥梁。

1946 年 8 月 29 日,蒋介石令中正大学校长萧蘧,拟将中正大学迁至白鹿洞内,称"庐山风景清幽,研究学术之优良环境,允宜设置大学,为国育人,该校迁此最为合适。如择定海会寺,可将白鹿洞划入"。是年九月,蒋介石决定将中正大学迁建庐山白鹿洞书院、海会寺一带。1947 年 1 月 6 日,教育部部长朱家骅呈文行政院备案,并咨请江西省政府协助办理中正大学"迁设庐山海会寺、白鹿洞一带"。是年四月,中正大学学潮迭起,校长萧蘧仍坚持规划白鹿洞校址事宜,并拟在白鹿洞设立国学研究所。1948 年 7 月,中正大学迁设庐山事,因经费无措,无期展延。

四、心有丘壑 志属匡庐

在王阳明心中,庐山始终是一块圣地,王阳明没有来到庐山之前,他就寄情庐山,所作的诗赋里面就写到庐山。

弘治六年,22 岁的王阳明会试下第,当大家都替他惋惜的时候,他却来了一句名言:"世人都以不得第为耻,我以不得第动心为耻。"会试落榜,搁谁都会难过,而王阳明却挥挥手,作别西天的云彩,潇洒地告别考场,告别京师,回浙江老家去了。明代钱德洪《王阳明年谱》记述了这件事:"明年春,会试下第,缙绅知者咸来慰谕。宰相李西涯戏曰:'汝今岁不第,来科必为状元,试作《来科状元赋》。'先生悬笔立就。诸老惊曰:'天才! 天才!'退,有忌者曰:'此子取上第,目中无我辈矣。'及丙辰会试,果为忌者所抑。同舍有以不第为耻者,先生慰之曰:'世以不得第为耻,吾以不得第动心为耻。'识者服之。归余姚,结诗社龙泉山寺。"

　　到底王阳明是嘴硬,还是心里真的不难过,不得而知,而当他南归经过济宁时,他却登上了太白楼,并作《太白楼赋》咏怀,写到庐山:"月生辉于采石兮,日留景于岳峰。蔽长烟乎天姥兮,渺匡庐之云松。"喻指如今想要一睹太白高风,却像天姥蔽于长烟,云松渺入匡庐。庐山松是庐山的一大景观,仰望秀峰、仙人洞、五老峰、小天池等处,满山满坡的松树,远远望去,有的像裱在峭壁上一幅幅画,紧紧围绕山峰周边。庐山松有着坚强品德,它们不怕地势险峻、不畏严寒酷暑、风霜雨雪,傲然挺立在千仞匡庐山。生活虽然艰难,生活虽然无常,但要像庐山的松一样不怕风吹雨打,兀立于巉岩之中,挺起自己的精神气质。

　　太白楼是唐代贺兰氏经营的酒楼,坐落在古任城(济宁)东门里。唐代伟大诗人李白于唐玄宗开元二十四年(736)同夫人许氏、女儿平阳由湖北安陆移家至任城,居住在酒楼之前,"常在酒楼日与同志荒宴",因名"太白酒楼",后直名"太白楼"。太白楼建在三丈八尺高的城墙上,坐北朝南,十间两层,斗拱飞檐,雄伟壮观,是任城一大景观。

　　弘治十七年九月,33 岁的王阳明奉命任山东乡试主考,便道登上泰山。钱德洪《王阳明年谱》:"秋,主考山东乡试。巡按山东监察御史陆偁聘主乡试,试录皆出先生手笔。其策问议国朝礼乐之制:老、佛害道,由于圣学不明;纲纪不振,由于名器太滥;用人太急,求效太速。及分封、清戎、御夷、息讼,皆有成法。录出,人占先生经世之学。"

在泰山,次内翰王瓒韵,作《泰山高》,立碑。《泰山高》写到庐山:"欧生诚楚人,但识庐山高。庐山之高犹可计寻丈,若夫泰山,仰视恍惚,吾不知其尚在青天之下乎?"

"庐山高"典出宋代文学巨匠欧阳修《庐山高歌》:"庐山高哉,几千仞兮,根盘几百里,巀然屹立乎长江。长江西来走其下,是为扬澜左蠡兮,洪涛巨浪日夕相舂撞。云消风止水镜净,泊舟登岸而远望兮,上摩青苍以晻霭,下压后土之鸿厖。试往造乎其间兮,攀缘石磴窥空谾。千岩万壑响松桧,悬崖巨石飞流淙。水声聒聒乱人耳,六月飞雪洒石矼。仙翁释子往往而逢兮,吾尝恶其学幻而言哤。但见丹霞翠壁远近映楼阁,晨钟暮鼓杳霭罗幡幢。幽花野草不知其名兮,风吹露湿香涧谷,时有白鹤飞来双。幽寻远去不可极,便欲绝世遗纷厖。羡君买田筑室老其下,插秧成畴兮酿酒盈缸。欲令浮岚暖翠千万状,坐卧常对乎轩窗。君怀磊砢有至宝,世俗不辨珉与玒。策名为史二十载,青衫白首困一邦。宠荣声利不可以苟屈兮,自非清云白石有深趣,其气兀硉何由降?丈夫壮节似君少,嗟我欲说,安得巨笔如长杠!"

又明代画家沈周之画《庐山高》。1467年的夏天,41岁的沈周前往老师家为恩师陈宽70岁生日祝寿。为了表达对老师的敬意,感谢如高山般深厚的师恩,沈周献上自己所绘的寿礼《庐山高》。沈周笔下的庐山层峦叠嶂,山石突兀,直入云霄。山中云雾缭绕,起伏缥缈,幻梦幻真。千尺瀑布飞泻而下,水流击石,仿佛发出震耳欲聋的声响。沈周又在《庐山高》图上题诗:"庐山高,高乎哉!郁然二百五十里之盘踞。岌乎二千三百丈之龙嵸,谓即敷浅原。培嵝何敢争其雄?西来天堑濯其足,云霞日夕吞吐乎其胸。回崖沓嶂鬼手擘,涧道千丈开鸿蒙。瀑流淙淙泻不极,雷霆殷地闻者耳欲聋。时有落叶于其间,直下彭蠡流霜红。金膏水碧不可觅,石林幽黑号绿熊。其阳诸峰五老人,或疑纬星之精堕自空。陈夫子,今仲弓,世家庐之下,有元厥祖迁江东。尚知庐灵有默契,不远千里钟于公。公亦西望怀故都,便欲往依五老巢云松。昔闻紫阳妃六老,不妨添公相与成七翁。我尝游公门,仰公弥高庐不崇。丘园肥遁七十祀,著作撋撋白发如秋蓬。文能合坟诗合雅。自得乐地于其中。荣名利禄云过眼,上不作书自荐,下不公相通。公乎!浩荡在物表,黄鹄高举凌天风。"

正德二年(1507),36 岁的王阳明上奏疏触怒权宦刘瑾,赴谪途中作《梦与抑之昆季语湛崔皆在焉觉而有感因记以诗三首》,有两首涉及庐山,其二:"起坐忆所梦,默溯犹历历。初谈自有形,继论入无极。无极生往来,往来万化出。万化无停机,往来何时息。来者胡为信,往者胡为屈?微哉屈信间,子午当其屈。非子尽精微,此理谁与测?何当衡庐间,相携玩义易。"其三:"衡庐曾有约,相携尚无时。去事多翻覆,来踪岂前知?斜月满虚牖,树影何参差。林风正萧瑟,惊鹊无宁枝。邈彼二三子,怒焉劳我思。"

正德十五年(1520)正月,49 岁的王阳明来到九华山,居草庵中,每日游览九华山胜景,作《江上望九华山二首》,其二:"穷探虽得尽幽奇,山势须从远望知。几朵芙蓉开碧落,九天屏嶂列旌麾。高同华岳应无忝,名亚匡庐却稍卑。信是谪仙还具眼,九华题后竟难移。"将九华山与庐山作比较,说不如庐山名气大。九华山,位于安徽青阳境内,其名源于李白"妙有分二气,灵山开九华"的诗句,属黄山山脉支脉。九华山文化底蕴深厚,中国佛教四大名山之一,晋唐以来,有许多名人留下诗词歌赋。

王阳明于弘治十四年、正德十五年两度游览九华山,与九华山儒、释、道三家人士有不同程度的交往。在九华山,他收了李呈祥、柯乔等一批弟子,还随处题志,留下 60 多首诗赋。之后,王阳明弟子还在九华山兴建了阳明书院,传授良知之学,兴盛了九华山的儒学。

第二章

二至白鹿 讲学刻文

——王阳明亲炙白鹿洞

王阳明先后两次来到白鹿洞书院。

一、一至白鹿　有心无绪

正德十三年（1518），王阳明任都察院左佥都御史、巡抚南赣汀漳时，写了《大学古本序》《中庸古本》，派专人送至白鹿洞书院，欲"求正"于朱熹。此举目的何在？王阳明《答罗整庵少宰书》中说，《大学古本》是孔门师生传下来的旧本，相当可靠，而朱熹却怀疑此版本有遗漏和错误，因此加以修改补缀。白鹿洞书院是朱熹的道场，把《大学古本序》送到这里，自然有点挑战朱熹传统思想的意味，同时也想告诉世人，自己的思想是从《大学古本》《中庸古本》的原意中译出，符合先圣之道；而朱子，不是源自于《大学古本》和《中庸古本》引发，而是经后人斫削之圣言，已稍悖圣道原旨。当时朱熹的思想是朝廷官方的倡旨，谁对朱熹思想提出哪怕一点点的异议，必然会遭到来自官方甚至学界的打压。所以王阳明此举的第三个想法，也就是想堵住说王异朱的那些人的口，表示自己从根上来说，也是服膺朱子学的。

王阳明第一次到白鹿洞书院，是在两年以后。此时王阳明已经平定了宁王朱宸濠之乱，完成了他的不世功勋，成就了"立德、立功、立言""三不朽"圣人的形象。此时献俘之事虽未最终落下帷幕,然而毕竟明王朝生死存亡大事已经解决,心事放下了一大半,所以王阳明才有心情到海内最有名之书院一走。

正德十五年(1520),王阳明献俘南京,不得见皇帝,至芜湖而返,上庐山,过白鹿洞书院。钱德洪《王阳明年谱》:"十有五年庚辰,先生四十九岁,在江西。正月,赴召次芜湖。寻得旨,返江西。""以晦日重过开先寺,留石刻读书台后。""明日游白鹿洞,徘徊久之,多所题识。二月,如九江。先生以车驾未还京,心怀忧惶。是月出观兵九江,因游东林、天池、讲经台诸处。"

这是王阳明生平第一次来白鹿洞书院,主要是"游",走马观花,未作细裁。因为这个时候,王阳明还有诸事烦心,献俘的事还没结束,平宸濠之事还未有定论。正德十五年的正月初一,钦差大臣持皇帝的圣旨至南昌,王阳明与钦差大臣一起"献俘",从南昌出发,再赴南都(南京)。王阳明此时心情非常复杂,连写了三首诗,表达自己的心迹。《元日雾》:"元日昏昏雾塞空,出门咫尺误西东。人多失足投坑堑,我亦停车泣路穷。欲斩蚩尤开白日,还排阊阖拜重瞳。小臣谩有澄清志,安得扶摇万里风。"又有《二日雨》:"昨朝阴雾埋元日,向晓寒云进雨声。莫道人为无感召,从来天意亦分明。安危他日须周勃,痛哭当年笑贾生。坐对残灯愁彻夜,静听晨鼓报新晴。"又有:"一雾二雨三日风,田家卜岁疑凶丰。我心惟愿兵甲解,天意岂必斯民穷。虎旅归思怀旧土,銮舆消息望还宫。春盘浊酒聊自慰,无使戚戚干吾衷。"

正月初七日,立春,王阳明在献俘的路上,作《立春二首》,其一:"才见春归春又来,春风如旧鬓毛衰。梅花未放天机泄,萱草先将地脉回。渐老光阴逢世难,经年怀抱欲谁开? 孤云渺渺亲庭远,长日斑衣羡老莱。"其二:"天涯霜雪叹春迟,春到天涯思转悲。破屋多时空杼轴,东风无力起疮痍。周王车驾穷南服,汉将旌旗守北陲。莫讶春盘断生菜,人间菜色正离化。"

正月初八日,王阳明一行抵达芜湖,阉党江彬、张忠把王阳明阻挡在芜湖,不让他到南都见皇帝。王阳明不得已,遁入九华山,待了半个月。钱德洪

《王阳明年谱》："正月,赴召次芜湖……忠等恐语相违,复拒之芜湖半月。不得已,入九华山,每日宴坐草庵中。"在九华山,王阳明居住在草庵之中,游览九华山胜景。这时候舆论汹汹,对王阳明非常不利。因阉党江彬、张忠嫉妒王阳明,一会儿说王阳明与宸濠十分要好,原本是要一起谋反的,只因宸濠做事不密,未做好充分准备就提前动手,致使形势十分被动,王阳明见此情景,就选择与官兵站在一起,扮演起讨伐者的角色;又说宸濠早就准备叛乱,江南乃富庶之地,宸濠的金银财宝不计其数,可攻下南昌城之后,却没有发现什么金银财宝,一定是王阳明贪污了,把这些金银财宝拿回浙江绍兴老家盖房子去了;又说王阳明重兵在握,一定觊觎神器,图谋不轨;又说王阳明虚报战绩,冒领军功,等等。王阳明是何等智慧之人,他洞悉这一切,所以就上了九华山,做起了和尚、道士的活计,表示自己与世外高人同伍,不作红尘之想,不可能去干造反的勾当。二十三日,武宗皇帝派来的锦衣卫到九华山侦伺王阳明,看见王阳明没有什么反搞朝廷的迹象,于是皇帝再次让他赴南都南京见驾。钱德洪《王阳明年谱》："适武宗遣人觇之,曰:'王守仁学道人也,召之即至,安得反乎?'乃有返江西之命。始忠等屡矫伪命,先生不赴,至是永有幕士顺天、检校钱秉直急遣报,故得实。先生赴召至上新河。"杨一清《司礼太监张公永墓志铭》："守仁不退食而与使俱行至南京。上欲见守仁,彬等复为他辞沮不使见,然上疑则释已。"这次,王阳明虽然为奸宦所阻,没有见到皇帝,但皇帝再不怀疑他有反志。二十六日,皇帝又下旨,召见王阳明。王阳明来到南京上新河,江彬、张忠再次阻止王阳明见皇帝,王阳明不得已,返回江西。钱德洪《王阳明年谱》："先生赴召至上新河,为诸幸谗阻,不得见。中夜默坐,见水波拍岸,汩汩有声。思曰:'以一身蒙谤,死即死耳,如老亲何?'谓门人曰:'此时若有一孔可以窃父而逃,吾亦终身长往不返矣。'"于是,王阳明经庐山,于二月一日,游白鹿洞,遂归南昌。

这一年,王阳明大揭"良知"之教,以"良知"为其心学之本体,立"致良知"为"心学"诀窍,通过致良知工夫以复心之本体。《传习录》卷下:"先生曰:'圣人亦是"学知",众人亦是"生知"。问曰:'何如?'曰:'这良知人人皆有,圣人只是保全无些障蔽,兢兢业业,亹亹翼翼,自然不息,便也是学,只是生的分数多,所以谓之"生知安行"。众人自孩提之童,莫不完具此知,只是障蔽多,然本体之知自难泯息,虽学问克治,也只凭他。只是学的分数多,所以谓之"学知利行"。'"

二、二赴书院　吾性自足

正德十六年(1521)五月,王阳明带着他的弟子们一块儿来到白鹿洞书院。这是王阳明第二次到白鹿洞书院。钱德洪《王阳明年谱》:"十有六年辛巳,先生五十岁,在江西。""五月,集门人于白鹿洞。是月,先生有归志,欲同门久聚,共明此学。适南昌府知府吴嘉聪欲成府志,时蔡宗衮为南康府教授,主白鹿洞事,遂使开局于洞中,集夏良胜、舒芬、万潮、陈九川同事焉。先生遗书促邹守益曰:'醉翁之意盖有在,不专以此烦劳也。区区归遁有日,圣天子新政英明,如谦之亦宜束装北上,此会宜急图之,不当徐徐而来也。'"

上一年十一月,朝廷已下江西奏捷,议宸濠罪,兵部侍郎王宪疏乞升赏平宸濠立功人。也就是说,那些加给王阳明头上的罪名,已被去除,认定他是有功之人。《明武宗实录》卷一百九十三:"(正德十五年十一月)癸未,整理兵粮、兵部左侍郎兼左佥都御史王宪等奏江西之捷言:随驾太监魏彬等,内阁大学士梁储等、朱彬、张永、张忠、朱泰、朱晖及都督朱周、朱琼、白玉、宋赟,太监于经、刘祥、朱政、王镐等,锦衣指挥张玺、张伦,都御史王守仁,知府升按察使等官伍文定、邢珣等,都指挥余恩、李楫等,守备升参将杨锐,知府升少卿张文锦,南京守备、太监等官黄伟、乔宇等,操江南和伯等官方寿祥、刘玉等,纪功科道等官祝续等,御史谢源等,巡抚苏松侍郎李充嗣,漕运镇远侯顾仕隆,都御史藏凤,巡抚都御史丛兰、刘达、伍符、王珝,管河道御史龚弘,都御史秦金、许廷光,太仆寺卿等官汪举、毛珵等,巡按御史孙漳等,功各有差,俱宜升赏。"换句话说,王宪的奏章,也是代表兵部的,因为他是兵部侍郎。对于王阳明平定宸濠的是是非非,朝廷终于有了一个正式的态度,还了王阳明一个公道,也还了世人一个公道。然而,从奏章可以看出,对王阳明的肯定,也是犹抱琵琶半遮面,对王阳明的作用也是支支吾吾,语焉不详。从开列出的一大堆名单可以看出,平定宸濠的功劳,也是雨露均沾,见者有份,大家都想分一杯羹。凡是奉命参与平定宸濠的军队,不管有没有正式参与战斗,都有一份功劳;跟"威武大将军朱寿"(武宗皇帝自封)到过南京的,包括大学士,随命朝臣,随驾太监,文武官员,也算是出征,都要在功劳簿上添上一笔,在自己的履历上写上一段。至于真正的指挥者王阳明,以及他的直属部队、直接征剿宸濠的官军,反而一笔带过。然而,不管怎么样,尘埃落定,王阳明总算可以安下心来,做一点他真正感兴趣的事。

其实王阳明真正喜欢做的事是读书、当老师,一辈子乐此不疲。戎马倥偬间,再怎么繁忙,他都要抽出时间来读书、讲学;当他跌入人生低谷,九死一生之时,他都能饶有兴趣地读书、讲学。何况现在,他已放下了两件大事:平定了逆贼朱宸濠、暂时洗白了加在他头上的冤屈。眼下,他最想做的一件事,就是到白鹿洞书院去读书、讲学。

上一年十二月,武宗皇帝车驾返京城,至通州,赐宸濠死。平濠之事已算了结。《国榷》卷四十三:"上之北还也,每令濠舟次御舟舟后,意甚防之。群臣请如高煦、置鑶例,祭告郊庙。仍敕诸藩议其罪。上不能待,即正法。或以朱彬将复邀上北幸也。"

王阳明来白鹿洞书院之前,做了一番安排。首先是把他的弟子蔡宗兖推荐给巡按御史唐龙,让他担任南康府教授,并兼白鹿洞书院山长。同时,檄南康府修葺学宫,遗白金以创公署。《白鹿洞书院札付石碑》:"为慎择儒官,兼管书院事,吏部准勘,合科付承,准吏部己字二千八十四号勘合验对……访得福建兴化教授蔡宗兖,由进士出身,学问深访,志行清古,为贫而仕,曲全孝友之心,以礼自防,弗为世俗之态,诚斯文之正,后学之楷范也。如蒙乞敕吏部查议,将蔡宗兖改调南康府教授,不妨原务,兼总理书院,用修遗教,仍行星子县岁别给二力一马,往来跟骑于书院内,月另给予三石食用,以为常规,一应上司俱要礼待,勿令仆仆拜跪中,以示优重之意。"王阳明《仰南康府劝留教授蔡宗兖》:"据南康府儒学中,看得教授蔡宗兖,德任师儒,心存孝义,今方奉慈母而行,正可乐英才之化。况职主白鹿,当宋儒倡道之区;胜据匡庐,又昔贤栖隐之地。偶有亲疾,自可将调,辄兴挂冠之请,似违奉檄之心。仰布政司备行南康府掌印官,以礼劝留,仍与修葺学宫,供给薪水,稍厚养贤之礼,以见崇儒之意。"蔡宗兖,字希渊。浙江山阴人。明朝官员、学者。为正德十二年(1517)进士,曾任福建兴化府学教授,官至四川提学佥事。

正德十六年(1521),时为江西巡抚的王阳明还为白鹿洞书院增置学田。

做好了这些铺垫之后,王阳明于正德十六年(1521)五月,来到书院。巡按御史唐龙檄南昌知府吴嘉聪修《南昌府志》,开馆于白鹿洞书院。王阳明于是叫夏良胜、舒芬、万潮、陈九川、邹守益,一起到白鹿洞书院来完成。这一干人,都是王阳明的及门弟子,深信阳明学。

至于这次讲学的目的,不外四个。首先,还是《朱子晚年定论》那点事。王阳明讲明,他与朱熹的观点并不相左,他现在讲的观点,正是朱熹晚年要讲的。为此,他专门选录了朱熹的观点,辑成《朱子晚年定论》。王阳明特别去信给弟子邹守益,告诉他:"醉翁之意盖有在,不专以此烦劳也。区区归遁有日,圣天子新政英明,如谦之亦宜束装北上,此会宜急图之,不当徐徐而来也。"可见,名曰"讲学",其质却不在讲学本身,功夫在诗外,醉翁之意不在酒。其次,要在理学重镇的土壤中种植心学的种子。王阳明白鹿洞书院聚讲,是其心学在江西传播推向繁盛之举。其三,通过白鹿洞聚讲,以点带面,从此发端,影响全国。可以说王阳明正是利用一切机会,调动各种力量在推动心学的发展、传习和实践。其四,经宸濠之乱,王阳明愈信良知之确,又证得良知之"致",即在南昌进一步悟出"致良知"之旨,到赣州通天岩,又将之系统地阐发出来。此次来书院,王阳明想借用这个机会,系统地向大家讲一讲。

钱德洪《王阳明年谱》:"十有六年辛巳……是年先生始揭致良知之教。先生闻前月十日武宗驾入宫,始舒忧念。自经宸濠、忠、泰之变,益信良知真足以忘患难，出生死，所谓'考三王，建天地，质鬼神，俟后圣'，无弗同者。乃遗书守益曰：'近来信得"致良知"三字，真圣门正法眼藏。往年尚疑未尽，今自多事以来，只此良知无不具足。譬之操舟得舵，平澜浅濑，无不如意，虽遇颠风逆浪，舵柄在手，可免没溺之患矣。'一日，先生喟然发叹。九川问曰：'先生何叹也？'曰：'此理简易明白若此，乃一经沈埋数百年。'九川曰：'亦为宋儒从知解上入，认识神为性体，故闻见日益，障道日深耳。今先生拈出良知二字，此古今人人真面目，更复奚疑？'先生曰：'然！譬之人，有冒别姓坟墓为祖墓者，何以为辨？只得开圹将子孙滴血，真伪无可逃矣。我此良知二字，实千古圣圣相传一滴骨血也。'又曰：'某于此良知之说，从百死千难中得来，不得已与人一口说尽。只恐学者得之容易，把作一种光景玩弄，不实落用功，负此知耳。'先生自南都以来，凡示学者，皆令存天理去人欲以为本。有问所谓，则令自求之，未尝指天理为何如也。间语友人曰：'近欲发挥此，只觉有一言发不出，津津然如含诸口，莫能相度。'久乃曰：'近觉得此学更无有他，只是这些子，了此更无余矣。'旁有健羡不已者，则又曰：'连这些子亦无放处。'今经变后，始有良知之说。"

王阳明《与邹谦之》："别后德闻日至，虽不相面，嘉慰殊深。近来此意见得益亲切，国裳亦已笃信，得谦之更一来，愈当沛然矣。适吴守欲以府志奉渎，同事者于中、国裳、汝信、惟濬，遂令开馆于白鹿。醉翁之意盖有在，不专以此烦劳也。区区归遁有日，圣天子新政英明，如谦之亦宜束装北上，此会宜急图之，不当徐徐而来也。蔡希渊近已主白鹿，诸同志须仆已到山，却来相讲，尤妙。此时却匆匆不能尽意也，幸以语之！"

三、大学修道　勒之于石

正德十六年（1521）五月，王阳明《大学古本序》白鹿洞刻石：

《大学》之要，诚意而已矣。诚意之功，格物而已矣。诚意之极，止至善而已矣。止至善之则，致知而已矣。正心，复其体也；修身，著其用也。以言乎己，谓之明德；以言乎人，谓之亲民；以言乎天地之间，则备矣。是故至善也者，心之本体也。动而后有不善，而本体之知，未尝不知也。意者，其动也。物者，其事也。致其本体之知，而动无不善。然非即其事而格之，则亦无以致其知。故致知者，诚意之本也。格物者，致知之实也。物格则知致，意诚，而有以复其本体，是之谓止至善。圣人惧人之求之于外也，而反覆其辞。旧本析而圣人之意亡矣。是故不务于诚意而徒以格物者，谓之支；不事于格物而徒以诚意者，谓之虚；不本于致知而徒以格物诚意者，谓之妄。支与虚与妄，其于至善也远矣。合之以敬而益缀，补之以传而益离。吾惧学之日远于至善也，去分章而复旧本，傍为之释，以引其义。庶几复见圣人之心，而求之者有其要。噫！乃若致知，则存乎心悟，致知焉，尽矣。正德戊寅七月。

王阳明《修道说》白鹿洞刻石：

　　"率性之谓道"，诚者也，"修道之谓教"，诚之者也。故曰"自诚明，谓之性"，"自明诚，谓之教"。《中庸》为"诚之者"而作，修道之事也。"道也者"，性也，"不可须臾离也"，而过焉，不及焉，离也。是故君子有修道之功，戒慎乎其所不睹，恐惧乎其所不闻。微之显，诚之，不可掩也。修道之功若是其无间，诚之也夫！然后"喜怒哀乐之未发谓之中，发而皆中节谓之和"，道修而性复矣。致中和，则大本立，而达道行，知天地之化育矣。非至诚尽性，其孰能与于此哉，是修道之极功也。而世之言修道者离矣，故特著其说。

王阳明《与陆清伯书》：

屡得书，见清伯所以省愆罪己之意，可谓真切恳到矣。即此便是清伯本然之良知。凡人之为不善者，虽至于逆理乱常之极，其本心之良知，亦未有不自知者。但不能致其本然之良知，是以物有不格，意有不诚，而卒入于小人之归。故凡致知者，致其本然之良知而已。《大学》谓之"致知格物"，在《书》谓之"精一"，在《中庸》谓之"慎独"，在《孟子》谓之"集义"，其工夫一也。向在南都，尝谓清伯吃紧于此。清伯亦自以为既知之矣。近睹来书，往往似尚未悟，辄复赘此。清伯更精思之。《大学古本》一册寄去，时一览。近因同志之士，多于此处不甚理会，故序中特改数语。有得便中写知之。季惟乾事善类所共完，望为委曲周旋之。

郑廷鹄云："二刻乃阳明手书入石，千里而致之洞中，是欲求正于文公也。故录之。昔象山辩《太极图》，极其诋毁，千载而下，毕竟不以其言为濂溪病者，何也？获正于文公故也。是刻千里而致之洞中，非此意乎？"

四、为选书院山长

王阳明来之前，书院不是很景气，王阳明以江西巡抚身份，选拔自己的弟子蔡宗兖为书院山长，并发出官方通知——《仰南康府劝留教授蔡宗兖》，其云："据南康府儒学中，看得教授蔡宗兖，德任师儒，心存孝义，今方奉慈母而行，正可乐英才之化。况职主白鹿，当宋儒倡道之区；胜据匡庐，又昔普贤栖隐之地：偶有亲疾，自可将调，辄兴挂冠之请，似违奉檄之心。仰布政司备行南康府掌印官，以礼劝留，仍与修葺学宫，供给薪水，稍厚养贤之礼，以见崇儒之意。"

正德十六年（1521），王阳明给弟子邹守益的信中，谈到这件事："别后德闻日至，虽不相面，嘉慰殊深。近来此意见得益亲切，国裳亦已笃信，得谦之更一来，愈当沛然矣。适吴守欲以府志奉渎，同事者于中、国裳、汝信、惟濬，遂令开馆于白鹿。醉翁之意盖有在，不专以此烦劳也。区区归遁有日，圣天子新政英明，如谦之亦宜束装北上，此会宜急图之，不当徐徐而来也。蔡希渊近已主白鹿，诸同志须仆已到山，却来相讲，尤妙。此时却匆匆不能尽意也，幸以语之！"

五、白鹿独对　亭屹诗兴

王阳明有《白鹿洞独对亭》诗："五老隔青冥，寻常不易见。我来骑白鹿，凌空陟飞巘。长风卷浮云，褰帷始窥面。一笑仍旧颜，愧我鬓先变。我来尔为主，乾坤亦邮传。海灯照孤月，静对有余眷。彭蠡浮一舫，宾主聊酬劝。悠悠万古心，默契可无辩！"

青冥，指青天，形容青苍幽远。褰帷，官吏体察民情的意思，出自《后汉书·贾琼传》。彭蠡，即鄱阳湖。鄱阳湖，在古代有过彭蠡湖、彭蠡泽、彭泽、彭湖、扬澜、宫亭湖等多种称谓。鄱阳湖，位于江西省北部，紧邻长江、庐山，为中国第一大淡水湖。独对亭，在白鹿洞书院。此处悬崖峻削，下临湍涧。原为北宋元祐间（1030—1094）丞相李万卷校书处，故又名勘书台。淳熙八年（1181）朱熹兴复白鹿洞书院时，建亭于此，名接官亭。凡是去书院的官吏到此，文官下轿，武官下马，步入书院。明弘治十四年（1501）江西提学副使邵宝为了纪念朱熹，赞颂朱熹理学研究的功绩，名其为独对亭，意为朱熹的理学思想可与五老峰相对。邵宝在《独对亭记》中认为"五老之胜，有目者共观，而非公（朱熹）莫之能当"。他申述说："或谓峰以老称，不独以秀，以奇，而以其寿。是五老者，天始与始，地终与终，寿孰对之，谓公独焉。"他进一步申述："孔子'仁者乐山'，山以气凝，而理行其中，泉石土木无所非仁，惟仁故静，惟静故寿。凡山皆然，而高且大者，则尤至焉。公，仁者也，纯博中正，德与山协，为镇为岳，五老之对，固其所哉。"江西提学副使戴金《独对亭》诗："披豁轩吾意，层峰觌面时。凌空何所依，磅礴厚有基。坤元聚灵淑，显设方隅奇。凝重尊以老，五一谁当之。伟貌起遐思，紫阳为世师。山存人亦好，仁者寿若斯。蹑梯当到顶，板附非所宜。"描写了独对亭的美好风景，以及朱熹的不朽功绩。

高高的庐山五老峰，隔着霄汉，云缠雾绕，寻常难以看清，真应了苏东坡的："不识庐山真面目，只缘身在此山中。"来到这里，骑上传说中的白鹿，腾空而起，飞上庐山之巅，长风卷着浮云；揭开庐山的帷幕，始见庐山真面目。笑着看看庐山，原来庐山还是原来那个模样，也如苏子云："庐山烟雨浙江潮，未至千般恨不消。到得还来别无事，庐山烟雨浙江潮。"我今天来到这里，是一个过客，而高高的庐阜，迎来了多少看客，又送走了多少游人！菩萨现身的法相朗照着孤悬天空的月亮，灯与月互相顾眷，互相关怀，温暖了这一方天地。匡庐就像鄱阳湖上的一个酒盅，庐阜和我辈，觥筹交错，痛饮一场。"我"的这颗永恒的心，与高高的五老峰一样永恒，无须多说什么。

王阳明的这首诗，写出了自己的心境、胸次和哲情，师友、弟子。后学步其韵者众多。

王阳明友唐龙《再至白鹿洞次阳明公望五老峰韵》："五老隐云间，经年再相见。乘月属清溪，攀萝度岑巇。顿谐丘壑心，净洗风尘面。山神灵不死，物理溢中变。风雨剥樽彝，鸟鼠逸经传。驻迹望冥冥，永怀中眷眷。鹿去主不归，酒熟客自劝。焉得抱尘游，居吁息妄辩。"唐龙，时任江西御史，陪同王阳明至白鹿洞书院。又《独对亭望五老峰次阳明韵》："昔人饲白鹿，形幻忽不见。五老故苍苍，青冥拔飞巇。彭蠡流其下，诸峰罗四面。翕合出云雨，朝暮阴晴变。杖履偶乘暇，仅如经旅传。云壑系遐思，石泉动清眷。坠绪尚可寻，流风尤足劝。何如隐峰前，图书肆讨辩。"

朱节《白鹿洞书院次阳明先生韵》："万古匡庐峰，崔嵬梦中见。兹晨天风凉，吹我上层巇。轻云散晴岗，露出芙蓉面。茫茫大块间，陵谷几迁变？慨兹蜉蝣生，百年如旅传。卓矣诸名贤，仰止何眷眷。酌此洗心示，青山共酬劝。妙境有真悟，可以忘余辩。"朱节（1475—1523），字守中，号白浦，浙江绍兴人。正德进士。历官湖广黄州府推官、山东巡按道监察御史。以天下为己任，闲暇之时,勤练士兵,提兵协助王阳明平定南赣乱局,立下军功。王阳明称赞他:"德业外无事功,不由天德而求骋事功,则希高务外,非业也。"又赞:"平生于'爱众、亲仁'二语得力,然亲仁必从爱众得来。"朱节与王阳明同乡,是王阳明早年弟子,不仅是阳明学说的服膺者,也是躬身践行者。

陈九川有《对五老峰次先师韵》:"我昔访五老,恍惚苍颜见。兹来天宇霁,轻云散飞巘。骈然坐太清,始露本来面。濯足江湖波,瞬目殷周变。海月照苔文,身示群仙传。遗我紫金丹,尘寰安足眷。采芝煮白石,一饱宁须劝。默运驻颓阳,千载谁当辩?"陈九川(1494—1562),字惟浚,初号竹亭,后改号明水,江西临川人。王阳明弟子,明朝正德九年(1514)进士,官至礼部主客司郎中。在台宕山、罗浮山、九华山、庐山等地讲学。晚年失听,书札论学不休。王阳明任南赣巡抚时,陈九川拜师入门,然其说,践其志。

舒芬《守白鹿洞次阳明韵》:"孤蓬出吴城,五老仿佛见。兜舆上南康,乃获陟青巘。有开云古初,今始识颜面。屹然东南镇,不逐沧桑变。匡生竟何在? 白鹿却流传。藏修便巨儒,烟霞入情眷。黉宇既振作,海言重箴劝。咫尺濂溪水,源流许谁辩?"舒芬(1480—1524),字国裳,号梓溪,江西进贤人。正德十二年(1517)丁丑科状元,授翰林院修撰。在武宗南巡之争中,因谏阻武宗巡游无度、荒废朝政,遭谪为福建市舶司副提举。世宗时复官。嘉靖三年(1524),爆发大礼议事件,舒芬长跪在左顺门,被以枣木棍痛打,夺俸3个月。后因母丧南归,不久悲愤而逝,世称"忠孝状元"。舒芬系王阳明弟子,以倡明绝学为己任,学贯诸经。舒芬是江西进贤人,是进贤历史上第一个状元,王阳明巡抚江西时认识并入门,此君官做得不大,但名声却不小,气节震朝野。

罗洪先《白鹿洞次阳明公独对亭韵》:"自我别鸿蒙,万古不再见。兹来五老前,仿佛对颜面。灏气成江流,真宅化峰巘。阅世悲大迅,归人若乘传。白鹿不可招,仰睇情弥眷。结茅永作邻,服食形不变。至宝谅在兹,愚者胡不劝? 滔滔从俗终,是非奚所辩?"自王阳明作《白鹿洞独对亭》诗之后不少来游的士人次其韵,这首诗在次韵之作中算是写得很好的,用拟人手法写出世事的哲理。面对五老峰，仿佛面对五位老人。浩气化为江流，墓宅化为高峰。阅览世事，悲叹光阴太快了，逝者就像乘坐驿车到站了。白鹿不可见，仰望而眷恋。他希望在此建屋，与书院为邻。在此食丹修炼，形貌不变，最宝贵的或许在此，为什么不劝劝愚人。倘若愚人从世俗而终，就不必与他们辨别什么是非了。罗洪先是江西吉水人，状元，但他这个状元仕途多舛，没做多大的官，但学问却做得不错。罗洪先以一生没有亲聆王阳明的教诲为遗憾，但他私淑阳明，与王阳明的弟子何廷仁、黄弘纲关系密切。

宋仪望有《独对亭望五老峰次阳明公韵》诗："夜泊喜蠡湖，五老峰头见。朝来亭上望，飞云散青巘。信哉灵陿区，幻出芙蓉面。举杯问五老，几看桑田变。独往怀夙心，今游乃乘传。岂无轩车谈，于此有深眷。遥谢五老翁，清言自酬劝。罔象与玄珠，愿今且忘辩。"宋仪望是江西永丰人，与宋代大文豪欧阳修同乡。宋仪望师从阳明弟子聂豹，其学以王阳明为宗，又跟随邹守益、欧阳德、罗洪先交游。王阳明能被从祀于孔庙，宋仪望功不可没。隆庆年间又刊刻《阳明先生文录》，为传播阳明学作出了一定的贡献。

邹元标有《独对亭书怀次王阳明先生韵》："几从江上过，危峰坐中见。清秋披蒙茸，始得陟崇巘。诸贤聚一堂，图书已识面。忆昔迷岐路，困衡不善变。博文并格物，留情经与传。于今两置之，深荷圣衷眷。古人弃糟粕，用为来者劝。素琴本无弦，了心何足辩。"邹元标（1551—1624），字尔瞻，别号南皋，江西吉水人。明代东林党首领之一，与顾宪成、赵南星成为"东林党三君"。万历五年进士，官至吏部给事中，又多次上疏改革吏治，医治民瘼，因而触犯了皇帝，屡遭贬谪。后居家30年讲学，未涉仕途。邹元标提出"致良知"应该有"良能"，"良能"就是效国效民的能力，"良能"是"致良知"的"核心"。邹元标是阳明后学，东林党领袖，其学说影响极大，是明代后期江右王学的重要代表人物。

方大镇有《白鹿洞偶成二首步韵》，其一："大道本致一，学士殊所见。卑之溺黄泉，高则逾苍巘。纷纷齿颊间，会不觌真面。变者原非真，真者原非变。乾竺尊为经,邹鲁抑为传。是如丧家子,飘泊失其眷。一志归正宗,俾彼异学劝。庶几称吾徒,不负子舆辩。"其二:"五老何峻矗,盲人乃不见。维彼明眼人,一望知崇巘。既察性若情,亦审背与面。心灵自契合,山体无转变。紫阳本《六经》,垂老疏为传。珍重无极翁,学脉永相眷。象山义利说,风规载相劝。先后三儒宗,不作异同辩。"方大镇,安徽桐城人,万历进士,官至御史。当时,朝廷奸官当道,排挤正学,于是他辞职归隐。向慕白鹿洞书院,晚年在杨桥镇小龙山建"白鹿山庄"隐居,并建"荷薪馆"于明善祠旁,改号"野同翁",专心著述和讲学。

王臣《游白鹿洞次阳明韵》:"天地有奇观,会意乃真见。僻性喜登高,到处寻山巘。峨峨五老峰,六载三规面。贞元本无亏,青黛宁无变。欲从五老言,遂溯鸿濛传。大哉包羲心,卦画岂深眷。云胡糟粕杯,今古竞酬劝。真诀在而翁,静悟复何辩!"王臣,江西南昌人,王阳明入室弟子,与王艮惺惺相惜,邀请王艮到安定书院讲学。

王阳明后学翟凤翥《次阳明韵二首》,其一:"风老云常拥,时见时不见。静观钓台西,皓首蹲苍巘。丰标瘦玉姿,又似芙蓉面。风云几经霜,不老亦不变。游人多题咏,雾鬓作山传。隐士结茅居,情为泉石眷。五老洞中来,招我相酬劝。直上紫霄峰,低昂再一辩。"其二:"重寻五老游,不是梦中见。长江万里涛,绝壁千寻巘。林壑白云深,谁为开生面。粤惟古道兴,道化遂一变。溪边识性情,石上留经传。此中乐趣多,尘物何系眷。五规配四箴,揭为学者劝。夫道一而已,朱陆何分辩。"翟凤翥,山西闻喜人。清顺治年间进士,阳明后学,讲学于其乡之涑水书院。

曹忭《次阳明韵》:"匡庐五老峰,时隐亦明见。时乎天际阴,浮云蔽层巘。五老乃沉溟,无人窥颜面。须臾天宇开,云尽山亦变。五老俨然存,相依类乘传。突如太空来,慰我中心眷。对之有余情,不必举觥劝。五老隐见间,即此可深辨。"曹忭,湖北荆州人,阳明后学。

王乔龄《次阳明韵》:"五老搞庞眉,举首忽相见。朝来骑白云,暮去宿青巘。曾闻混沌初，盘古曾会面。罔知时运移，岂识桑田变。松桧有余荫，泉石相留传。不笑亦不言，坐久默成眷。似以手来麾，殷勤为予劝。静者固得寿，此理须蚤辨。"王乔龄，浙江余姚人，余姚"十八学士"之一。从学王阳明，讲学岳麓书院，阐发良知之学。

崔柏《独对亭后观泉次阳明韵》："四月苗雨足，云霁天光见。倦怀豁尔舒，步出望层巘。俯仰临溪流，清风时面面。飞泉相震撼，倏忽龙虎变。愿言终赴海，安流如乘传。逝者信如斯，嘿嘿留情眷。聊打洞底蒲，羽觞争飞劝。醉卧听泉声，金石应无辨。"崔柏，王阳明后学。

邹鹏《次阳明韵》："云尽天宇开，五老时自见。岚光静孤亭，翠色淡层巘。景会神自交，莫逆烟霞面。屼然地轴凌，万古真不变。幻化山中人，雅志抱经传。烟烟麋鹿姿，忳忳泉石眷。于世无所求，餐霞聊自劝。与语当世事，王霸了然辨。"邹鹏，教谕。

卢襄《偕林二山次阳明韵》："昨日左蠡舟，五老空中见。今日六合亭，一览空群巘。平生徒想象，何事真颜面。蒙豁倏忽闻，云气实幻变。兹来为五老，道假得真传。此风滞我舟，知我有所眷。阴雨湿我装，将发止谁劝。盼睐次夕晖，九叠为君辨。"卢襄，江苏吴县人，阳明后学。

后学黄国卿《次阳明韵》："忆昔彭蠡舟，五老湖中见。今日始登临，振衣蹑层巘。五老笑相迎，依然旧时面。讶我鬓苍浪，童心犹未变。岁月几蹉跎，浮生如过传。努力须及时，肯为泉石眷。感叹欲踟蹰，夕舂归路劝。寄语洞中人，此志当骚辨。"诗的开头前五句，写登临庐山，登高望远，感叹时光易逝，岁月蹉跎。下半部分"努力须及时，肯为泉岩眷"，告诫诸生要抓紧时间学习，不要耽于山水之乐，以免业荒于嬉，一旦发现已经太晚。"寄语洞中人，此志当蚤辨"，言辞恳切，言短意长，很受士子珍重。黄国卿，广东揭东人。嘉靖进士，授浙江温州推官，升户部主事。钟阳明学。擢江西提学，士习为之丕变。

陈汝简《次阳明先生韵二首》，其一："数载寓黉宫，五老朝暮见。迩来主白鹿，纵观蹑层巘。削出云霄中，灿石芙蓉面。开辟几经年，态色胡不变。人生可满百，相看只过传。独对昔何人，令予久瞻眷。举杯酌空亭，诸老迭予劝。日夕不言还，幽怀其谁辩。”其二：“岩岩五老峰，节然人共见。嶙峋更峥嵘，个个成奇巘。寻常绕雨云，率尔罕得面。刚风扫晴空，癯哉岂能变。精灵毓豪杰，形胜光志传。我来课多士，傲游慰宿眷。崇高钦仰止，颙昂类激劝。静契仁者心，乐尔复何辩。”陈汝简，浙江青田人 。

陶继宗《次阳明韵》：“康城天西南，峰峦层叠见。坐我独对亭，遥瞻五老巘。青天削芙蓉，金碧开面面。雷雨作龙兴，乾坤时一变。湿云归洞来，阿香返乘传。松风鸣野鹤，飞驰瀑虹眷。倾倒翠微尊，咏归还自劝。明月到天心，此景许谁辩。”陶继宗，江西万年人，儒学训导。

高旸《游白鹿洞次阳明先生韵》：“阛阓隔浮埃，白鹿浑难见。邂逅破尘襟，悠然陟层巘。千圣此同心，畴云有异面。洞中指顾间，世故沧桑变。乾坤一飘蓬，今古同乘传。海风静无波，皓月有余眷。彭蠡献杯棬，五老峙酬劝。相对各忘言，大道奚容辩！”高旸，湖北蕲州人，嘉靖三十九年(1560)仲春到白鹿洞。

六、崇祀

中国古代书院的四大职能：传道、习礼、藏书、著述，因此，书院的崇祀、祭祀是重要职能之一。书院师生演习儒家经典，“礼”是非常重要的内容，“祭”是非常重要的形式。对先贤先师的拜祭，内养敬畏之心，外习礼仪礼节。朱熹修建白鹿洞书院的同时，把祭祀先师列上议事日程，创立了祭祀先师的礼仪。离开南康知府之任时，留给了继任知军一定的资金，请他把礼圣殿建起来。礼圣殿建成之后，书院定期拜祀。元末兵乱，礼圣殿毁于兵火。明正统三年(1438)，南康知府翟溥福重建，改名为大成殿。明天顺二年(1458)，南康知府陈敏政在大成殿塑造了孔子、四配和其他弟子之像。弘治十一年(1498)，江西提学佥事苏葵再次重建，恢复了礼圣殿的原名。嘉靖年间，书院山长陈汝简建议改礼圣殿为先师庙，得以采纳，遂改名。清顺治十四年

（1657），巡抚蔡士英作了修复。康熙五十二年（1713），江西提学又修葺了先师庙。1919年，国家动荡之时，星子县知事吴品珶重修先师庙，难能可贵。抗战之后，先师庙里的塑像、画像多被毁，房屋倒塌。

白鹿洞书院礼圣殿，崇祀先儒先贤，其范围为规定三个方面的先儒先贤：一是先秦诸儒，二是理学名儒，三是本地名贤及有功之人。

先秦诸儒，孔子及其弟子，四配十哲。四配：颜回、曾参、子思、孟轲；十哲：颜渊、闵子骞、冉伯牛、仲弓、宰我、子贡、冉有、季路、子游、子夏。又配七十二弟子。明嘉靖年间，礼部会诸臣议："其四配称复圣颜子、宗圣曾子、述圣子思子、亚圣孟子。十哲以下凡及门弟子，皆称先贤某子。"

理学名儒：周敦颐、程颐、程颢、朱熹、李中、翟溥福为首，止祀周敦颐、朱熹，邵宝则以尝从朱子讲学于洞者十四人配之。十四人者，林择之、蔡沈、黄榦、吕炎、吕焘、胡泳、李燔、黄灏、彭方、周耜、彭蠡、冯椅、张洽、陈宓是也。提学赵渊增祀陆九渊。万历三十一年，提学钱楫又并祀王阳明，增陈游配享。康熙时，专建紫阳祠以祀朱文公，十四弟子及陈游随迁配享，则又以程颢、程颐列祀，而增张载、邵雍。

本地名贤及有功之儒：陶渊明、刘涣、李常、刘恕、陈瓘，此五人是匡山名贤。诸葛亮因朱文公称道而列祀。又有李渤、李善道、明起、刘元亨、李涉、颜翊、朱弼、黄异、汤来贺，鹿洞人物也。又有王祎、李龄、胡居仁、苏葵、陈铨、蔡清、李梦阳、唐龙等。

黄宗羲《匡庐游录》，提及王阳明从祀："至白鹿洞，则贞一、君斐先至。谒圣殿，先圣及从祀皆像设。嘉靖间，易天下文庙以主，此以书院得如故。然两庑模范尽以剥落僵仆，诚不如主之为愈。次宗儒祠，故三贤祠，已祀李宾客、周、朱两先生，已迁宾客于别屋，已又祀从朱子门人之讲学于洞者一十四人，改名宗儒。已又龛象山、阳明，合周、朱为四先生。"

第三章

朱王分野　晚年定论

——王阳明的朱子心结

一、《朱子晚年定论》的缘起

《朱子晚年定论》是王阳明正德九年（1514）和十年（1515）在南京任鸿胪寺卿时摘录的一部作品。这一论述一经问世，即大受追捧，大家争相传抄，然而抄录毕竟太费劲，"众皆惮于翻录，乃谋而寿诸梓"——于是人们决定众筹一下，把它翻刻印刷。正德十三年（1518）下半年，这部书正式刻印。

王阳明《朱子晚年定论》采集意图何在？王阳明发现，朱熹晚年给朋友、弟子们的通信中，明显地对他40岁之前的论述持诸多否定态度，究其原因，正是朱熹晚年突然大悟孔孟之道，才开始对自己早年的教学、论说、持见等重新进行深刻反省。王阳明赞叹朱熹晚年的大悟，和自己的大悟本质上是一回事，这一发现为破除当时学者们对于心学的怀疑乃至诽谤，有很大的解惑作用。正是在这种机缘下，王阳明搜检朱熹写给陆九渊、张栻、黄榦、林择之、吕祖谦、刘子澄、何叔京等人的信函35封，编辑成了《朱子晚年定论》。王阳明编辑《朱子晚年定论》的主要意图是：告知天下人，自己的心学和朱熹的理学同出一脉，等无差别，都是孔孟以来的儒门大法；

是消除同时代学者们对心学的怀疑和误解,在社会普遍接受朱熹理学的基础上,以《朱子晚年定论》为依据,打通心学和理学的壁垒。更主要的是为组织参加白鹿洞书院聚讲活动打下舆论基础。

换句话说,就是王阳明感到朱熹的许多观点文论存在问题,有些不能令人信服,更有许多明显看出是谬论错解之处。用王阳明的话说就是,先哲周敦颐、程颢的学旨"精明的确,洞然无复可疑",然而朱熹的观点,却存在自相矛盾、不能成立的情况。正德九年(1514),王阳明有了一些闲暇时间,"复取朱子之书而检求之"。通过这一番深入细致的研读,才明白朱熹本人晚年确实已经明确意识到自己早年、中年时期的观点学说存在问题,经不住推敲。

对朱子的定论问题,王阳明一直是耿耿于怀的。早在正德四年(1509),王阳明被贬龙场之时,就已经觉察到了。是年,贵州提学副使席书邀请王阳明到贵阳文明书院讲学,席书常来文明书院与其论道,相与论朱、陆异同之辨,觉释、老二氏之非,明朱、陆二学之异,悟《大学》"格物致知"之旨,立"知行合一"之教,曰:"龙场悟道"。王阳明的"心学"大旨,就是这个时候确立的。黄绾《阳明先生行状》:"一夕,忽大悟,踊跃若狂者。以所记忆《五经》之言证之,一一相契,独与晦庵注疏若相牴牾,恒往来于心,因著《五经臆说》。时元山席公官贵阳,闻其言论,谓为圣学复睹。公因取《朱子大全》阅之,见其晚年论议,自知其所学之非,至有诳己诳人之说,曰:'晦翁亦已自悔矣。'日与学者讲究体察,愈益精明,而从游者众。"

正德六年(1511)二月,徐守诚入京城,访王阳明,论晦庵、象山之学,辨朱、陆异同,阳明有答书详论。王阳明有《答徐成之》:"既曰'道问学',则不可谓'失于俗学之支离';'失于俗学之支离',则不可谓'道问学'矣。二者之辩,间不容发。"

《朱子晚年定论》的最终促成,与王阳明的一个朋友王道有关。王道也与王阳明数相辩疑,主要也在朱陆的问题上。正德九年(1514)三月,王阳明有书致时为应天府儒学教授王道,论辩朱、陆二学,不合。王阳明《与王纯甫》

书："得曰仁书，知纯甫近来用工甚力，可喜，可喜！学以明善诚身，只兀兀守此昏昧杂扰之心，却是坐禅入定，非所谓'必有事焉'者矣。圣门宁有是哉？但其毫厘之差，千里之谬，非实地用功，则亦未易辩别。后世之学，琐屑支离，正所谓采摘汲引，其间亦宁无小补？然终非积本求原之学。句句是，字字合，然而终不可入尧舜之道也。"正德十年（1515）三月，王道升任吏部验封主事，北上京城，自是与魏校、邵锐等人在京城讲论朱子之学，同王阳明弟子展开朱、陆论战。王阳明致书论辩批评，始终未能达成一致，于是作《朱子晚年定论》以终结论战。《与黄宗贤》（四）："纯甫近改北验封，且行。曰仁又公差未还。宗贤之思，靡日不切！又得草堂报，益使人神魂飞越，若不能一日留此也，如何如何！"王阳明《与黄宗贤》（五）："旬月间，复有相知自北京来，备传纯甫所论。仆窃疑有浮薄之徒，幸吾党间隙，鼓弄交构，增饰其间，未必尽出于纯甫之口。仆非矫为此说，实是故人情厚，不忍以此相疑耳。仆平日厚纯甫，本非私厚，纵纯甫今日薄我，当亦非私薄。"《与王纯甫》（四）："屡得汪叔宪书，又两得纯甫书，备悉相念之厚，感愧多矣！近又见与曰仁书，贬损益至……不能积诚反躬，而徒腾口说，此仆往年之罪，纯甫何尤乎？因便布此区区，临楮倾念无已。"湛若水《寄王纯甫验封》："昔者辛壬之岁在都下，所与贤契语，并殊非悬空杜撰，以相罔也……哀中不欲多言……过南都，阳明亦有论述。形而上下之说，信有近似者，但为传者又别告。自今且取其疑者致思，取其同者自辅，方是虚己求益，毋徒纷纷异同之辩，于道无益，而反有害也。"

　　黄绾《答邵思抑》认为："吾人学问，惟求自得，以成其身，故曰：'诚者自成，而道自道也。'实无门户可立，名声可炫，功能可矜，与朱、陆之同异，有如俗学者也。苟求之能成吾身而有益于得，虽百家众说，皆可取也，况朱陆哉！……若朱有益于此，则求之于朱；陆有益于此，则求之于陆，何彼我之间，朱、陆之得新疏哉？且仆于朱书曾极力探讨，几已十年，虽只字之微，必咀嚼数四，至今批抹之本、编纂之册，皆可验也。请兄于陆书参与读之，久看所得，比之于朱何如？又比之濂溪、明道何如？则可知矣。"黄绾《复李逊庵》："近者京师朋友书来,颇论学术同异,乃以王伯安、魏子才为是非:是伯安者则以子才为谬,是子才者则以伯安为非。若是异物,不可以同。子才,旧于公处见其数书,其人可知。伯安,绾不敢阿所好,其学虽云高明,而实笃实,每以去心疚、变气质为本,精密不杂,殊非世俗谤议所言者,但未有所试,而人或未信。"

正德十年(1515)十一月,《朱子晚年定论》辑成,序定之。王阳明《朱子晚年定论序》,说清楚了其初衷、目的、意图:"洙泗之传,至孟氏而息。千五百余年,濂溪、明道始复追寻其绪。自后辨析日详,然亦日就支离决裂,旋复湮晦。吾尝深求其故,大抵皆世儒之多言有以乱之。守仁早岁业举,溺志辞章之习。既乃稍知从事正学,而苦于众说之纷挠疲苶,茫无可入,因求诸老、释,欣然有会于心,以为圣人之学在此矣!然于孔子之教间相出入,而措之日用,往往阙漏无归。依违往返,且信且疑。其后谪官龙场,居夷处困,动心忍性之余,恍若有悟。体念探求,再更寒暑,登诸五经四子,沛然若决江河而放诸海也。然后叹圣人之道坦如大路,而世之儒者妄开窦径,蹈荆棘,堕坑堑,究其为说,反出二氏之下。宜乎?世之高明之士厌此而趋彼也!此岂二氏之罪哉?间尝以此语同志,而闻者竞相非议,自以为立异好奇,虽每痛反深抑,务自搜剔斑瑕,而愈益精明的确,洞然无复可疑。独于朱子之说有相牴牾,恒疚于心。切疑朱子之贤,而岂其于此尚有未察?及官留都,复取朱子之书而检求之,然后知其晚岁固已大悟旧说之非,痛悔极艾,至以为自诳诳人之罪不可胜赎。世之所传《集注》《或问》之类,乃其中年未定之说,自咎以为旧本之误,思改正而未及。而其诸《语类》之属,又其门人挟胜心以附己见,固于朱子平日之说犹有大相缪戾者。而世之学者局于见闻,不过持循讲习于此,其于悟后之论,概乎其未有闻,则亦何怪乎予言之不信,而朱子之心无以自暴于后世也乎?予既自幸其说之不缪于朱子,又喜朱子之先得我心之同然,且慨夫世之学者徒守朱子中年未定之说,而不复知求其晚岁既悟之论,竞相呶呶,以乱正学,不自知其已入于异端。辄采录而裒集之,私以示夫同志,庶几无疑于吾说,而圣学之明可冀矣!"

二、《朱子晚年定论》的刊行和传播

正德十三年（1518），王阳明在赣州雩都（今于都）刻《朱子晚年定论》，袁庆麟作跋："《朱子晚年定论》，我阳明先生在留都时所采集者也。揭阳薛君尚谦旧录一本，同志见之，至有不及抄写，袖之而去者。"袁庆麟《跋》的意思很明确：《朱子晚年定论》王阳明当年在南京留都时就已经完成了。薛尚谦手抄过一本，王阳明弟子见了，大家纷纷抄录，有的来不及抄录，就直接拿走了。为了传播的方便，于是就想付梓印行。朱熹一生勤苦，以惠来学，大凡一言一字，都是所当守，而独表章是、尊崇乎此的原因，都是认为朱熹的定见。如今读书人没有对朱熹当年的论点加以辨别，而犹学习当年所诲者，是蹈其错舛，不是真正的学朱熹。袁庆麟一直治朱子学，凡30多年，专心致志，犹然知之未详，览之未博。正德十三年，袁庆麟把他的学习体会文章拿给王阳明看，听到王阳明的评价，就像太阳挂在中天，睹之即见；又像五谷植于沃土，种之即生，不假外求，真切简易，恍然大悟。后来又读到了《朱子晚年定论》，又大为释然，于是便一心一意阅读思考，终于有了焕然的理解。知道之前之所学，乃是朱子中年未定之论，所以读了30年而无所获。天可怜见，让我遇到阳明先生，真是平生之大幸。于是袁庆麟便有了把《朱子晚年定论》付梓的想法，使大家免蹈自己不明就里而白白用功的覆辙。袁庆麟，字德彰，江西于都人。初为诸生，矻矻攻举子业。忽然自悟："吾性自足，何事外求？"于是锐志圣贤之学。既膺乡举，以亲老不仕。督学邵宝聘主白鹿洞，郡守吴钰聘设教，俱不就。正德十三年，在赣州拜谒时任南赣巡抚的王阳明。王阳明听了他的一番见解之后说："是从静悟中得来者也。"檄有司礼聘，督赣州府社学。65岁去世，王阳明非常惋惜，作文悼念他："古所谓朝闻道夕死可者，德彰其几庶焉。"著有《刍荛余论》。

王阳明自己在《与安之》的书信中，说到刻《朱子晚年定论》的想法。他说:在南京留都的时候,发表了有关朱子晚年诸论的观点,遭到不少人的反对。因此,我把朱子晚年悔悟之说,集为《定论》,以堵攻讦者之口。门人袁庆麟最近在雩都把《朱子晚年定论》刻印出来,开始我不赞成,然而,士夫们看见了,往往都说得到了一些启示,省却了许多解释的麻烦,觉得印一印也好。又在《答罗整庵少宰书》中说:我们《朱子晚年定论》,亦是不得已而为之。有关朱熹中年期间的论述以及早年、晚年都没有完全考证清楚,但朱子的主体思想定论,应该都在晚年。我向来是奉朱子之说如神明蓍龟的,一旦与之背离,心诚有所未忍,所以不得已而为之。不得不与朱子牴牾者,是其本心;不得已而与之牴牾者,是道之本意。

同年七月九日,又序定《大学古本旁释》,刊刻于赣州。其云:"《大学》之要,诚意而已矣;诚意之功,格物而已矣;诚意之极,止至善而已矣;止至善之则,致知而已矣。正心,复其体也;修身,著其用也。以言乎己,谓之明德;以言乎人,谓之亲民;以言乎天地之间,则备矣!是故至善也者,心之本体也,动而后有不善。而本体之知,未尝不知也。意者,其动也;物者,其事也。致其本体之知而动,无不善。然非即其事而格之,则亦无以致其知。故致知者,诚意之本也。格物者,致知之实也。物格则知致,意诚而有以复其本体,是之谓止至善。圣人惧人之求之于外也,而反复其辞。旧本析,而圣人之意亡矣。是故不务于诚意,而徒以格物者,谓之支;不事于格物,而徒以诚意者,谓之虚。不本于致知而徒以格物诚意者,谓之妄。支与虚与委,其于至善也远矣。合之以敬而益缀,补之以传而益离。吾惧学之日远于至善也,去分章而复旧本,傍为之什,以引其义,庶几复见圣人之心,而求之者有其要。噫!罪我者,其亦以是矣夫!"又有《大学古本旁释后跋》:云"万象森然时,亦冲漠无朕;冲漠无朕,即万象森然。冲漠无朕者,一之父;万象森然者,精之母。一中有精,精中有一"。

同年七月,王阳明又定《中庸古本》,作《修道说》以发其意,为《中庸古本》作序。《修道说》云:"率性之谓道,诚者也;修道之谓教,诚之者也。故曰:

'自诚明,谓之性;自明诚,谓之教。'《中庸》为诚之者而作,修道之事也。道也者,性也,不可须臾离也,而过焉,不及焉,离也。是故君子有修道之功。戒慎乎其所不睹,恐惧乎其所不闻。微之显,诚之,不可掩也。修道之功若是其无间,诚之也。夫然后喜怒哀乐之未发,谓之中;发而皆中节,谓之和,道修而性复矣。致中和,则大本立而达道行,知天地之化育矣。非至诚尽性,其孰能与于此哉!是修道之极功也。而世之言修道者离矣,故特著其说。"

同年八月,王阳明把《朱子晚年定论》寄给铅山费宏。费宏收到《朱子晚年定论》后,很是感动,作书答之。费宏说:我时时都在关注伯安兄的动静,忽然得到手翰,非常高兴。我素来愚戆,不善处世,自陷宁王之祸,犹赖诸公相念相恤,宸濠逆党已被剿灭,才能安居。得书之后,启封急读,足见兄自得之学,守约之功,非流俗所及。费宏(1468—1535),字子充,号健斋,一号鹅湖。江西铅山人。成化二十三年(1487)进士第一,即为状元,授翰林院修撰,后历左春坊左赞善、礼部尚书、文渊阁大学士、太子太保、武英殿大学士兼户部尚书。为官四朝,三入内阁,官至内阁首辅,先后辅佐明武宗、明世宗近十年。中间遭到谗言诽谤,但最终还是建功立业。正德年间,费宏因得罪朱宸濠,宸濠勾结朝臣和宦官,罢了费宏的官,毁了费宏的家,挖了费家祖先的坟墓。后费宏助力王阳明平定朱宸濠。

是月,寄新刻《大学古本旁释》和《传习录》于赤城夏鍭,夏鍭有答书,其云:得到先生两书,一口气读完,见到了先生用功之深。先生树此大功,可见儒生之大用。又一直在赣州从学的广东饶平人杨骥要回广东,带着《朱子晚年定论》和《传习录》给尚在广东增城老家的湛若水。湛若水接书后非常高兴,认真阅读,称赞有加:"造诣益精""质赋浑厚""其中盖有不必尽同、而不害其为同者。"尤其认为《朱子晚年定论》"深得我心同然,乃公论也。世儒每以初论求之非之,良可叹也"!王阳明回信说:"此心同,此理同,苟知用力于此,虽百虑殊途,同归一致。"可见王阳明、湛若水不仅是挚友,而且王学、湛学大致殊途同归,观点相差无几。夏鍭(1455—1537),字德树,号赤城。浙江天台人。成化二十三年

（1487）进士。弘治初，上章忤旨下狱。获释，授南京大理寺评事，疏陈赋税、马政等弊。有《赤城集》。弘治四年（1491），始赴阙，受教职。其时宦官蒋琮操纵朝政，正直的官员俱因上疏劾蒋而遭谪戍。夏鍭激于义愤，抗疏拯救被谪官员，并斥责蒋琮蔽塞言路。蒋矫诏下鍭于锦衣狱，禁锢数月，鞫治无所得而释放。鍭为此称病还乡。十四年，孝宗起用旧臣，鍭被诏入京。上疏力陈"百姓之流离，夫役之繁苦，势豪之横害，与夫官司之不恤民瘼"。历叙百姓饥馑死亡状况，请免除苛捐杂税，减轻其疾苦。曾任南京大理寺评事，后母老，请求还乡养亲。

九月，王阳明亲自手书《大学古本》《中庸古本》以及周敦颐《太极图说》《通书》"圣可学乎"一章，勒石于赣州贺兰山郁孤台，并作跋。王阳明《周子太极图说》跋："按濂溪自注'主静'，云'无欲，故静'，而于《通书》云：'无欲，则静虚动直'，是主静之说，实兼动静。'定之以中正仁义'，即所谓'太极'；而'主静'者，即所谓'无极'矣。"费宏有《移置阳明先生石刻记》："既以责志为教，肄其子弟，复取《大学》《中庸》古本，序其大端，与濂溪《太极图说》联书石于郁孤山之上，使登览而游息于此者，出埃墙之表，动高明旷远之志。"郁孤台，别名田螺岭，位于赣州城区西北部贺兰山顶，是城区的制高点，赣州宋代古城墙自台下逶迤而过。因坐落于山顶，以山势高阜、郁然孤峙得名。李渤、苏东坡、辛弃疾、岳飞、文天祥、王阳明、郭沫若等历代名人都曾在这里留下过诗词。其中，与郁孤台渊源最深的，要数南宋著名词人辛弃疾，他在赣州任职时，留下名词《菩萨蛮·书江西造口壁》，郁孤台从此名扬天下。

正德十四年（1519），孙堪给王阳明来信，讨论《朱子晚年定论》，此系针对朱、陆异同论战而发。孙堪称赞道："然此自是朱子目击末流之弊，而痛事防救之言。先生于众所睹之中，条摘表章之，后学之所矜式，圣道之所明晦焉者，其义不亦精，而蕴不亦深乎？一旦拈方寸之匙锁，而启数百年之聋瞽，势不亦难而几不亦重乎？"孙堪，字志健，浙江余姚人，江西巡抚孙燧的儿子。能属文，善骑射，中武会试第一。官都督金事。护母丧归，卒于道。与其弟孙墀、孙升称"三孝子"。

正德十六年(1521)二月,席书寄来《鸣冤录》与《道山书院记》,为陆九渊之学鸣冤辩白,张大《朱子晚年定论》之说:"大抵朱、陆之学就其偏处为之,犹胜于俗学,而况于大中至正者乎?然在学者,皆当云短集长,岂可安于一偏而已哉!廉亦尝谓后人未考陆学,望风而骂。今见高明此书,则象山不负屈于地下矣。但朱子晚年自悔之语,将以自警,且以警人。"王阳明致书称赞:"向承教札及《鸣冤录》,读之,见别后学力所到,卓然斯道之任,庶几乎天下非之而不顾,非独与世之附和雷同、从人非笑者相去万万而已。喜幸何极……"又云:"向见《道山书院记》,盖信道之笃,任道之劲,海内同志莫敢有望下风矣,何幸何幸!"席书(1461—1527),字文同,号元山,四川遂宁人。进士,历官贵州提学副使、右副金都御史,巡抚湖广、礼部尚书,眷顾隆异,虽辅臣不敢望。以武英殿大学士致仕,赐第京师。席书一直赏识王阳明。作为王阳明的知己和道友,席书为王阳明心学作出了贡献。王阳明被贬贵州龙场,席书其时为贵州提学副史,席书认为王阳明是"因言遭谪"的政治迫害,从而使阳明在政治上备感温暖;邀请阳明讲学文明书院,为阳明心学在贵阳地区的生根创造了条件;支持阳明的学术主张,撰《鸣冤录》,为阳明心学摇旗呐喊;欣赏阳明的德才,积极向朝廷举荐,使王阳明在精神上深受鼓舞。席书亦因此成为王阳明心学脉络中的重要一员,是阳明心学的虔诚拥趸者。

正德十六年(1521)六月,王阳明有书致福建提学副使胡铎,并赠新刻《大学古本旁释》与《朱子晚年定论》。胡铎有答书。王阳明《答时振书》:"阔别久,近想所造日益深纯,无因一面扣为快耳。教下士亦有能兴起者乎?道之不明,世之教与学者,但知有科举利禄,至于穷理尽心,自己本领,乃反视为身外长物,有道者必尝慨叹斯矣,何以救之?何以救之?区区病疏既五上,近尝得报,归遁有期,庶几尽力于此也。海内同志渐多,而著实能负荷得者尚少,如吾时振美质清才,笃志而不息,亦何所不到哉!偶张解元去便,略致企念之怀。冗次草草,不尽不尽。"胡铎《答阳明书》:"足下薄宋儒,以闻见之知汩德性之知,知一而已。德性之知不离闻见,闻见之知还归德性。怵惕恻隐之心,良心也,必乍见孺子而后动,谁谓德性之离闻见乎?人非形性,无所泊,舍耳目闻见之知,德性亦无所自发也。"胡铎(1469—1536),字时振,号支湖,浙江余姚人。弘治十八年(1505)进士,授刑科给事中。嘉靖初,官湖广参政。与张璁同举于乡。"大礼"议起,意与张璁合,而不肯与璁合疏。"大礼"议定,致书张璁,劝召还议礼诸人,璁不能从。官至南京太仆卿。王阳明此书称其为"大提学",乃指其任福建提学副使。胡铎与王阳明同乡,早年就与王阳明认识。《胡铎神道碑》云:"乙丑,举进士,改翰林院庶吉士,日与汝南、甘泉、小野三公相切磋,读中秘书,日益宏肆。大学士西涯李公、木斋谢公深器重之。"弘治十八年,王阳明也在京师,任兵部主事,与时任翰林院庶吉士的湛若水一见定交,与时任翰林院庶吉士的胡铎也有来往。正德二年(1507),王阳明言事答罪刘瑾谪戍贵州龙场,胡铎也忤刘瑾受到责罚。所以王阳明在书中说"阔别久"。

正德十六年(1521)七月,王阳明经过抚州,为重刊《象山文集》作序,大阐"心学"之秘,为《朱子晚年定论》张目:"圣人之学,心学也。尧、舜、禹之相授受曰:'人心惟危,道心惟微。惟精惟一,允执厥中。'此心学之源也者……有象山陆氏,虽其纯粹和平若不逮于二子,而简易直截,真有以接孟子之传。其议论开阖,时而有异者,乃其气质意见之殊,而要学之必求诸心,则一而已。故吾尝断以陆氏之学,孟氏之学也……惟读先生之文者,务求诸心而无以旧习己见先焉,则糠粃精凿之美恶,入口而知之矣。"对此段话可以看出,王阳明喜爱陆九渊到了什么程度,而对朱熹的常说,王阳明常常是持异议的。作了《象山文集序》之后,王阳明还意犹未尽,在从抚州到达上饶时,听说好朋友席书将任副都御史,巡抚江西,王阳明致书席书,意欲面对面与其论象山之学。

正德十六年(1521)七月下旬,王阳明抵浙江杭州,辅臣杨廷和阻其入朝。二十八日,升南京兵部尚书。是月,湛若水有书来,详辩格物致知之说,论及《大学古本》:"《大学》曰'格知在格物',程子则曰'致知在所养,养知在寡欲'。以涵养寡欲训'格物',正合《古本》以修身申格物之旨为无疑,四也。以格物兼知行，其于自古圣训学、问、思、辨、笃行也，精一也，博约也，学古、好古、信古也，修德，讲学也，默识，学不厌也，尊德性，道问学也，始终条理也同，知言养气也，千圣千贤之教为不谬，五也。"杨廷和（1459—1529），字介夫，四川成都人。进士，授官翰林检讨，官至少傅兼太子太傅、谨身殿大学士。正德七年（1512），继李东阳为首辅。世宗即位后，加授其为左柱国。嘉靖三年（1524），因"大礼议"事件与世宗意不合，罢归故里。杨廷和历仕宪宗、孝宗、武宗、世宗四朝。

嘉靖二年（1523）六月，薛侃回京，有书来论学，王阳明有答书，并寄赠新改定的《古本大学序》："'致知'二字，是千古圣学之秘，向在虔时终日论此，同志中尚多有未彻。近于《古本序》中改数语，颇发此意，然见者往往亦不能察。今寄一纸，幸熟味！此是孔门正法眼藏，从前儒者多不曾悟到，故其说卒入于支离。"薛侃（1486—1546），字尚谦，世称"中离先生"。广东潮安人。进士。在江西赣州亲炙阳明之教，深契良知学旨。因上疏言建储事，触明世宗讳，下狱廷鞫，后削职为民。隐居讲学于中离山，从学者甚众，"行义在乡里，名节在朝野"。师事王阳明于江西赣州，后传王阳明学于岭南，是为岭表大宗，《明史》称"自是王氏学盛行于岭南"。

嘉靖三年（1524）五月，黄省曾屡有书至，寄呈己所作《格物说》《修道注》。王阳明回信，讨论其旧作《古本大学序》和《修道说》，并寄新定《古本大学序》："君子学以为己。成己成物，虽本一事，而先后之序有不容紊。孟子云：'学问之道无他，求其放心而已矣。'诵习经史，本亦学问之事，不可废者；而忘本逐末，明道尚有'玩物丧志'之戒；若立言垂训，尤非学者所宜汲汲矣。所示《格物说》《修道注》，诚荷不鄙之盛，切深惭悚，然非浅劣之所敢望于足下者也。"黄省曾（1490—1540），字勉之，号五岳山人，江苏吴县人。《明儒学案》记其"少好古文，解通《尔雅》。为王济之、杨君谦所知"。嘉靖十年（1531）以《诗》经乡试中举，名列榜首，后进士累举不第，便放弃了科举之路，转攻诗词和绘画。交游极广，王阳明讲学越东，往见执子弟礼，又请益于湛若水，学诗于李梦阳。长于农业与畜牧,诗作以华艳胜。

嘉靖六年(1527)二月,毛宪来书问学,向王阳明请教如何读朱子和《大学》:"间读《朱子大全》,见得此老于天下事无不格,而理无不穷,真是挺豪杰,足以而继往开来也。近同士大夫私议门下欲改《大学》'格'字,训为'正',又病'敬'一字为缀,岂其然乎?因风望示喻,以释此疑,万幸,万幸!"毛宪(1469—1535),字式之,号古庵,江苏武进人。正德六年(1511)进士,授刑部给事中。权宦刘瑾擅权,国事日非,毛宪上疏劾刘瑾,内外肃然。武宗储嗣未定,举朝讳不敢言,毛宪疏请不报,谢病归乡。毛宪敦行谊,矜名节,以戆直称。后与王阳明、湛若水以讲学为事,学者称古庵先生。

嘉靖六年(1527)二月,朱得之归南直靖江,王阳明书《修道说》赠别,其云:"良知者,是非之心,吾之神明也。人皆有之,但终身由之而不知者众耳。各人须是信得及,尽著自己力量,真切用功,日当有见。六经四子,亦惟指点此而已……又有一等渊默躬行,不言而信,与人并立而人自化,此方是善学者,方是为己之学。"朱得之,字本思,号近斋,江苏靖江人,以贡为江西新城丞。自号参元子、虚生子,王阳明晚年的入室弟子。据黄宗羲《明儒学案》载,"南中之名王氏学者,阳明在时,王心齐、黄五岳、朱得之、戚南玄、周道通、冯江南,其著也。"可见,朱得之是南中王门学派的代表人物之一。

嘉靖六年(1527)十一月,王阳明赴两广总督任,经南昌,邹守益、欧阳德、刘邦采、黄弘纲、何廷仁、魏良器、魏良弼、陈九川等300余人候于南浦请益。入驻南昌,谒文庙,在明伦堂为门人诸生讲《大学》。钱德洪《王阳明年谱》:"明日至南浦,父老军民俱顶香林立,填途塞巷,至不能行。父老顶舆传递入都司。先生命父老军民就谒,东入西出,有不舍者,出且复入,自辰至未而散,始举有司常仪。明日谒文庙,讲《大学》于明伦堂,诸生屏拥,多不得闻。唐尧臣献茶,得上堂旁听。初尧臣不信学,闻先生至,自乡出迎,心已内动。比见拥谒,惊曰:'三代后安得有此气象耶!'及闻讲,沛然无疑。同门有黄文明、魏良器辈笑曰:'逋逃主亦来投降乎?'尧臣曰:'须得如此大捕人,方能降我,尔辈安能?'"

三、《朱子晚年定论》的牴牾

《朱子晚年定论》刊刻之后，大多是赞扬有加，然而也有一些反对的声音。

比如说汪循。汪循，字进之，安徽休宁人。登弘治九年（1496）进士。官至顺天府通判。汪循是个有骨气、敢直言的人。正德初，刘瑾擅权，汪循一月内三上抗疏，请裁革中官。又上内修外攘十策，语甚剀切，得罪了权宦刘瑾，罢官归里。汪循是学者游庄杲的弟子，好朱子之学，与王阳明是好朋友，但两人的观点不相契合，他几次与王阳明论辩。正德元年（1506）八月，时任顺天府通判的汪循上《陈年外攘内修疏》《论裁革中官疏》，触怒权阉刘瑾，乞休归家乡安徽休宁，王阳明书卷赠别。王阳明《书汪进之》："程先生云：'有求为圣人之志，然后可与共学。'夫苟有必为圣人之志，然后能加为己谨独之功。能加为己谨独之功，然后于天理人欲之辨日精日密，而于古人论学之得失，孰为支离，孰为空寂，孰为似是而非，孰为似诚而伪，不待辩说而自明。何者？其心必欲实有诸己也。必欲实有诸己，则殊途而同归，其非且伪者，自不得而强入。不然，终亦忘己逐物，徒弊精力于文句之间，而曰吾以明道，非惟有捕风捉影之弊，抑且有执指为月之病，辩析愈多，而去道愈远矣。故某于朋友论学之际，惟举立志以相切磋。其于议论同异之间，姑且置诸未辩。非不欲辩也，本之未立，虽欲辩之，无从辩也。夫志，犹木之根也；讲学者，犹栽培灌溉之也。根之未植，而徒以栽培灌溉，其所滋者，皆萧艾也。进之勉之！"王阳明与汪循有诗唱酬，其《书汪进之太极岩》诗，其一："一窍谁将混沌开，千年样子道州来。须知太极元无极，始信心非明镜台。"其二："始信心非明镜台，须知明镜亦尘埃。人人有个圆圈在，莫向蒲团坐死灰。"汪循与王阳明关系好也是真好，与王阳明观点不同，常与辩论也是真辩论。正德十四年（1519）正月，汪循辩程瞳《闲辟录》，作《闲辟辩》，寄呈王阳明，王阳明有答书，并寄赠《朱子晚年定论》。王阳明答书，进一步说明了作《朱子晚年定论》之意图：朱熹、陆九渊异同之辩，我平日也见到诽谤之说，意欲作一书，以明陆学之非禅，见朱学有未定。又恐一些学者先怀党同伐异之心，将观其言而不入，反致激怒，因此取朱熹晚年悔悟之说，集为一小册子，取名《朱子晚年定论》，将朱陆二家之学，"不待辩说而自明"。正德十四年二月，汪循致书王阳明，再论朱、陆异同，批评《朱子晚年定论》。汪循质疑王阳明："但其序中自言其所造诣，述其先难之故，后得之由，而其微词奥义，有非老昧浅陋之所及知者，不能无疑焉。"而次年（正德十五年）正月，王阳明第二次献俘南都，江彬、张忠拒王阳明于芜湖，不让他见皇帝，王阳明遁入九华山，待了半个月。在九华山，王阳明居于草庵之中，每天游览九华山胜景。而这时，汪循去世，王阳明即赶赴汪循的老家休宁，凭吊老朋友，有诗题："仁峰山下有仁人，怪道山中物物春。莫道山居浑独善，问花移竹亦经纶"；"山居亦自有经纶，才恋山居却世尘。肯信道人无意必，人间随地著闲身。"

罗钦顺也与阳明之学有牴牾。正德十五年（1520）二月，王阳明致书罗钦顺，并赠《古本大学旁释》和《朱子晚年定论》，罗钦顺《困知记三续》云："近见阳明文录，有《大学古本序》，始改用致知立说，于格物更不提起"；"阳明学术，以良知为大头脑，其初序《大学古本》，明斥朱子传注为支离，何故却将大头脑遗下？岂其拟义之未定欤？"同年六月上旬，王阳明赴赣州，巡抚地方，处置宸濠叛乱善后事宜。二十日，至泰和，罗钦顺书来论学，王阳明有答书详辩。罗钦顺书曰："《朱子晚年定论》之编，盖以其中岁以前所见未真，爰及晚年，始克有悟，乃于其论学书尺数十卷之内，摘此三十余条，其意皆主于向里者，以为得于既悟之余，而断其为定论，斯其所择宜亦精矣，第不知所谓晚年者，断以何年为定？"嘉靖六年（1527）十一月，王阳明赴两广总督任，过江西泰和罗钦顺家乡时，有书致罗钦顺，预订文会，一辩朱陆异同。后罗钦顺有答书，而王阳明却逝于道。罗钦顺云："审如所言，则《大学》当云'格物在致知'，不当云'致知在格物'；当云'知至而后物格'，不当云'物格而后知至'矣。且既言'精察此心之天理，以致其本然之良知'，又言'正惟致其良知，以精察此心之天理'，然则天理也，良知也，果一乎，果非一乎？察也，致也，果执先乎，孰后乎？此愚之所以不能无疑者三也。"罗钦顺（1465—1547），字允升，号整庵，江西泰和人。明代"气学"的代表人物之一。弘治六年（1493）进士科探花，官至南京吏部尚书，后辞官，隐居乡里专心研究理学。在明中期，罗钦顺是可以和王阳明分庭抗礼的大学者，时称"江右大儒"。他早年在京做官时，曾与僧人交往，相信佛学，后在长期的学习钻研和比较中，终于抛弃佛学，建立自己的理气学说。当时王阳明的"心学"流行一时，很多人都信奉，而罗钦顺持批评态度，给王阳明写信予以反驳，王阳明回信答辩，两人反复书信往来，互相辩驳，直到王阳明去世。罗钦顺与王阳明是好朋友，惺惺相惜，只是观点不同，互不相让而已。王阳明与罗钦顺早年就有来往，《黄绾阳明先生行状》："己未登进士，观政工部。"又钱德洪《王阳明年谱》："举南宫第二人，赐二甲进士出身第七人，观政工部。"也就是弘治十二年（1499），王阳明中进士，五月，返京师，观政工部，与罗钦顺、罗钦德相识，三人多有唱酬论学。罗钦顺《整庵存稿》卷十七《送王伯安入朝》："厄垆联句佛灯前，云散风流顿十年。"罗钦顺《整庵存稿》卷十五《祭大司马王阳明先生文》："弟兄夙钦风义，交游以世，气味攸同。官邸论文，不在盈尊之酒；归途讲学，犹存隔岁之书。"从罗钦顺祭王阳明文可以看出，两人在京师时，已经"官邸论文"。王阳明去世，罗钦顺为作悼文，可见两人关系之深。

正德五年（1510），王阳明谪戍期满，任为江西庐陵知县，在从贵州龙场驿至庐陵途经罗钦顺的家乡泰和，时罗钦顺在家，王阳明特地访问了罗用俊、罗钦顺父子，罗用俊赠诗送别。王阳明作《寿西冈罗老先生尊丈》："早赋归来意洒然，螺川犹及拜诗篇。高风山斗长千里，道貌冰霜又几年。曾与眉苏论世美，真从程洛溯心传。西冈自并南山寿，姑射无劳更问仙。阳明山人侍生王守仁顿首稿上，时正德丙子季春望后九日也。"同年，王阳明由南京刑部四川清吏司主事，升任吏部验封清吏司主事，时罗钦顺在南京国子监司业任上，闻王阳明北上任职，作《送王伯安入朝》诗送别："厄垆联句佛灯前，云散风流顿十年。曾见山东题小录，又闻瀛海遇真仙。一封朝奏心徒切，万里生还命有悬。今日仕优仍好学，独携书卷去朝天。"正德九年（1514）五月，王阳明在太仆寺少卿任上，罗钦顺时任南京太常少卿，多来与王阳明论学，多有不合。罗钦顺《与王阳明书》："某无似，往在南都，尝蒙海益。第苦多病，怯怯话言，未克倾吐所怀，以求归于一是，恒用为歉。"

时江西提学金事邵锐坚守朱子之学，与王阳明《朱子晚年定论》之论不合，乞休而去。邵锐（1480—1534），字思仰，号端峰，浙江杭州人。进士，改庶吉士，授翰林院编修。历任宁国府推官、南京吏部主事、礼部员外郎、江西提学金事、河南按察使，广东、山东左、右布政使，官至太仆寺卿，因疾请归。王阳明《批提学金事邵锐乞休呈》："而按察使伍文定挽留恳至，曲尽缁衣之情。是亦人各有志，可谓两尽其美。然求归者虽亦明哲保身，使皆洁身而去，则君臣之义或几乎息，挽留者虽以为国惜贤，使皆腼颜在位，则高尚之风亦日以微。"《国朝献征录》："锐质任自然不矫饰，而言动必依于礼，一时称端士。故官不过三品，而恤典特厚。"

杨廉致书王阳明，与论《朱子晚年定论》《古本大学》，观点不合。杨廉云："近世尤讲此学者，只有役志兴举业，词章而已。至执事如立吾道之赤帜，甚盛，甚盛！但精微之际，最难著语，程子所谓'如扶醉人者'是也。至于所讲，尤宜平心易气；若矫枉过正，恐又堕于一偏，将来只成一家之学；须有百世以俟圣人与圣人后起不易吾言，乃是。"杨廉（1452—1525），字方震，号月湖，江西丰城人，成化二十三年（1487）进士，官至南京礼部尚书，卒赠太子少保，谥文恪。杨廉与罗钦顺友善，研究居敬穷理之学，文必根《六经》，自礼乐、钱谷至星历、算数，具识其本末。杨廉曾认为帝王之道莫切于《大学》，任给事中时进言，进讲宜先《大学衍义》，至是首进《大学衍义节略》。得到皇帝的赞赏。杨廉上疏论大礼议，引用程颐、朱熹的言论为证，说："今异议者率祖欧阳修。然修于考之一字，虽欲加之于濮王（赵允让），未忍绝之于仁宗（宋仁宗）。今乃欲绝之于孝庙（明孝宗），此又修所不忍言者。"得到明世宗的答复。

王云凤于王阳明之学不甚赞同。正德五年（1510）十月，王阳明入朝述职，升南京刑部四川清吏司主事，十一月，至南京赴刑部任。王云凤两次来访论学，观点不合，王阳明有答书，陈述自己的观点："昨承枉顾，适兹部冗，未获走谢。向白岩自关中回，亟道执事志行之高，深切企慕，惟恐相见之晚。及旌节到此，获相见，又惟恐相别之速。以是汲汲数图一会，正所欲请，亦承相亮，两辱枉教，辩难穷诘，不复退让。盖彼此相期于道义，将讲去其偏，以求一是，自不屑为世俗谀媚善柔之态，此亦不待相喻而悉也。"王云凤（1465—1518），字应韶，号虎谷。山西和顺人。进士。累迁都察院右佥都御使。王云凤于正德五年九月改任南京通政，王阳明此时也在南京，所以两人能见面。

魏校也是与王阳明观点对立的人之一。正德十六年（1521）五月，魏校起任广东提学副使，过南昌来问学，不合而去。王畿《南游会纪》："洞山尹子举阳明夫子语庄渠'心常动'之说，有诸？先生曰：'然。'庄渠为岭南学宪时，过赣，先师问：'子才，如何是本心？'庄渠云：'心是常静的。'先师曰：'我道心是常动的。'庄渠拂衣而行。末年，予与荆川请教于庄渠，庄渠首举前语，悔当时不及再问，因究其说。予曰：'是虽有矫而然，其实心体亦原是如此。天常运而不息，心常活而不死。动即活动之义，非以时言也。'因请问'心常静'之说，庄渠曰：'圣学全在主静。前念已往，后念未生，见念空寂，既不执持，亦不茫昧，静中光景也。'又曰：'学有天根，有天机。天根所以立本，天机所以研虑。'"魏校（1483—1543），其先本李姓，字子才，号庄渠。江苏昆山人，"南都四君子"之一。进士，授南京刑部主事，进郎中。权宦刘瑾擅权，常干扰刑部司法工作，独其严正不阿，不为所屈。江彬、朱宸濠内外勾结谋反，遂移疾归。魏校以理学闻名，私淑胡居仁"主敬"之学，又贯通诸儒之说。与王阳明心学有所牴牾。

"前七子"之一的顾璘，与王阳明为友，但并不完全赞同王阳明的观点。嘉靖四年（1525）九月，顾璘致王阳明书，质疑王阳明良知之学，王阳明有答书，详细作了辩解："来书云：'所释《大学古本》，谓致其本体之知，此固孟子尽心之旨。

朱子亦以虚灵知觉为此心之量。然尽心由于知性,致知在于格物。''尽心由于知性,致知在于格物',此语然矣。然而推本吾子之意,则其所以为是语者,尚有未明也。朱子以'尽心、知性、知天'为物格、知致,以'存心、养性、事天'为诚意、正心、修身,以'夭寿不贰、修身以俟'为知至、仁尽,圣人之事。若鄙人之见,则与朱子正相反矣。夫'尽心、知性、知天'者,生知安行,圣人之事也;'存心、养性、事天'者,学知利行,贤人之事也;'夭寿不贰、修身以俟'者,困知勉行,学者之事也,岂可专以'尽心、知性'为知,'存心、养性'为行乎?"顾璘(1476—1545),字华玉,号东桥居士,江苏吴县人。登进士第,历任广平知县、开封知府、浙江布政使。升至工部尚书。顾璘少有才名,以诗著称于时,与刘元瑞、徐祯卿并称"江东三才",与陈沂、王韦、朱应登并称"金陵四大家",顾璘亦是弘治十才子之一。著有《浮湘集》《山中集》《息园诗文稿》等。嘉靖五年,与阳明书,质疑知行合一,王阳明有答书,论及朱、陆异同。顾璘问:"象山论学与晦庵大有同异。先生尝称象山'于学问头脑处见得直截分明'。今观象山之论,却有谓学有讲明,有践履?"王阳明答:"君子之学,岂有心于同异?惟其是而已。吾于象山之学有同者,非是苟同;其异者,自不掩其为异也。吾于晦庵之论有异者,非是求异;其同者,自不害其为同也。"

朱王之争,谁是谁否,没有定论,也不可能有定论。400多年后,1926年9月7日,《申报》刊发张仲仁《庐山纪游诗》,发表了张仲仁的《访白鹿洞书院》诗二首,其一云:"汉宋纷纷互抨击,阳明一派走东瀛。而今朱陆无同异,鹿洞尘封圣殿扃。"自序云:"白鹿洞为朱子讲学地,今为农林学校学生实习处。孔子殿已荒芜。庐山耶教颇盛,孔子教泽,惟鹿洞耳。"这首诗的意思是说,有人崇汉儒董仲舒、郑康成,有人崇宋儒朱熹,争论不休,自成一派的阳明学,却走出了国门,对日本、朝鲜产生了广泛的影响。墙里开花墙外香,当中国人为朱王争论不休的时候,东亚却独独看中了阳明心学的灵动及心性自求、自尊无畏,其成了日本明治维新思想的启蒙,促进了日本近现代物质文明的发展。此诗可谓入木三分,道尽朱王争论之没必要。其二云:"二分欧美一分华,势力东西有岁差。物质文明穷则变,百年以后看谁家!"自序云:"近日渐有复古思想,东西文化,尚在互相摩荡中。"其时中国思想界正是大动荡、大碰撞的时候,中西文化产生了激烈的撞击。东西方文化和工业文明的特点、进程各有不同,穷则思变,落后就要挨打,在那个兵荒马乱、民不聊生的年代,到底是朱熹还是王阳明能够救中国,当下还看不清楚,百年以年,或许会分出个胜负来。

第四章

匡庐寄情　摩崖纪功

——王阳明庐山诗文解读

正德十四年（1519）七月，48 岁的王阳明献俘南都，返回江西，途经彭泽，登小孤山，写下《登小孤次陆良弼韵》诗：“看尽东南百二峰，小孤江上是真龙。攀龙我欲乘风去，高蹑层霄绝世踪。”此诗的意思是说，东南巨峰众多，争奇斗艳，浮在江上的小孤山，才是一条真正的游江戏湖的龙。我登上这条巨龙，欲乘风而上，遨游穹宇，脱离尘世，升于九天。小孤，即小姑山，在鄱阳湖口，有两座山孤立于长江中，人称大孤山、小孤山。早在六朝时，人们就把大孤小孤演化为大姑神、小姑神了。小孤山历来是文人墨客笔下的神山，路过者多有题咏。唐代诗人顾况有《小孤山》诗云：“古庙枫林江水边，寒鸦接饭雁横天。大孤山远小孤出，月照洞庭归客船。”宋代爱国名臣谢枋得有《小孤山》诗云：“人言此是海门关，海眼无涯骇众观。天地偶然留砥柱，江山有此障狂澜。坚如勇士敌场立，危似孤臣末世难。明日登峰须造极，渺观宇宙我心宽。”1519 年 7 月，王阳明平定了宁王之乱，赴南京献俘，不得见武宗。《年谱二》说：“正月，赴召次芜湖，寻得旨，返江西。”“过彭泽，游小孤山，有《次陆相韵诗》。”这是此次庐山之行的第一首诗。陆良弼,明官吏、诗人,与顾璘、谢迁善。顾璘有《送陆良弼赴云南》诗:"东吴陆氏古称雄,今日君家迈古风。父子弟兄纡紫绶,麒麟偏在一门中。与君作宦汉西京,十载追游畅性灵。飞觞谢传围棋墅,弹剑周郎洒泪亭。春来秋去欢无歇,星流雨散从今别。君提侯印赴滇南,浩荡青冥动双节。雄才健笔人不如,况乃腹内多诗书。盛年黄霸初为郡,紫阁归来日有余。"谢迁有《再用前韵赠陆良弼太守》诗:"文采风流羡陆云,江东家世共知闻。乔松挺壑难为用,孤鹤凌空自不群。碧水丹山方有约,虎符龙节又新分。师门事业吾惭负,临别丁宁说致君。"

又有《登小孤书壁》诗:"人言小孤殊阻绝,从来可望不可攀。上有颠崖势欲堕,下有剑石交巉顽。峡风闪壁船难进,洪涛怒撞蛟龙关。帆樯摧缩不敢越,往往退次依前山。崖傍沙岸日东徙,忽成巨浸通西湾。帝心似悯舟楫苦,神斧夜劈无痕斑。风雷倏翕见万怪,人谋不得容其间。我来锐意欲一往,小舟微服沿回澜。侧身肋息仰天窦,悬空绝栈蛛丝悭。风吹卯酒眼花落,冻滑丹梯足力孱。青鼍吹雨出仍没,白鸟避客来复还。峰头四顾尽落日,宛然风景如瀛寰。烟霞未觉三山远,尘土聊乘半日闲。奇观江海讵为险?世情平地犹多艰。呜呼!世情平地犹多艰,回瞻北极双泪潸!"倏:意思是极快地,疾速,忽然。翕:本义是闭合,收拢,可表示合,聚。短语"倏尔远逝往来翕忽",喻指事物的快速变化和转移。肋息:意思是指敛缩气息,悲伤。亦作胁息。悭:小气,吝啬,悭吝。瀛寰:指全世界,声振寰宇。书壁诗,也叫题壁诗。古代文人士子于远游近访中,常常会即兴或应邀将诗文书写于公共场所,以便其扩散流传,这就是题壁。题壁诗是古代诗歌中的瑰宝。题壁诗有多种类型。就载体而言,题壁诗虽然都是题在墙壁上,但墙壁又有寺壁、石壁、邮亭壁、殿壁、楼壁之分。就内容而言,题壁诗皆有感而作,是有所寄托的。大致可分如下类型:第一,政治抱负。这类诗大多对现实不满,不平则鸣。第二,生活困难,乞求得到社会赞助,题诗于壁,广而告之。有的甚至带有商品性质,题诗者据以牟利。第三,志趣爱好。有些诗颇富哲理,堪称警句。

又有《过鞋山戏题》诗:"曾驾双虬渡海东,青鞋失脚堕天风。经过已是千年后,踪迹依然一梦中。屈子慢劳伤世隘,杨朱空自泣途穷。正须坐我匡庐顶,濯足寒涛步晓空。"鞋山犹如一只神鞋,从苍穹中坠落。千年以后,这只鞋子还没升天,还在尘世中磨折;而尘世还是那样,屈原的天问,还在问,杨朱还在叹息穷途末路。然而,"我"坐在这庐山之巅,在冰冷的湖水中濯足,准备穿上这只天靴,升上太空无忧世界。鞋山:大孤山的别称。郦道元著《水经注》说大禹治水至此,刻石纪功。也有传说,刻石的是秦始皇。山形似鞋,故称。郭子章《豫章诗话》卷六:"鞋山,在南康府北六十里。独立湖中,其形如鞋……阳明先生过鞋山,戏题诗。"青鞋:亦作"青鞵",指草鞋。屈子:指屈原(约前340—前278),芈姓,屈氏,名平,字原,出生于楚国丹阳秭归(今湖北宜昌),战国时期楚国诗人、政治家。早年受楚怀王信任,任左徒、三闾大夫,兼管内政外交大事。提倡"美政",主张对内举贤任能,修明法度,对外力主联齐抗秦。因遭贵族排挤诽谤,被先后流放至汉北和沅湘流域。楚国郢都被秦军攻破后,自沉于汨罗江,以身殉楚国。杨朱(约前395—约前335),字子居,魏国人,战国初期思想家、哲学家。杨朱主张"贵己""重生""人人不损一毫"的思想,道家杨朱学派的创始人。濯:洗。濯足:本谓洗去脚污。后以"濯足"比喻清除世尘,保持高洁。

又有《献俘南都回还登石钟山次深字韵》诗:"我来扣石钟,洞野钧天深。荷蒉山前过,讥予尚有心。"我来到这石钟山上,撞击石钟,壁险百仞。就像挎着一个篮子,打起一湖水,心有余,实不可至。石钟山:位于江西九江市湖口县的双钟镇,三面环水一面连接陆地,是典型的小半岛,是长江与鄱阳湖的交汇处。同治《湖口县志》卷一:"石钟山,上钟即湖山西尽处,在治前南;下钟即县基山尽处,在治前北。两岩相对,壁立数百仞,邑八景之一。"同治《湖口县志》卷一:"王守仁……登石钟山,次邵文庄深字赋,诗镌于白云洞。"

二、鄱阳战捷　行台寄情

王阳明与朱宸濠鄱阳湖一战,立分胜败,宸濠被擒,王阳明取得了剿灭朱宸濠的胜利。得胜之余,王阳明抑制不住内心的喜悦,作《鄱阳战捷》:"甲马秋惊鼓角风,旌旗晓拂阵云红。勤王敢在汾淮后,恋阙真随江汉东。群丑漫劳同吠犬,九重端合是飞龙。涓埃未遂酬沧海,病懒先须伴赤松。"千军万马,鏖战鄱阳湖,红旗猎猎,战鼓急促,战斗异常激烈,将士们异常勇敢,一股不获全胜决不收兵气势,吓倒了叛军。"我"有志勤王,要以唐代名将郭子仪、李光弼为榜样,而不是为了自己的官位。区区宸濠一叛臣,掀不起什么大浪,官兵众志成城,势御九天。"我"要为朝廷、为这方地域,尽"我"的涓埃之力,生命有限,力量有限,但精神不死。鄱阳:即鄱阳湖。汾、淮:指郭子仪、李光弼,两人均是唐代中兴名臣。涓埃:细流与微尘,比喻微小。赤松:即赤松子。赤松、王乔,好道为仙,度世不死。《楚辞·远游》:"闻赤松之清尘兮,愿承风乎遗则。"

又有《书九江行台壁》诗:"九华真实是奇观,更是庐山亦耐看。幽胜未穷三日兴,风尘已觉再来难。眼余五老晴光碧,衣染天池积翠寒。却怪寺僧能好事,直来城市索诗刊。"九华山,在安徽青阳境内,四大佛教名山之一,王阳明献俘归江西时途中,登上九华山,赋诗寄怀。王阳明从九华山下来,回到江西,登上庐山,把九华山与庐山进行了比较,觉得庐山比九华山更耐看,理由何在?幽胜无与匹敌,来到庐山之后又是一番心情。眼前的五老峰,晴空朗照,天池积翠。还有好事索诗的老僧,别有一番人文意象。行台:台省在外者称行台。旧时地方大吏的官署与居住之所。九江府,元、明、清行政区划名,元至正二十一年(1361),朱元璋攻下江州路,改江州路为九江府。明洪武九年(1376),九江府辖德化、德安、瑞昌、湖口、彭泽 5 县;清代,各县隶属仍承明制。辛亥革命后,废除府制。

又有《望庐山》诗："尽说庐山若个奇，当时图画亦堪疑。九江风浪非前日，五老烟云岂定期？眼惯不妨层壁险，足趼须著短筇随。香炉瀑布微如线，欲决天河泻上池。"都说庐山这样奇那样奇，到底奇在哪里？即使图画画出来，也未必能摹其真貌。九江的风流日日不同，五老峰的烟云说来就来说去就去，没有定期，每日每时都有不同。眼睛已经看习惯了悬崖绝壁的险要，还要凭借手杖才可攀要险峰。香炉峰的瀑布，就像天河一样泻在地上。若个：即哪个、何处、什么。趼：趼足，脚底生老茧，行路艰难。筇：古书上说的一种竹子，可以做手杖。香炉瀑布：庐山香炉峰瀑布。李白诗："日照香炉生紫烟，遥看瀑布挂前川。飞流直下三千尺，疑是银河落九天。"

三、开先雨雪　丹楼青霞

王阳明上庐山，游庐山开先寺，赋诗一首："僻性寻常惯受猜，看山又是百忙来。北风留客非无意，南寺逢僧即未回。白日高峰开雨雪，青天飞瀑泻云雷。缘溪踏得支茆地，修竹长松覆石台。"开先寺：五代南唐建，在庐山南麓。《舆地纪胜》卷二十五南康军：开先寺，"（南唐）李中主所作也。初为书堂，其后中主嗣国，乃为僧舍。及中主徙豫章，盖尝弭节于此，故榻与画像存焉。寺后有瀑布泉，李白诗云'飞流直下三千尺'，谓此也"。缘：沿着。茆：莼菜属，多年生水草。多生于湖泊沼泽中。叶椭圆形，浮生水面。夏日开暗红色花。嫩叶可食。《诗经·鲁颂·泮水》："思乐泮水，薄采其茆。"

又有《游庐山开先寺》诗："清晨入谷到斜曛，遍历青霞蹑紫云。阊阖远从双剑辟，银河真自九天分。驱驰此日原非暇，梦想当年亦自勤。断拟罢官来驻此，不教林鹤更移文。"曛：指落日的余光；青霞：青云。南朝梁武帝《直石头》诗："翠壁绛霄际，丹楼青霞上。"阊阖：典出《淮南子·地形训》《楚辞·离骚》。原指传说中的西边的天门，后来义项颇多。泛指宫门或京都城门，借指京城、宫殿、朝廷等。

正德十五年(1520)三月,王阳明与唐龙、朱节往游庐山东林寺、开先寺,有诗唱酬。王阳明有《重游开先寺戏题壁》诗:"中丞不解了公事,到处看山复寻寺。尚为妻孥守俸钱,至今未得休官去。三月开花两度来,寺僧倦客门未开。山灵似嫌俗士驾,溪风拦路吹人回。君不见,富贵中人如中酒,折腰解醒须五斗。未妨适意山水间,浮名于我亦何有!"戏题:戏有戏谑开玩笑之意,或传达一种非正式、随性的创作态度,这类诗词往往诙谐幽默,充满生活情趣,引人会心一笑。"戏题"中包含有自嘲无奈与悲凉的意思。中丞:官名。汉代御史大夫下设两丞,一称御史丞,一称御史中丞。因中丞居殿中而得名。掌管兰台图籍秘书,外督部刺史,内领侍御史,受公卿奏事,举劾按章。孥:儿女。引《国语·郑语》:"君若以周难之故,寄孥与贿焉,不敢不许。"不为五斗米折腰:来源于历史故事的成语,成语有关典故最早见于《晋书·陶潜传》。原指不会为了五斗米的官俸向权贵屈服(五斗米:微薄俸禄的代称;折腰:弯腰,指鞠躬作揖),后比喻为人清高,有骨气,不为利禄所动。

四、远公讲经 文殊观灯

王阳明来到远公讲经台,作诗云:"远公说法有高台,一朵青莲云外开。台上久无狮子吼,野狐时复听经来。"远公讲经台:晋高僧慧远讲经处。远公:慧远(334—416),俗姓贾,东晋时高僧,山西人,出生于世代书香之家。居庐山,与刘遗民等同修净土,为净土宗之始祖。青莲:一种睡莲。叶子宽而长,青白分明。印度人认为它具有伟人眼睛的特征,所以用来形容佛的眼睛。《维摩诘所说经·卷上》:"目净修广如青莲,心净已度诸禅定。"狮子吼:佛讲法之譬喻。形容佛(或菩萨)讲法如狮子威服众兽一般,能调伏一切众生(包括外道)。在佛经中,众兽用来比喻种种业。象、牛、马这些对人有益的动物用来形容能带来福报的业;而豺狗等一些恶兽用来形容能带来恶果报的不善业。野狐:野狐听经。《五灯会元·百丈怀海禅师》载:昔日一老人谈因果,因错解一字,就五百生投胎为野狐。后遇百丈禅师点化,始得解脱。后以"野狐禅"指外道、异端。

又有《文殊台夜观佛灯》诗:"老夫高卧文殊台,拄杖夜撞青天开。撒落星辰满平野,山僧尽道佛灯来。"文殊台:在大天池西面。宋、元代曾有文殊亭,宋代曾有供奉文殊菩萨的金像。明代改建为文殊台,为庙式建筑。王畿有次阳明韵诗:"多病维摩卧法台,凌虚怅望为谁开?解言佛子能传法,只许文殊一度来。"

正德十五年(1520)三月,王阳明与唐龙、朱节往游庐山东林寺、开先寺,王阳明作《东林次邵二泉韵》:"昨游开先殊草草,今日东林游始好。手持苍竹拨层云,直上青天招五老。万壑笙竽松籁哀,千峰掩映芙渠开。坐俯西岩窥落日,风吹孤月江东来。莫向人间空白首,富贵何如一杯酒!种莲采菊两荒凉,慧远陶潜骨同朽。乘风我欲还金庭,三洲弱水连沙汀。他年海上望庐岳,烟际浮萍一点青。游东林,次邵二泉韵。正德庚辰三月廿三日,阳明山人识。"邵二泉:邵宝(1460—1527),字国贤,号二泉,江苏无锡人。理学家、诗人、书法家、官员。曾任江西提学副使,谒周濂溪墓,修白鹿洞书院以处学者。金庭:山名。道教称为福地。在庐州郡巢县,今安徽省巢湖市,别名紫微山。为道教七十二福地之一。弱水:古水名。由于水道水浅或当地人民不习惯造船而不通舟楫,只用皮筏济渡的,古人往往认为是水弱不能载舟,因称弱水。故古时所称弱水者甚多。古代神话传说中称险恶难渡的河海。犹言爱河情海。王阳明弟子陈九川也有诗,题为《从天池下东林寺读先师题壁》,其云:"东林初问路,策杖落披霞。台映千莲发,池从五柳遮。虎溪流净相,庐阜灭空华。读罢仙翁咏,空庭落曙鸦。"

又有《庐山东林寺韵》诗:"东林日暮更登山,峰顶高僧有兰若。云萝磴道石参差,水声深涧树高下。远公学佛却援儒,渊明嗜酒不入社。我亦爱山仍恋官,同是乾坤避人者。我歌白云听者寡,山自点头泉自泻。月明壑底忽惊雷,夜半天风吹屋瓦。"东林寺,高树近水,仙气飘逸。远公是佛家,却援儒入佛,既在天外化境,又在人间食谷;就像陶渊明,既寄身人世,又不为五斗米折腰,入得庐山化境。"我"也是这样一个人,既喜欢山里的幽静和无争,但"我"仍恋着官位,恋着俸禄。东林寺:位于江西省九江市庐山西北麓,因处于西林寺以东,故名东林寺。东林寺建于东晋大元九年(384),为庐山上历史悠久的寺院之一。东林寺是佛教净土宗(又称莲宗)的发源地,汉唐时成为中国佛教八大道场之一,也被日本佛教净土宗和净土真宗视为祖庭。云萝:藤萝,即紫藤。因藤茎屈曲攀绕如云之缭绕,故称。远公:慧远。慧远,东晋时名僧,净土宗初祖。他从小喜好读书,读了大量儒家、道家典籍,致使当时的宿儒贤达,莫不叹服他学识渊博。陶渊明(约365—427),名潜,字元亮,别号五柳先生,江西九江人,东晋末到刘宋初杰出的诗人、辞赋家、散文家。陶渊明曾任江州祭酒、建威参军、镇军参军、彭泽县令等职,最后一次出仕为彭泽县令,80多天便弃职而去,从此归隐田园。他是中国第一位田园诗人,被称为"古今隐逸诗人之宗""田园诗派之鼻祖"。陶渊明作品有《饮酒》《桃花源记》《归去来兮辞》《五柳先生传》等。

又有《太平宫白云》诗:"白云休道本无心,随我迢迢度远岑。拦路野风吹暂断,又穿深树候前林。"白云伴着我,走入庐山的深山老林;野风不时来拦一程走一程,好像已入世外仙域。太平宫,也叫九天使者庙。建于唐代。岑:本义是小而高的山,泛指山,后引申出高,又引申出山顶等义。

五、天池闻雷　二泉次韵

王阳明来到庐山天池,留下游天池诗:"天池之水近无主,木魅山妖竞偷取。公然又盗山头云,去向人间作风雨。"天池:在庐山深处。此池有一神奇之处,池中之水,大旱不竭,且水泛气泡之时,山就起层云。木魅:旧指老树变成的妖魅。引南朝鲍照《芜城赋》:"木魅山鬼,野鼠城狐,风嗥雨啸,昏见晨趋。"

又有《夜宿天池月下闻雷次早知山下大雨》二首，其一："昨夜月明峰顶宿，隐隐雷声在山麓。晓来却问山下人，风雨三更卷茆屋。"其二："野人权作青山主，风景朝昏颇裁取。岩傍日脚半溪云，山下声声一村雨。"茆屋：同茅屋。野人：有多种意思，如上古谓居国城之郊野的人，与"国人"相对，泛指村野之人，农夫；庶人，平民；士人自谦之称，诗中借指隐逸者。王畿有《天池次阳明先生韵》："道人惯向云中宿，千仞孤峰等平麓。手排阊阖披层霄，还拟虚空结霞屋。"

又有《又次壁间杜牧韵》诗："春山路僻问归樵，为指前峰石径遥。僧与白云还暝壑，月随沧海上寒潮。世情老去浑无赖，游兴年来独未消。回首孤航又陈迹，疏钟隔渚夜迢迢。"杜牧（803—852），陕西西安人，字牧之。唐代文学家、诗人。大和年间，考中进士，起家校书郎，历任淮南节度使掌书记、监察御史、内供奉、史馆编撰，外放黄、池等州刺史。性情刚直，不拘小节，不屑逢迎。自负经略之才，诗文均有盛名。文以《阿房宫赋》为最著，诗作明丽隽永，绝句诗尤受人称赞，世称小杜。与李商隐齐名，合称"小李杜"。代表作《泊秦淮》《江南春》《赤壁》《题乌江亭》等，脍炙人口。暝：天色昏暗，引申为日落、黄昏。

王阳明弟子陈九川读先师天池诗，作诗咏之："五老垂衣坐紫霄，天池仅在五峰腰。寒溪翻雪雷长斗，夏木舒晴暖尚遥。云起粤瓯皆北拥，山随江汉尽东朝。仙翁一过无消息，遗得清歌入洞箫。"

王阳明后学蔡汝楠有《同龙溪王丈天池寺作》："雨中登顿历千盘，为访元翁说法坛。泉透林来中巨壑，云浮栋起盖层峦。参禅言下当机易，面壁山间见性难。诘旦踟蹰不能去，拟营亭阁傍潺湲。"蔡汝楠（1514—1565），字子木，号白石，浙江德清人。嘉靖进士。从阳明弟子王慎中、唐顺之等游。历任归德府知府、四川按察副使、江西参政、江西布政使、河南巡抚、兵部右侍郎。

六、庐山勒石　摩崖纪功

钱德洪在《王阳明年谱》中记载："二月，如九江。是月出观兵九江，因游东林、天池、讲经台诸处。是月，还南昌。"

一月三十日，王阳明至南康（今庐山市），游庐山，过开先寺，作《庐山读书台摩崖题识》，即《纪功碑》。其云："正德己卯，六月乙亥，宁藩宸濠以南昌叛，称兵向阙。破南康、九江，攻安庆，远近震动。七月辛亥，臣守仁以列郡之兵复南昌，宸濠擒，余党悉定。当是时，天子闻变赫怒，亲统六师临讨，遂俘宸濠以归。于赫皇威，神武不杀。如霆之震，靡击不折。神器有归，孰敢窥窃。天鉴于宸濠，式昭皇灵，嘉靖我邦国。正德庚辰正月晦，提督军务都御史，王守仁书。"

《纪功碑》在庐山秀峰境内的李璟读书台下，一块数丈见方的石壁。石壁上有三处石刻：中间是黄庭坚所书《七佛偈》，右边是明代徐岱的诗，左边是王阳明的《纪功碑》。李璟（916—961），字伯玉，初名景通，后改名璟。江苏徐州人。南唐先主李昇长子。五代十国时期南唐第二位皇帝。南唐灭亡后，李璟被迫求和，去皇帝号，自称国主，为躲避后周威胁，把都城江苏南京迁往江西南昌，并改名南昌府。李璟读书台系李璟15岁时慕庐山，在庐山读书时建筑，规模较大，幽雅清静。李璟即帝位后九年，在书台旧基上筑开先寺，寓"开国先兆"之意。南宋宰相周必大在宋乾道三年（1167）春冬两度访庐山时，发现开先寺只剩下玉峡旁的漱玉亭，其余旧时殿宇已经荡然无存，读书台已改成僧堂，古碑仅存颜真卿的碑记。传说清康熙四十六年（1707），康熙南巡至此，手书"秀峰寺"匾，遂改今名。今台在寺后，称"中主读书台"，台下有聪明泉和石凿洗墨池，传为李璟洗笔处。黄庭坚手书《七佛偈》碑，嵌于秀峰读书台右侧石壁上。碑青石质，长方形，高226厘米，宽185厘米，无首座。正文行直列。黄庭坚（1045—1105），字鲁直，自号山谷道人，晚号涪翁。江西修水人。

北宋诗人、词人、书法家。"江西诗派"的开山之祖,"苏门四学士"之一。

王阳明《纪功碑》碑文共 136 个字,字体庄重遒劲,入石三分。碑长 242 厘米,宽 234 厘米,字大清晰,气势宏伟。王阳明写这篇碑文时,激扬飞越,纵横跌宕,将行书的洒脱和楷书的庄重糅合在一起,使全文气韵贯通,雄健苍劲。清初诗人王士祯看了王阳明的碑刻后,激动不已,写诗赞道:"文成摩崖碑,其字大如斗。万古一浯溪,光芒同不朽。"王士祯将《纪功碑》与颜真卿的顶尖之作《浯溪碑》相比,说《纪功碑》与《浯溪碑》一样不朽。

王阳明还到了秀峰的龙潭,石刻题名:"大明正德庚辰,阳明王守仁到,同行御史伍希儒、谢源、参政徐琏、知府陈霖",共 29 个字。(吴宗慈《庐山志·艺文志·金石目》著录《青玉峡龙潭题刻》)

第五章

空同梦阳　致力维多

——王阳明挚友李梦阳与白鹿洞书院

一、志趣相投　惺惺相惜

李梦阳(1473—1530),字天赐,又字献吉,号空同子,甘肃庆城人。弘治六年(1493)举陕西乡试第一,次年中进士。出任户部主事,迁郎中。弘治十八年(1505),因为弹劾张鹤龄,被囚于锦衣狱,不久得释。正德元年(1506),替尚书韩文写弹劾刘瑾奏章,谪山西布政司经历。复起任原官,任江西提学副使。刘瑾被诛,李梦阳得以平反,官复原职,升为江西提学副使。又因为替宁王朱宸濠写《阳春书院记》,被削籍。李梦阳与何景明、徐桢卿、王廷相等被称为"前七子",是其领袖人物。提倡"文必秦汉,诗必盛唐",强调复古。李梦阳所倡导的文坛复古运动盛行了一个世纪,后为以袁宗道、袁宏道、袁中道三兄弟为代表的公安派所替代。书法师颜真卿,结体方整严谨,不拘泥规矩法度,学卷气浓厚。

王阳明与李梦阳可以说是志趣相投,惺惺相惜,情谊深厚。弘治十二年(1499),王阳明中进士,五月,返京师,观政工部,开始与京师青年才俊交往。其时王阳明学古诗文辞章,与李东阳、李梦阳等唱酬。黄绾《阳明先生行状》:"己未登进士,观政工部。与太原乔宇,广信汪俊,河南李梦阳、何景明,姑苏顾璘、徐祯卿,山东边贡诸公以才名争驰骋,学古诗文。"李梦阳《朝正倡和诗跋》也说到这件事:"诗倡和莫盛于弘治,盖其古学渐兴,士彬彬乎盛矣,此一运会也。余时承乏郎署,所与倡和,则扬州储静夫、赵叔鸣,无锡钱世恩、陈嘉言、秦国声,太原乔希大,宜兴杭氏兄弟,郴李贻教、何子元,慈溪杨名父,余姚王伯安……"

弘治十三年(1500)九月,兵部主事李源升刑部郎中,王阳明与李梦阳皆有贺诗唱酬。王阳明《奉和崇一高韵》:"懒爱官闲不计升,解嘲还计昔人曾。沉迷薄领今应免,料理诗篇老更能。未许少陵夸吏隐,真同摩诘作禅僧。龙渊且复三冬蛰,鹏翼终当万里腾。"

弘治十八年(1505)正月,龙霓由刑部员外郎出任浙江按察佥事,王阳明与李梦阳、顾璘等22人聚文会相送,由吴伟作画,各人题赠诗,罗玘作序。龙霓,字致仁,号中溪,江西宜春人。弘治九年(1496)进士。官浙江按察佥事。龙霓罢官后,入茗溪社。居官严毅简重,刚直有为,声誉藉藉,风采凛然,秉正嫉邪,绰有成绩。王阳明题诗云:"我所思兮山之阿,下连浩荡兮湖之波。层峦复巘,周遭而环合。云木际天兮,拥千峰之嵯峨。送君之迈兮,我心悠悠。桂之楫兮兰之舟,箫鼓激兮哀中流。湖水春兮山月秋,湖云漠漠兮风飕飕。苏之堤兮逋之宅,复有忠魂兮山之侧。桂树团团兮空山夕,猿冥冥兮啸青壁。旷怀人兮水涯甘,目惝恍兮断秋魄。君之游兮,双旗奕奕,水鹤翩翩兮鸥凫泽泽。君来何暮兮,去何毋疾;我心则悦兮,毋使我亚。送君之迈兮,欲往无翼。雁流声而南去兮,涉春江之脉脉。"李梦阳有《钱塘》诗送别:"钱塘八月潮水来,万弩射潮潮不回。使君临江看潮戏,越人行潮似行地。捷我鼓,旌我旗,君不乐兮君何为? 投尔旗,辍尔鼓,射者何人尔停弩。涛雷殷殷蛟龙怒,中有烈魂元姓伍。"王阳明又为龙霓父龙瑄《鸿泥集》作序。

弘治十八年(1505)二月,时任户部主事的李梦阳上疏抨击朝政,王阳明暗中相助李梦阳奏劾寿宁侯张鹤龄。李梦阳《空同集》卷三十九《秘录》:"初,诏下恳切,梦阳读既,退而感泣,已叹曰:'真诏哉。'于是密撰此奏,盖体统利害事,草具袖而过边博士。会王主事守仁来,王遽目予袖而曰:'有物乎?……必重祸。'又曰:'为若筮可乎?然晦翁行之矣。'于是出而上马并行,诣王氏,筮得'田获三狐,得黄矢,贞吉'。王曰:'行哉,此忠直之由也。'及疏入,不报也,以为竟不报也。一日,忽有旨拿梦阳送诏狱,乃于是知张氏有本辩矣。"

正德元年(1506)年九月,王阳明与李梦阳一起陷入了弹劾权阉刘瑾而遭谪戍之祸。时任大学士刘健、谢迁,户部尚书韩文等,伏阙上劾宦官状,此状由文笔尚好的李梦阳起草,请诛刘瑾、马永成等"八虎",武宗皇帝没有同意,反而于同年十月罢去了刘健、谢迁的大学士职位。此举触怒了许多血气方刚的年轻人,南京科道官戴铣、牧相等上疏乞留刘健、谢迁,劾太监高凤,疏刘瑾不法之事达数十件之多,言"元老不可去,宦竖不可任",犯了圣旨,锦衣卫逮捕了上疏的戴铣等30人,全部逮送京城。同年十一月,听说戴铣、牧相等即将械系进京,王阳明义愤填膺,抗章疏救,乞宥戴铣、牧相等言官,摈除权奸。黄绾《阳明先生行状》:"明年丙寅,正德改元,宦官刘瑾窃国柄,作威福,差官械至南京,拿给事中戴铣等下狱。公上疏乞宥。"刘瑾不由分说,把王阳明也抓了起来,投入锦衣狱。钱德洪《王阳明年谱》:"是时武宗初政,阉瑾窃柄。南京科道戴铣、薄彦徽等以谏忤旨,逮击诏狱。先生首抗疏救之,其言:'君仁臣直。铣等以言为责,其言如善,自宜嘉纳;如其未善,亦宜包容,以开忠谠之路。乃今赫然下令,远事拘囚,在陛下不过少示惩创,非有意怒绝之也。下民无知,妄生疑惧,臣切惜之!自是而后,虽有上关宗社危疑不制之事,陛下孰从而闻之?陛下聪明超绝,苟念及此,宁不寒心?伏愿追收前旨,使铣等仍旧供职,扩大公无我之仁,明改过不吝之勇;圣德昭布,远迩人民胥悦,岂不休哉!'疏入,亦下诏狱。"王阳明坐了三个月的锦衣狱之后,出了狱,于午门被杖四十大板,谪贵州龙场驿驿丞。钱德洪《王阳明年谱》:"已而廷杖四十,既绝复苏。寻谪贵州龙场驿驿丞。"

正德二年(1507)正月,李梦阳也遭贬谪。李梦阳时任户部员外郎,谪山西布政司经历。王阳明与李梦阳将赴谪,他们的好友陆深、杭淮、诸巃、湛若水、崔铣、汪俊、乔宇等赋诗饯别。陆深《空同子阳明子同日去国作南征赋》:“亶肃肃以宵征兮,悲往路之未央。惧中道之折轴兮,思改辙又恶夫无良。顾仆夫以先后兮,喟河广之谁航。瞻桑梓之翳翳兮,孰云忍捐夫故乡。方青春之骀荡兮,何雨雪之纵横!白日匿其耿光兮,郁浮云以翻扬。睇山川以无极兮,陵谷杳乎其孰明。祥狐嗥而风厉兮,何有于哕哕之凤凰。昔宣尼之遑遑兮,固蒙笑于楚狂。展直躬以事人兮,卒三黜乎旧邦。慨殷室之多贤兮,王子剖而信芳。苟璞玉之终在兮,虽屡刖又何伤。谋人之国兮,焉有祸而弥藏。睹巨盗之乘垣兮,固将谒之以峻防。谓余梦寐之颠倒兮,岂敢幸其必当。黑白之同体兮,盖昔焉之所常。惮婵娟之翘妒兮,吾安忍刓夫清扬。集絺绤以御冬兮,畴驾尤于寒凉。狎逆鳞而批之,固以不碎为庆也。斥虎之使逝兮,遭反噬未为殃也。卬衷之洵安兮,初未量乎得丧。曩委羽于东海兮,奚成功之可望。矢贞心之不泯兮,濒九死吾犹恇。昔淑媛之见背兮,竟结发之难忘。怅恩情之中绝兮,往将洒扫乎室堂。彼良农之俶载兮,力刈乎莠与稂。诞嘉谷之离离兮,竟收功于千仓。度中流以失楫兮,岂俟共载而勖襄。燕雀安于焚栋兮,斯物知之不长。服先哲之明训兮,希旁烛之煌煌。神龙之渊天兮,谅所乘之允臧。步中夜以顾瞻兮,睆牵牛与七襄。永相望于咫尺兮,庶精诚之可将。仰天阊之九重兮,冀羲驭之回光。魂怦怦以上征兮,蹇徘徊而彷徨。乱曰:桂车兰轩,服骐驎兮。登高临深,送征人兮。怀芳握馨,遗心亲兮。瞻望弗及,涕泗零兮。”

正德二年(1507)年闰正初一,王阳明与李梦阳一起离京赴谪,出彰义门,过白沟,至卫上分别。李梦阳《发京师》记下了与王阳明一起赴谪这件事:“正德二年春二月,与职方王子同放归田里。驱车彰义门,遥望郭西树。冠盖耀青云,车马夹广路。威风何赫奕,各蒙五侯顾。回飙动地起,白日倏已暮。弃掷委蔓草,荣华若朝露。良无金石交,人生岂常故。絺绤足御冬,谁念纨与素。忾彼白华篇,气结不能诉。”又《哭白沟文》:“正德二年闰月初吉,予与职方王子俱蒙放归南道白沟之野。往白沟之战,王子伯大父、予曾大父死焉。百载愤痛,爰托于斯文。呜呼嗟哉!此何流兮,皓沙千里,霜雾四兴。荒滨断岸，陵沉谷崩。积骨成丘，冲波沃云。月星夜昏，杀气昼屯。粤春事之既载，乃予迈于兹野。览残墟以掩涕，搴故栅而维马。暄冰泮而复峙，辰物郁而未申。日苍莽兮将坠，天惨冽而怆神。前俦伫以惊顾，追侣怅而增惑。趾欲进而踯躅，哽唏嘘乎内恻。尔其龙蛇斗争，雌雄未决。战形辟，兵营列。乃有秦楚善战之士，齐晋诡谋之生，接轨方毂，抉地维而划天门。甲光镜四野，戟枝亘长云。钲鼓鸣兮河海竭，军声振兮山岳裂。嗟时弗利，甬道绝。弱之肉，强之食。饮人尿，咀马革。遂尔横尸蔽畛，祟胔截流，哭声振天，漂血成沟。贱至台隶，贵或君侯。刃剸其骼，戈穿于喉。践为土沙，叠若陵丘。魂营营以无归，骨交加而卧霜。鬼啾唧以宵啸，人懔栗而断行。风阴阴以四起，折镞朽髑，杂瓦砾兮飞扬。呜呼！此为何流而有斯战场邪？窃尝究性命之原，推兴替之端，民死等于鸿毛，亦有重于泰山。彼短兵兮既接，砉天倾兮地摇。乃有睛被刺而不转，肤受刳而弗逃。此结缨抗论之夫，甘心乌鸢之口，膏野草而罔顾者也。猗嗟我祖，生为士雄，死为国殇。岱华摧而孰支，玉石灼而并戕。委英肝于尘沙，灭声影而永藏。雷霆结而迅音，烟飙烈而怒扬。神怦怦以缥缈，凭悲氛而望故疆。猥小子兮何知，缵箕裘之末躅，忾时命之难忱。惧遐耀之堙辱，愤原隰之哀弃。束无棺而葬无茔，匝墟圹以冥索。林莽杳兮纵横，肠纡回兮崩裂。涕阑干而染缨，物何微而不昌，德何远而不存。轸将发而复结，托哀响于兹文。”

嘉靖三年(1524)年八月，李梦阳寄给王阳明怀故人诗。李梦阳《甲申中秋寄阳明子》：“风林秋色静，独坐上清月。眷兹千里共，眇焉望吴越。窈窕阳明洞，律兀芙蓉阙。可望不可即，江涛滚山雪。”

二、李梦阳白鹿洞书院文

正德六年，江西提学副使李梦阳整勘白鹿洞书院，李梦阳与知府刘章建六合亭于回流山，自为记。记文载李梦阳《白鹿洞新志》及《崆峒集》中，李梦阳尚有《回流山亭》诗:"亭高山尽入,回首见鄱阳。天地开吴楚,弦歌有宋唐。峰云低栋白,湖日倒碑黄。六月吾来此,凉风不可当。"李梦阳《大合亭记》:《传》曰:"上下四方,是曰六合。"是亭也,登之而见上下四方。亭在白鹿洞回流山上。是山也,四面崭峭,而其上平。始予登之,而见上下四方也,谓知府章曰:"斯作亭。"请名,予曰:"'六合'哉!"知府章退而谋诸工,工曰:"山高,四风、毒日撼蚀,霜雪、西北之飚,亭非石为柱,易摧也。"会报有石柱六,卧于匡庐,扛之来。柱,棱面也,面如其柱数。于是亭制准柱面数,而感六以合,岂非天下一至奇至怪事哉!是亭也,左阚彭蠡,五老在右,诸足以名矣;而不之名者,彰六以合也,亦大是亭焉尔。何也?孔子"登泰山而小天下",志非在山也。是故六合者,天下之义也。人之言曰:"登不高,见不远。"古今登泰山者多矣,何独孔子登而小天下哉?譬诸以量受物,视其巨细为容,诚非其人也,登之而见五老、彭蠡在前,不骇焉而眩者,亦鲜矣,刿能有上下四方?不能有上下四方,刿能曰:"小天下?"故曰:彰六以合者,亦以大是亭也。孟子曰:"万物皆备于我矣。"人之始,非与圣殊也,然卒不之大者,非系于见不见哉?故见之远者,登必高,徒高者非能大者也,故予之大是亭也,又以俟夫能大者来焉尔。亭,正德六扯冬落成,厥知府章之功。再逾年,予复来登之,而知府陈霖从,盖知府章亡逾年矣。章,刘氏,惇信有惠政,隆庆州人也。予不欲泯其功,故及其为人。

按:在回流山上。正德辛未,知府刘章建,李梦阳篆匾。石劚"回流山"及六合亭柱刻,俱李梦阳笔。

又《钓台亭记》:"李子游于白鹿之洞,顾山历涧,谷岭合沓,石滩茂林,适杪秋之交,风行瑟瑟飒飒,回视五老峰,垂在几榻。于是洒然而乐也,曰:'佳哉,山矣!'乃与诸生溯涧摩萝,履石而上,剔藓考刻。步自院门西百步,有石大如危如,仰而睇之,镌曰:'钓台。'俯之,淳泓鱼跃。诸生曰:'此往者钓鱼处也。'李子曰:'吁,佳哉!'乃命即其上作亭焉。亭成,李子游于其上,诸生从。李子俯仰长久,喟然而叹曰:'夫予今乃知钓可以喻学也。'诸生曰:'夫钓与学同乎？'李子曰：'夫钓者，饬竿丝，缀芳饵，兀坐磐石之上，凝精敛志，沾沾而听，睽睽而视，期取必获。盖饥需之铺，而渴俟之酤也。乃竟日而不得一鱼，神荒气沮，投竿踽踽而归。路咏溪歌，天日向暮。诸生以为苦邪？乐邪？'众皆蹙额弗怿，曰：'苦矣！'李子曰：'假令以四海为壑，明月为钩，以虹霓为丝，以昆仑为磐石，凌云驾鹤，超出天地，倒视日月，钓无不获。朝醢巨鳌，暮馔修鲸，则汝愿之乎？'众皆掀眉而喜曰：'愿哉！然无能焉。'李子曰：'夫钓以鱼，学以道，故踞磐石兀坐竟日，期取而必获者，计功者也。假天地以为钓，垂涎于不可必得者，骛远者也。计功者泥，骛远者虚。夫泥与虚，不可以得鱼，而况学乎！是故君子以仁义为竿，以彝伦为丝，以六艺为饵，以广居正位为磐石，以道德为渊，以尧、舜、禹、汤、周、孔相传之心法为鱼。口涵而月泳之，至而后取。不躐其等，不计必，积久而通，小大毕获，夫然后道可致也。是以君子身处一室，而神游天地矣。夫然后以磐石为昆仑，丈丝为霓，寸钩为月，溪壑为四海，鲅鲇为鳌鲸，此所谓一贯之道也。故曰：钓可以喻学。'诸生乃敛色平心，再拜而谢曰：'闻教矣。'书于石为记。"

按：钓台亭，在鹿眠场东，朱熹书"钓台"二字。钓台亭在钓台。正德辛未，李梦阳建，并颜体篆匾，碑阴篆书"五老峰"三字，乔白岩书，陈琦重书。又李梦阳建白鹿原石桥，其地去书院五里许，刳新井于先贤祠后。正德六年(1511)江西提学副使李梦阳整勘白鹿洞书院，修订规制，重修院志，撰文题铭，作赋歌诗，并讲学授徒。李梦阳主建的钓台亭，亭成歌诗撰记。诗名《钓台亭成》，云："飒飒风洞泻，累累山石峻。卜构倚岑削，檐楹瞰奔迅。俯之才一壑，仰面已千仞。歌游竟日夕，载色袯英俊。故杉改新荫，鲂鲤况充牣。本轻任公钓，讵慕庖丁刃。素飚袅延蔓，商气敛芳润。临深悟邃奥，睹逝识大顺。却笑矜名子，羡鱼一何吝。"

正德六年(1511)，江西提学副使李梦阳为邵宝改建之宗儒祠所撰记事文。李梦阳并书写、篆额、立石。碑今存白鹿洞书院碑廊。又作《宗儒祠记》：宗儒祠旧名三贤祠。三贤祠者，祠唐李宾客，宋周、朱三公者也。故皆木主。

弘治间,江西按察司金事提学苏公止模周、朱二公像于中,而迁李宾客主于别室。及副使邵公为提学,则又以尝从朱子讲学于洞者十四人从祀之,改曰宗儒祠。十四人者,林择之、蔡沈、黄榦、陈宓、吕焘、吕炎、胡泳、李燔、黄灏、彭方、周粞、彭蠡、冯椅、张洽也。详具书院《姓氏志》。梦阳谨按:宗,本也,法也,又尊而主之也。大凡为之本而可法,使其尊而主之者,皆曰宗,故山曰岱宗,水曰宗海,大君曰宗子,家之嫡曰大宗,皆言尊而主之,又为之本而法之也。其学也,则各以其趋而归之者为宗。如《史记》道者宗清虚,阴阳者宗羲和,法者宗理,名者宗礼,墨者宗墨,而谓儒家者顺阴阳,明教化,游文《六经》,留意仁义,宗孔子以重其言,于道最为高者是已。夫归而趋之者,亦以为之本而足法焉耳。以为之本而足法,则必尊之以为之主。尊之以为主,则各是其是,彼得与我鼎峙而角立。于是吾之所谓宗者,或几乎熄矣!故曰:孔子没而微言绝。孔子没百余年,幸而孟轲起焉。孟轲氏没千余年,又幸而周、朱二公起焉。自周、朱二公起,于是天下始了然知有孔、孟之传,莫不趋而归之。夫然后吾之宗若山之岱,水之海,国之大君,家之嫡,虽有不尊而主之者,不可矣。故曰:周、朱者,儒之宗也。且人孰不欲为圣贤?然异境则必迁,迁斯变,变斯杂,杂则流于清虚、阴阳、法、名、墨诸家。故有始虽了然知孔、孟之传,而终或入于禅者,如游酢是也。今学于斯者,谒而见吾夫子及孟氏,又见周、朱二公,诚惕惕若有省也。曰:'吾何舍此而从彼?'于是流者归,杂者一,变者定,迁者还真,犹趋嫡,趋君,趋海,趋岱者之为。是谁之力然哉?故曰:'周、朱者,儒之宗也。'或问:'张、程诸公不祠?'曰:'二公者,此其过化之地,而朱子实为章明洞学主,则是宗也,周倡之而朱成之也。'"

按:宗儒祠,旧名三贤祠。弘治十一年,提学金事苏葵止祀周敦颐、朱熹,而迁李梦阳主于别室。后提学副使邵宝又以尝从朱子讲学于洞者十四人配之,名宗儒祠,植双桂于祠前。提学赵渊以陆象山尝与朱熹讲义利之辨于洞,故祀周敦颐、朱熹、陆九渊为三贤,并先贤祠基鼎建七间,御史魏谦吉建。万历十九年,田琯以旧文会堂静僻,可栖先贤之灵,改置为三贤祠。三十一年,提学钱楷又并祀王阳明,增陈满配享。顺治十四年,重建为宗儒堂,中祀周敦颐、朱熹、陆九渊、王阳明四先生,两翼以林择之等十五人配。暨朱子专祀紫阳祠,林择之等十五人俱随迁配享,以宗儒祠祀周敦颐、朱熹、陆九渊、王阳明、程颢、程颐、张载、邵雍诸先生。

又作《游庐山记》:"自白鹿洞书院陟岭东北行,并五老峰数里,至寻真观。观今废,然有石桥。自观后西北行里许,并石涧,入大壑。路傍有石刻,一宋嘉定间刻,剥落难识;一元大德间吕师中刻也。入壑行,并涧路,石渐巉岩。数里至白鹿洞,此锁涧口者也。群峰夹涧峭立,而巨石怒撑交加,涧口水湍激石斗;旁有罅,人伛偻穿之行,此所谓白鹿洞云。过洞复并涧,转北行数里,则至水帘。水帘者,俗所谓三级泉也。然路过洞愈崄涩,行蛇径鸟道石罅间,人迹罕至矣。水帘挂五老峰背,悬崖而直下,三级而后至地,势如游龙飞虹,架空击霆,雪翻谷鸣,此庐山第一观也。然李白、朱子皆莫之至,而人遂亦莫知其洞所,顾辄以书院旁鹿眠场者当之,可恨也。斯虽略见于王祎游记,然渠亦得之传闻,又以寻真观列之白鹿洞后,误矣。自书院陟岭西北行,至五老峰下,并木瓜崖西行,则至折桂寺。石桥有涧,朱子尝游此。自折桂寺循岭而南下,则至白鹤观;观刘混成栖处也。观背峰曰丹砂峰。自观西北行数里,至栖贤桥;桥跨涧孤危,宋祥符间桥也。涧曰三峡涧,涧石玗烂而巍怪。罅处渊潭碧黛,激则砰湃。桥旁有石亭,亭旁崖劚钱闻诗。自桥西并涧行,则至玉渊。路旁草间,有石鲜不劚也,今莫能尽记。玉渊盖其涧喷涌来,至此而穴石悬注窅昧,声如迅雷,亦天下壮观也。石上有劚字云。过此为栖贤寺,今废,李白尝寓此。自栖贤寺西行,至万寿寺,有路通庐山绝顶,可至天池。逾涧北行,则太平寺路也。然卧龙潭则在五乳峰下。路仍自栖贤桥出涧口,西行数里,北逾重岭,入大壑,始见潭。潭亦瀑布注而成者。潭口有长石磷磷,起伏犹龙也。朱子尝欲结庵潭旁,今崖有其劚字。然岚重,昼日常黯黯。出卧龙潭,西行数里,至万杉寺。《桯史》云'宋仁宗建'。寺当庆云峰下,崖间劚'龙虎岚庆'四大字。又西至开先寺。寺有瀑布,李白有诗有龙潭、黄岩、双剑、鹤鸣、香炉诸峰；又有萧统读书台，李煜亦尝寓此；亦庐山一大观也。自开先西行十数里，至归宗寺。寺有马尾泉，亦瀑布，抱紫霄峰而下。王羲之尝寓此，洗墨、养鹅皆有池。其南有温泉焉。自归宗寺西北行，则至灵溪观。观西为陶渊明栗里，今有桥。桥西北谷口，有巨石，上有劖字，言陶公醉则卧此。傍有醉石馆。过醉石入谷行，有濯缨池，崖有诗刻。自醉石馆并山南折，有通书院，有天生棋盘，石上有劖字。自通书院入谷西北行，则至康王坂。有景德观，今废；观傍石刻'谷帘泉'三大字。自观东行十数里，则谷帘泉也，亦瀑布，与开先瀑布同源而分下；陆羽尝品其水。自康王坂又西北行，则古柴桑地；曰鹿子坂、面阳山者，陶公宅与墓处也。自面阳山北行，可至圆通寺；此一路予未之行。予则自德安县西，并山北东行至圆通寺。寺对石耳峰，前有猴溪；元欧阳玄有记，宋黄庭坚亦寓此。自圆通寺东行，度石门洞，登庐山，寻天池寺。度锦涧，旁有锦绣亭。路虽攀缘上，然修整；又林木鲜伐掘。问僧，曰'禁山也。路以曳御制碑开'云。行一里辄有亭，路旁崖平处皆字刻也。盖五亭而后抵寺。寺据庐山绝顶，奉敕建者也。铁瓦而画廊，有铜钟象鼓，悉毁于火。殿前有池，仰出而弗竭，称天池焉。是日晴昼秋高，下视四海，环云若屯絮；望岷峨江南北诸山皆见。然江与湖，益细小难观矣。僧为指石镜、铁船、狮子、芙蓉诸峰。乃东至白鹿台，观高皇帝自制周颠碑，高古浑雄，真乃帝王之文；然碑亭渐崩裂。又东观竹林寺刻，非篆非隶，周颠手迹也。又东观佛手岩。然皆绝顶。下游东林寺，观虎溪，又至西林观塔，东又观太平宫。太平宫者，即御制碑物色周颠处也。又东，至濂溪书院。又东十余里，至周子墓；墓对莲花峰。自莲花峰东行，至吴障山。过山逾石子、相思二涧，并五老峰行，则至白鹿洞书院。相思涧者，水帘下流者。此庐山南北之大概也。"

按志：庐山有大岭与九叠屏风号奇绝。李白诗不云"屏风九叠云锦张"？今问人，咸莫谙其处，惟开先寺前有锦屏铺云。又按王祎记：是山也，洪武初，长林蔽阻，虎豹交于蹊路，虽十里，非群数百人莫敢往。今其山童童赤崖耳，樵夫非探绝顶，不能得径寸薪也。是山名迹，则肇自慧远，在山北；至李渤，始有白鹿洞，在南；后又有周颠，其迹则绝顶。正德八年夏六月，李梦阳记。

又作《刻朱子实纪序》："朱子实纪一十二卷，婺源戴氏所编，而刻于歙鲍雄氏。予在白鹿洞书院，感朱子出处之事，会得实纪而览，恻怆俯仰，于是泫然而悲焉。按实纪，朱子年二十二仕，七十致仕，中间五十年，更事四朝。然官不过待制，在外者九考，立朝则四十日而已。白鹿洞建书院也，时年五十矣，犹知南康军事。於戏！何其遇不易至此哉！它不必论，孝宗者，非宋之英明君哉！亦不为不知，公三十年间，诏对垂拱殿者一，延和殿者二而已，岂所谓吾退而寒之者至邪！世常言，用舍有命，亦关运数。故以文帝之明，而使贾谊、李广没于下位；有武帝之好文，而董仲舒不能安诸其朝。夫宋之南也，斯则何时而可以汉之二帝诿邪！故知贤而不好，是曰不知；好而不用，是曰不好；用而不专，犹不用也。若孝宗者于公为用耶，好耶，知邪？於戏，难言哉！当是时，大臣知公者陈俊卿辈数人耳，亦寡矣。誉者已，毁者继，引者厄，嫉者力。黄氏状公行曰：百年论定，必有知愚言者。予读之，未尝不法然而悲也。公既没，于是大人君子宗其学，达官显夫程其猷，言臣文士颂其业，门人发明其授受，见者怀其仪刑，闻者淑其绪理。薄海内外，遵诵其书。于是谥赠议于上，祠庙建于下，荫录及其子孙，盖其论不俟百年而定矣。何则？水平则鉴物，故贤者沮抑于生时，而论每定于身后者，以平也。然于宋则何补矣！人曰：仲尼之不遇，春秋之不幸，万世之幸。如是，则公之遇不遇，吾又奚悲？戴氏名铣，字宝之，为给事中卒，有生曰汪愈者，戴甥也，以实纪视。雄雄先世名元康者，复朱子祠田者也，文载实纪中。"

又作《白鹿洞志序》："李子至白鹿洞书院，周览山川故物，询其创继颠末，凡乃兴之者圮焉，完者缺焉，条理紊焉，散失渐焉，寂欲坠焉。考之文记，则乱焉而无统，遗焉而不备，举乎细而脱所巨，辞繁复而义弗晰。于是取而笔削焉，删繁以章义，提纲以表巨，分注以收细，拾遗以定乱，使比事有则，立言有例，是故首之以沿革，则兴亡之本著矣；次之以形胜，则地道昭矣；又次之以创建、劖刻，则兴继者可考矣；又次之以田租，则养之者具矣；又次之以姓氏、文艺,则观程之要义寓矣;又次之以典籍、器物,则日用不匮矣。志成,门人闻曰:'窃闻之,志者,史之流也。夫史者,述往以诏来,比辞以该事,所以示鉴垂戒者也。是以古之圣贤,道有不行则托史以寓志。故孔子退而春秋作,朱子遁而纲目修,皆伤道之不明不行焉耳。'李子曰:'夫若是者,予岂敢哉!予岂敢哉!予为斯志,亦直使其晦者晰,脱者补,遗者备,乱者统耳矣!亦又欲坠者可举,散失者可缀,紊者可理,缺者可完,圮者可复耳矣!或乃游昭道之地,览兴亡之本,详创继颠末之因,养之者具,观程有要,日用有需,而乃犹不务实也。又或鲜情饰誉以干禄,附贤躅而罔厚利,则斯洞也,特终南之捷径焉矣!呜呼!斯则予伤哉!斯则道之不明不行也哉!'正德六年秋九月。辛未之岁,予至白鹿洞书院,见诸废坏不修也,业作志板行矣。惟田粮等虽数尝勘报,而其数犹混也,会今年例造图籍,乃更勘,悉以其田租等入图籍,而改其志为《新志》云。正德八年夏六月,梦阳志。"

三、白鹿洞书院诗铭

李梦阳《独对亭铭》:"独对亭者,白鹿洞书院亭也。亭在书院东,枕流桥北崖上,朱子旧游处也。其下则峻溪湍滩衡纵,乃其崖下广而上砥,陟亭西向,适与五老峰对。又崖间劖'风泉云壑',字大如斗,亦西向,故曰:'独对'云。独对者,前副使提学无锡邵公所名也,详见其所自记。后十年,而予来陟其亭。夫独之言孤也,对者,主、宾也。方吾之未来,则所谓五老者,固谓吾宾也。及既来也,陟亭而对之,则吾非若主邪!何也?亭,吾亭也。夫亭不吾常,一往而一来,曰'独对',何也?大化流行而不停,往者去之,来者主之。我既主之,则虽谓为独对不过矣。自有兹峰也,周匡氏,汉岩下老人,唐李白氏,李渤氏,率皆来率对,宜皆曰'独'。然而邵公不与也,其言曰:'仁者寿。'五老峰寿,朱子仁,是宜独对。方我为之主,对固我也;其往也,不谓我独也。此其人高下之伦,造诣深浅次第、学术端邪之等,不于斯而占哉!且匡氏、岩下老人，吾不知其何人矣。然而白也，予知其文也；渤也，予知其节也。夫二者，犹不得独与峰对，然则来主是亭者，盍亦思所以独对者已矣！予无似，追昔从邵公讲道许下，今廿余年矣，不谓继官而同地，均业共职，有兹来也。自顾品下诣浅，志难端而履弗力。于亭今即主也，然逆知来者不与也。孔子曰：'我欲仁，斯仁至矣。'愿及兹勉焉，以副许下之盟，乃为亭铭。铭曰：岩岩五峰，若翔若垂。当其东南，我亭对之。惟混沌初，磅礴赋形。彼得其峙，我得其灵。其灵其峙，一元所为。曰静曰寿，仁者如斯。于穆岩洞，岭回溪环。桂松盘盘，学宫是基。鼓箧抠衣，四方攸归。弘本立教，爰自考亭。人遐迹存，崖劂荧荧，如日如星。邵子爰构，独对斯肇。于微紫阳，孰并而当？淙淙者洞，有源有泉。不有哲民，畴开我先？五峰岩岩，永斯在斯。迹殊理同，哲其我师。作铭于亭，来者式思！"

又作《白鹿洞书院新井铭》："故井崩塞，汲溪焉饮。春夏交，溪毛茂芊，蛇虫毒可虞也。正德八年冬至，予至南康府，使学生刘峻往书院，视地掘井，得诸亥方，厥日甲申。是日也，南风至，穿土数尺，石阻，集力除焉，始艰而终利。有泉上涌，甘冽。然虑溪侵也，布垩其底，覆石泉旁出焉，甃砖而上，石床，约口，五日而井成，予究惟《易》义，绎孟氏彝旨，乃为井铭。铭曰：厥道流形，水行地中。导之斯涌，无卑无崇。维愚靡为，于潦于洴。为不及泉，是曰中废。于井斯肇，亥位庐麓。源源澄洌，匪溢匪竭。艰始终利，孰曰匪力。静止用发，惟义之则。含阳润阴，炎寒冬热。勿鲋勿幕，九五终食。出时溥施，视受为容。吸华茹甘，挹之必克。濯烦涤污，费而弗劳。爰荐神明，以亨以芼，弥远弥馨，圣泽攸陶。"

又作《六合亭铭》："仰观俯察，八荒在兹。处高见大，登之自卑。来者敬听，勿遽勿疑。"又《讲座铭》："师道绝塞，以坯其居。今其言言，亦莫我敢都。前圣后师，文不在兹。如或见之，有俨其思。立之堂坛，惟以有严。厥临孔昭，式讹尔瞻。"

又作《始至白鹿洞》诗："旷哉超世志，缅邈平生思。郁壹眷名迹，久注匡山隄。南涉枉嘉命,果谐夙所期。仲秋岩壑清,宫馆复在兹。白石激寒湍,岩萝袅空基。黯伤逝者往,密惭来者追。性同道岂隔,途异理空悲。兴言怀昔贤,日竟眺前岐。榛荒徒郁纡,林崿一何罙。感情匪哀叹,聊咏昭言垂。"《再至洞院》:"昔别秋色苦,今游风洞清。穿石竹犹活,过雨泉自生。礼殿古门换,钓台新路平。独来谁每见,云日此峰情。"

又《白鹿洞遍览名迹》:"情高忽凌厉,步健轻巉缅。葛弱亦须扪,崖滑每独践。涉清爱重屡,探阻遗惊眩。始兹陟五峰,遂憩松下巘。岩桂粉始华,石耳翠可卷。追想白鹿迹,伊人竟何遣。触端绪自萦,薜荔况在眼。慨叹意莫置,顾望日已晚。夕湖浴岑峭,流光灭兰坂。命酒写幽独,鸣琴且游衍。"又《白鹿洞别诸生》:"东南自有匡庐山,遂与天地增藩卫。山根插入彭蠡湖,峥嵘背杀三江势。地因人胜古有语,於乎万物随兴废。学馆林宫客不栖,千岩万壑堪流涕。文采昔贤今尚存,讲堂寂寞对松门。松门桂华秋月圆,拄杖高寻万古源。梅岭古色照石镜,扶桑丹霞迎我轩。绝顶坐歌霜月静,石潭洗足芝草繁。更有冠者五六人,峭崖穷嶂同攀搴。草行有时闻过虎,且暮时复啼清猿。我今胡为公务牵,蟋蟀在户难久延。出山车马走相送,落日遂上鄱阳船。生徒绻恋集涟洏,孤帆月照仍留连。情深过厚亦其礼,谫薄窃愧劳诸贤。明朝伐鼓凌浩荡,五峰双剑生秋烟。"又《余邹二子游白鹿书院歌》:"洞原路水山径微,二子日游过夜归。岩宫古刻遍览读,马时跉跰泥在衣。顷来烈风号季冬,雪霾不见五老峰。苦心数子守寂寞,我病讲堂虚鼓钟。二子此行真特奇,异时独往今可知。虎吟狐啼且不惧,肯使杨朱泣路岐。"又《白鹿洞》:"白鹿昔成群,鹿去谁复来。樵子暮行下,洞中云自开。"又《书院》:"书院今人迹,繁台古代名。楼花番入燕,塔树不巢莺。"

又《钓台》诗:"终日钓石坐,清波闲我钩。掷竿望山月,回见众鱼游。"《钓台亭成》诗:"飒飒风涧泻,累累山石峻。卜构倚岑削,檐楹瞰奔迅。俯之才一壑,仰面已千仞。歌游竟日夕,载色披英俊。故杉改新荫,鲂鲤况充牣。本轻任公钓,讵慕庖丁刃。素飚袅延蔓,商气敛芳润。临深悟邃奥,睹逝识大顺。

却笑矜名子，羡鱼一何吝。"又《独对亭赠人过访》诗："孤亭瞰巨壑，五老对衔厄。日出峰烟起，风凉谷树悲。石泉秋听急，山路晚归迟。异日东南赏，应深庐岳思。"又《回流山亭》诗："亭高山尽入，回首见鄱阳。天地开吴楚，弦歌有宋唐。峰云低栋白，湖日倒碑黄。六月吾来此，凉风不可当。"又《风雩石》诗："依崖坐孤石，北对五老峰。中有千尺虹，挂断岩上松。"又《枕流桥》诗："峡急岂有心，临桥石相激。蓦惊桥上听，夕阳人独立。"又《回流山》诗："登山眺四极，一坐日每夕。行看夜来径，苔上有鹿迹。"又《新井》诗："新穿崖下井，微霞映深静。松风时来拂，娜娜匡庐影。"又《圣泽泉》诗："嘈嘈鸣山泉，日日喷悲壑。日照一匹练，空中万珠落。"又《门前溪》诗："山溪信清浅，入海作洪波。果向地中转，应随天上河。"又《中秋南康》诗："同是中秋月，匡庐只自看。故临石镜上，偏傍落星滩。北望关山隔，南飞乌鹊寒。凤歌喧太液，光忆满长安。"

又有《宿开先寺》："僧阁暮钟静，夏凉风色幽。月出照瀑布，猿啼西涧流。"又《开元寺三首》，其一："读书台倚鹤鸣峰，回合千山翠万重。白昼悬泉喧霹雳，清秋双剑削芙蓉。撑持古寺还云阁，寂寞前朝自暮钟。瑶草石坛应不死，兴来真欲跨飞龙。"其二："瀑布半天上，飞响落人间。莫言此潭小，摇动匡庐山。"其三："飞瀑涌寒峡，流云静幽壑。夕日倒峰影，杯中双剑落。"又《看庐岳》诗："春时看岳落星洲，夏来看岳复江州。独行稔负烟霞伴，久住非贪麋鹿游。石室丹书吾异世，锦屏双剑晚遮楼。登寻拟纵凉天目，一叶飘飘江汉流。"又《庐山秋夕》诗："山壑寒气早，日夕风色紧。火流桂将歇，霜至蕙草阴。蟋蟀集涧馆，禾委被疆畛。感物忧自攒，排遣情讵忍。年徂身与衰，时弃世所哂。蹐跦夜不寐，起坐万念轸。崖倾月西流，嶂曙松犹隐。嗷嗷露猿啼，行行采芳菌。"又《御制庐山周颠碑歌》："庐山绝顶白鹿台，上有御制周颠碑。石龟下蹲高结螭，天葩震烈云汉回。文古两汉仍过之，忆昔草昧龙虎斗，黄旗紫盖颠能知。颠也似真还似痴，帝非感悟宁用兹。百年势移功渐泯，碑亭毁裂将及碑。诃持白昼鬼神泣，光耀天阴雷电随。先朝虽允僧奏剞，修葺其如归有司。有司有司颠莫疑,试看碑文碑后诗。"又《紫霞洞主歌五首》二首,其一:"朝霞美海色,闪烁如金蛇。回光照岩洞,驾我青鸾车。"其二:"云洞窈谽谺,行觅石髓食。蕤蕤古苔上,有书字不识。"

万历十二年(1584),工科都给事中王敬民有《游白鹿洞次李空同韵五首》,其一:"谏议幽栖地,秋风归去来。清游拂碣石,绮丽卿云开。"其二:"蛟增见五老,罗列复千峰。极目乡关远,依稀荒径松。"其三:"空同多气节,讽渝长于激。鹿洞有遗踪,峻岩万仞立。"其四:"濂闽宗正派,洙泗扬清波。决裂谈空寂,徒劳手障河。"其五:"凭高惊海寇,长咖把吴钩。江畔行吟客,年年已倦游。"

王俸《过书院赠空同先生》:"五老峰前晓自来,玉泉亭上共衔杯。苍松翠壁烟霞地,复睹延平后学开。"

四、作志、列书目、题刻

正德六年(1511),李梦阳清旧田,作新志,列书目。李梦阳等志书所列白鹿洞书院藏书书目如下:

五经、四书类:《诗经集注》三本、《诗经注疏》十本、《诗经大全》八本、《书经大全》五本、《书经注疏》四本、《书经正义)三本、许谦《读书丛说》二本、《周礼注疏》八本、《仪礼注疏》六本、《仪礼集说》八本、《仪礼通解》四十本,《二礼通解》十本、《大戴礼记》二本,《礼记大全》十本、《周礼集说》一部、《礼书》十二本、《礼记正蒙》八本、《礼记集说》八本、《六经正误》四本、《五经正文》八本、《易经大全》十本、《易经本义》三本、《古易训测》五本、《易经正义》四本、《春秋注疏》十二本、《春秋大全》十二本、《春秋左传》四本、《春秋公羊注疏》四本、《谷梁传》三本、《春秋胡传》五本、《论语注疏》二本、《孟子注疏》三本、《四书集注》五本、《四书大全》十本。

史部类:《国语》四本、《战国策》二本、《史记》二十本、《前汉书》二十六本、《后汉书》二十四本、《三国志》十六本、《晋书》四十本、《南史》十六本、《北史》二十四本、《宋书》一部、《南齐书》十二本、《梁书》十本、《陈书》一部、《魏书》一部、《北齐书》八本、《周书》十本、《隋书》二十本、《唐书》五十本、《五代史》八本、《南唐书》二本、《宋史》一百本、《元史》五十本。

《通鉴纲目》二部、《通鉴纪事本末》四十二本、《续通鉴纲目》二十八本（南昌府版）、《唐鉴》四本、《宋元纲目》七本、《通鉴问疑》一部、《古史》六本、《读史管见》十本、《评史抄论》二本、《鄂国金佗粹编》一部、《平宋录》一本、《群忠事略》一本、《孝顺事实》二本、《三迁志》四本、《古今烈女传》二本、《两汉诏令》一部、《两汉奏议》四本、《忠武录》二本、《宋名臣言行录》十二本、《唐律类钞》二本、《存心录》五本、《通志略》一百二十本、《玉海》八十本、《文献通考》六十本、《天文志》一部、《乐书》十二本、《苑洛志乐》十二本、《大明律》一本、《大明会典》五十本、《明伦会典》十二本、《皇明政要》、《条例备考》三十本、《皇明登科录》二本。

通志、方志类：《大明一统志》二十四本、《江西通志》二十本、《江西大志》四本、《南康府志》四本、《都昌县志》一本、《龙南县志》一本、《零都县志》二本、《增城志》四本、《宁波府志》十六本、《崇德县志》二本、《虔台志》六本、《太平府志》五本、《新泉精舍志》三本。

子书类：《吕氏春秋》四本、《贾太傅新书》二本、《刘向说苑》二本、《列女传》一部、《论衡》六本、《孔子家语》一本、《白虎通》二本、《风俗通》一部、《女教》一部、《武经总要》十六本。

宋元明名儒著述类：《张子语录》一本、《经学理窟》一本、《二程全书》十本、《二程遗书》四本、《外书》一本、《分类遗书》五本、《上蔡语录》二本、《龟山语录》二本、《朱子大全》四十本、《朱子语略》四本、《朱子三书》三本、《延平问答》一本、《伊洛渊源》三本、《晦庵文集》四十本、《东莱读书记》、《大事记通释》一本、《象山粹言》三本、《象山语录）二本、《象山语要》一本、《象山文集》四本、《西山读书记》、《濂洛风雅》二本、《太极图测》二本,《性理大全》、《定性书释》二本、《大儒奏议》二本、《大全私钞》六本、《遵道录》二本、《程氏分年读书日程》一部、《薛文清公要语》一本、《读书录抄》二本(当为凌珀《薛文清读书录抄》)、《琼台会稿》六本、《大学衍义补》四十本、《吴康斋集》二本、《胡敬斋集》一本、《胡子粹言》一本、《居业录》一本、《体认天理通》三本、《思问录》二本、《阳明全集》二十四本、《湛甘泉集》二十本、《二业合一录》四本、《东州初稿》六本、《罗念庵集》八本、《夏游记》一本、《冬游记》一本、《今献汇言》八本、《正学编》一本、《双泉杂记》一本、《安福业录》三本、《正扬》二本、《辩惑臆说》一本。

小学韵书类:《尔雅注疏》二本、《说文解字》一部、《六书统》十六本、《雅颂正韵》一部,内失九本、《古今韵书》十本、《书学正韵》十六本、《洪武正韵》五本。

别集、选集、总集类:《古乐府》一部、《陶靖节集》二本、《李太白诗集》六本、《韩昌黎文》八本、《柳宗元文》十本、《六一居士集》五本、《欧文忠集》二十四本、《赵清献集》四本、《司马公集》十二本、《苏文忠公集》十五本、《黄山谷集》四本、《山谷刀笔》四本、《罗豫章文集》二本、《南丰文集》二本、《李盱江集》六本、《道园学古录》六本、《重订石门集》二本、《何椒丘集》七本、《呆斋策》二本、《李空同文集》六本、《潘简肃公集》四本、《霍文敏集》十本、《胡庄肃公集》十三本、《抑庵文集》二十本、《张文忠公奏疏》五本、《芝园集》十本、《瑞鹤堂诗稿》、《东湖子集》四本、《纪遇集》六本、《何莫轩诗集》十本、《王襄敏公集》三本、《王抑庵集》十七本、《南野文集》十本、《滕王阁集》二本、《梅田遗稿》二本、《赤城集》九本、《秦汉文钞》十二本、《文章正宗》十六本、《续文章正宗》二本、《文翰大成》六十四本、《文髓》二本、《国朝文类》一部(残失三本)、《皇明文衡》二十本、《唐宋七言诗》四本、《诗话总龟》十本、《词海遗珠》一本、《会稽三赋》一本、《叶子书稿》一本、《艺林》四本。

这些藏书中,有王阳明师友李梦阳自己的藏书,如:《阳明全集》《湛甘泉集》《罗念庵集》《李空同文集》等。

李梦阳书法颇见功力,当为中明一大家,白鹿洞书院有他的多处题刻、题匾等。"白鹿洞书院",在溪口桥石华表上,李梦阳手书;"六合亭"柱刻,在亭柱,即李梦阳《六合亭铭》,亦为李梦阳手书;"剜回流山",李梦阳书;"砥柱",剜涧石,李梦阳书。

五、崇祀、奉祀

本地名贤及有功之儒:陶渊明、刘涣、李常、刘恕、陈灌,此五人是匡山名贤。诸葛亮因朱文公称道而列祀。又有李渤、李善道、朱弼、明起、刘元亨、李涉、颜翊、黄异、汤来贺,十人者鹿洞人物也。又有王祎、李龄、胡居仁、苏葵、陈铨、邵宝、蔡清、李梦阳、唐龙等。

李梦阳作《祀白鹿先生迎送神辞三章》:

吹玉箫兮眺帆浦,横蔽江兮美无舸。

睿踯躅兮旋望,宛窈窕兮山之左。

陟山左兮降右,忽而来兮倏而去。

跨白鹿兮导两螭,色含笑兮心莫知。

既登兮山椒,复南陟兮石濑。

日冥冥兮欲暮,风飘飘兮吹蕙带。

右迎神

绿萝兮紫蕤,桂生兮罗户。

风飒飒兮若有望,神驱雨兮泉浪浪。

跻我阶兮坐我几,以彭郎兮挟匡父。

兰殽兮椒醑,日中兮万舞。

美孰怒兮飘忽逝,云离离兮怨余。

右降神

迹不偕兮心相疑,欢虽谐兮愁易离。

君荷衣兮蕙带,逍遥山中兮桂为盖。

天门兮既辟,腾而上兮云之际。

石有洞兮山有峰,心相慕兮交不逢。

税吾车兮絷马,愿襃衣兮从子。

右送神

又作《奉功先生入祠告文》:

维正德六年,岁次辛未,九月戊申朔,越四日,中顺大夫江西按察司副使李某,敢昭告于前提学虚斋先生苏公。公昔省方视学,衿珮作气,抗折权贵,威武不屈。兹洞之兴,公实有力。某谨按祀典,德祀、功祀,二者公并有之。爰采舆情,载稽群议,饬南康府以九月四日,奉木主书公衔号、姓名,入白鹿洞书院先贤祠。公神是依,来游来豫!敢告。

第六章

二泉邵宝　多有创举

——王阳明挚友邵宝与白鹿洞书院

一、王阳明与邵宝

　　弘治十三年（1500）十月二十六日，时任户部郎中的邵宝赴江西按察司副使，王阳明作《时雨赋》送行："二泉先生以地官正郎擢按察副使，提辖江西。于时京师方旱，民忧禾黍。先生将行，祖帐而雨，土气苏息，送者皆喜。乐山子举觞而言曰：'先生亦知时雨之功乎？群机默动，百花潜融，摧枯僵槁，菶蔚蒙茸，惟草木之日茂，夫焉识其所从？'先生曰：'何如？'乐山子曰：'升降闭塞，品汇是出。尩羸蹇涩，痿痹扞格。地脉焦焉！罔滋土膏'竭而靡泽。勾者、矛者，荚者、甲者，茎者、萌者，颖者、鬣者，陈者期新，屈者期伸。而乃火云峠岘，汤泉沸腾，山灵铄石，沟浍扬尘，田形赭色，涂圻龟文，苗而不秀，槁焉欲焚。于是乎丰隆起而效驾，屏翳辅而推轮，雷伯涣汗而颁号，飞廉行辟而戒申。川英英而吐气，山油油而出云。天昏昏而改色，日霏霏而就曛。风翛翛于蘋末，雷殷殷于江濆。初沾濡之脉脉，渐飘洒之纷纷。始霢霂之无踪，终滂沱而有闻。方奋迅而直下，倏横斜以旁巡。徐一一而点注，随浑浑而更新。乍零零而断续，忽冥冥而骤并。将悠悠而远去，复森森而杂陈。当是时也，如渴而饮，如饮而醺。德泽渐于兰蕙，宠渥被于藻芹，光辉发于桃李,滋润洽于松筠,深恩萃于禾黍,余波及于蒿蕡。若醉醒而梦觉,起精矫于遄逅。犹阙里之多士,沾圣化而皆仁。济济翼翼,侃侃訚訚,乐箪瓢于陋巷,咏浴沂于暮春者矣。今夫先生之于西江之士也,不亦其然哉!原体则涵泳诸子,灌注百氏,渟滀仁义,郁蒸经史;言用则应物而动,与时操纵,神变化于晦明,状江河之汹涌。发为文词,雾霞摛,赫其声光,雷电翕张。仰之岳立,风云是出;即之川腾,旱暵悠恣。偃风声于万里,望云霓于九天,叹尔来之奚后,怨何地之独先,则夫西江之士,岂必渐渍沐沃,澡涤沉潜,历以寒暑,积之岁年,固将得微涓而已,颖发沾余,滴而遂勃。然咏菁莪之化育,丰苣之生全,扬惊澜于洙泗,起暴涨于伊濂。信斯雨之及时,将与先生比德而丽贤也夫!’先生曰:‘是何言之易也!昔孔子太和元气,过化存神,不言而喻,固有所谓时雨化之者矣,而予岂其人哉?且子知时雨之功,而曾未睹其患也。乃若大火西流,东作于休。农人相告谓:将有秋须坚须实,以获以收。尔乃庭商鼓舞,江鹤飞翔,重阴密雾,连月弥茫,凄风苦雨,朝夕淋浪,禾头升耳,黍目就盲。江河溢而泛滥,草木泄而衰黄,功垂成而复败,变丰稔为凶荒。汨泥涂以何救,痀体足其何防。空呼号于漏室,徒咨怨于颓墙。吁嗟乎!今之以为凶,非昔之以为功者耶?呜乎!物理之迥绝,而人情之顿异者耶?是知长以风雨,敛以霜雪,有阳必阴,无寒不热。化不自兴,及时而盛。教无定美,过时必病。故先王之爱民,必仁育而义正,吾诚不敢忘子时雨之规,且虑其过而为霪以生患也。’于是乐山子俯谢不及,避席而起,再拜尽觞,以歌时雨。歌曰:激湍兮深潭,和煦兮沍寒。雨以润兮,过淫则残。惟先生兮,实如傅霖。为云为霓兮,民望于今。吞吐奎壁兮,分天之章。驾风骑气兮,挟龙以翔。沛江帝之泽兮,载自西□。或雨或阳,一寒一暑,随物顺成兮,吾心何与?风雨霜雪兮,孰非时雨?刑部主事姚江王守仁书。”

邵宝(1460—1527),字国贤,号泉斋,别号二泉,江苏无锡人。李东阳弟子,茶陵派诗人。成化二十年(1484)进士,授许州知州,历户部郎中,升为江西提学副使,修白鹿书院学舍以处学者。宁王朱宸濠向其索诗文,严拒之。后历任浙江按察使、浙江右布政使、湖广布政使、贵州巡抚、户部侍郎。卒,赠太子太保,谥文庄。著有《简端录》《慧山记》《容春堂集》等。

弘治十四年(1501)江西提学副使邵宝第一次到白鹿洞书院视察。第二年再来,有见于书院缺少朝向五老峰的建筑,于是在前面平地建独对亭,并向众人解释独对之义,是因朱熹曾在此。朱为仁者,可与五老峰面对。其他贤人无法与朱相比,故称为"独"。朱曾登庐山,又以雄辞健笔写庐山之秀。离其形而得其神,歌之舞之,创作不过是朱之余事。作者读朱书,见其所面对之处,有如师从朱。故建此亭,窥测其意而作此记。

二、邵宝白鹿洞书院文

邵宝有《白鹿洞谕来学文》:"谨按南康府白鹿洞书院,实据匡庐、彭蠡之胜,宋儒周、朱二先生尝寓游焉。其秀自天,可以资静修之趣;其重因人,可以兴景仰之思。士惟无志,苟志欲上师圣贤,进德修业,期有益于天下者,闻兹洞院,皆当负笈裹粮,从事于斯。况有舍以居,有田以赡,有书以观,如今日者,而可不游乎?但学者立心之始,几莫大于诚、伪,辩莫先于义、利。此之不审,皆苟而已。今学校遍天下,立贡设科,教且用之,具有成法。若舍彼就此,徒欲自异于众,而所习者仍与众同,则于立身经世之道既皆有所妨夺,而群居之诮,捷径之讥,或未能免焉,吾亦岂敢轻举以误诸英俊哉!凡我学校诸生,暨山林儒士,有清修慎笃,欲暂辍进取而志于前所谓学者,许各府州县起送前来。某虽寡陋,敬遵先儒旧规,斟酌程课,近临几席,远寓笔札,相与讲明焉。如其师道,以俟君子,此实区区奉诏崇正求真之分也。所谓暂辍进取,或五六年,或七八年,必待学成,然后出用,不惟其言,惟其事实,斯为有志之士。如或立志未定,请勿轻至。其四方学者,闻而来游,当异馆待之。某不佞,敢以诚告。"

又《白鹿洞书院习士相见礼说》:"或曰:'士相见,古之常礼也。今之士亦孰不相见?礼非难知也。子习诸生于礼,而以是先焉,有说乎?'曰:'有。人莫贵于士,士之相见,非夫人之相见也,故先王制之礼重相见,所以重士也。苟士之相见犹人之相见,则非士矣,又何礼之有焉!盖古之士其相见也,为谋道也,为谋义也,而非为夫利与势也,故曰非夫人之相见也。是以不敢轻也,而礼生焉。致之以辞,达志也;重之以介,道诚也;称之以贽,将敬也。诚敬著而后志通,宾请主人,让至于再三焉,不敢惮烦,岂故崇是虚文也哉!合之不苟,则所谋者必臧,谨于始而可以占终也。今士之相见,所谋者何为乎?为古人之谋者百一,反是焉者什且九矣。辞达志也而或以饰介,道诚也而或以说,贽将敬也而或以货,率然而面,一言即合,未几背之,不以为愧。此所谓夫从之相见也。古者士之相见果若是欤?吾之习是于诸生,亦将俾其谨谋而重合,志于古而今是戒焉!'尔或曰:'今之士固有貌乎礼而心非者矣,子习于外将以易之,曷若务诸其内之为愈也?'曰:'务诸内者,圣模贤范,讲明服行,示诸生者素矣,犹惧其未警也,于是乎有是举。制外整内,固将赖焉。若貌乎礼而心非者,使其秉彝未亡,能无少变乎?今夫冕而亲迎,所以重婚也;三加而醮且字,所以重冠也。重之如此,而淫僻狡顽之风尚不免焉,君子不以是废冠婚者,所以存天下之防也。此吾所以习是于诸生之意也。'曰:'子之意将有出于是者乎?'曰:'有哉!三揖其进也难;一辞其退也易。岂惟相见,事君者亦然。故难进易退,而礼义出焉,天下之事成焉。习士相见礼,所以教为臣也。'"

又《独对亭记》:"弘治辛酉夏六月,宝奉诏视学至南康白鹿书院。是院也,胜在五老,闻于四方。乃负而弗乡,虽无大系,然亦若缺典者。故周览之余,欲为亭以对之,属时暑雨,未暇相度。盖越一年而后再至,步自南冈,历东崖,得地丈余,其平如砥,其崇如坛,窃意亭宜居于此。诸生从者曰:'此文公先生旧游也。'俯观崖石,有'风泉云壑'四字。仰而西望,五老当前,若拱若揖,若陟若降,若在咫尺,可延致与语。宝欣然喜曰:'此先得吾意乎?不于此亭,鸣乎为宜?'虽然,五老之胜,有目者共观,而非公莫之能当。今是地也,公尝居之,故以'独对'名亭,重公迹也。或谓:'峰以老称,不独以秀以奇,而以其寿。是五老者,天始与始,地终与终,寿孰对之?谓公独焉何居?'宝闻诸孔子：‘仁者乐山。’山以气凝，而理行其中，泉石土木，无所非仁。惟仁故静，惟静故寿。凡山皆然，况其高且大者乎！公，仁者也，纯博中正，德与山协，为镇为岳。五老之对，固其所哉！君子观其进退语默，从容暇豫，既得公之静矣，则其化远功深，表仪流泽，与孔孟无穷。其为寿对诸五老，必有能信之者。况公前后，代有寓贤，何莫不具一节，至要其大，孰与公比？非公独对，其谁偕之？是以危登极眺，览天下之至奇，雄词劲笔，发天下之至秀。彼以其五，公以其一，出象入神，形于赋咏，斯固公之余事，而所以作对者，亦有在矣。抑岂惟是哉？公仁且智，登斯台也，又尝反而东顾深湖长江，至于沧海，皆公之大观也。宝生也晚，幸读公书，见公所对，如从公焉。敢用窥测，记于亭中。九原可作，不知会以为何如耶？”

独对亭，每面宽2.20米，高4.50米。此处悬崖峻削，下临湍涧。原为北宋元祐间（1030—1094）丞相李万卷校书处，故又名勘书台。淳熙八年（1181）朱熹兴复白鹿洞书院时，建亭于此，名接官亭。凡是去书院的官吏到此，文官下轿，武官下马，步入书院。明弘治十四年（1501）江西提学副使邵宝为了纪念朱熹，赞颂朱熹理学研究的功绩，名其为独对亭，意为朱熹的理学思想可与五老峰相对。邵宝在《独对亭记》中认为五老之胜，有目共睹，而非公（朱熹）莫之能当。他申述说：“或谓峰以老称，不独以秀以奇，而以其寿。是五老者，天始与始，地终与终，寿孰对之，谓公独焉。”他进一步申述：“孔子：仁者乐山，山以气凝，而理行其中，泉石土木，无所非仁，惟仁故静，惟静故寿。凡山皆然，况其高且大者乎！公，仁者也，纯博中正，德与山协，为镇为岳。五老之对，固其所哉。”江西提学副使戴金《独对亭》诗：“披豁轩吾意，层峰觌面时。凌空何所依，磅礴厚有基。坤元聚灵淑，显设方隅奇。凝重尊以老，五一谁当之。伟貌起遐思，紫阳为世师。山存人亦好，仁者寿若斯。蹑梯当到顶，板附非所宜。”描写了独对亭的美好风景，也描写了朱熹的不朽功绩。

又《品士亭记》：“予昔为许，尝作品士亭于学宫，盖取其郡先儒靳裁之氏之说，将与诸生共戒勉焉。每当贡举，必觞于亭，以相其志。时予虽有学责，然未专也。比者奉命督学江西,视前举如为之兆者。及莅南昌分司,顾其东隅有一亭而未名,予谓:'是可以名品士矣。'遂名之。惟许亭始作也,太史义兴吴先生实为之记,而予复书其碑阴,谓士之品二,道德其上,功名次之,而富贵云者,宜斥不与。大抵予之为说,取诸靳氏而稍自异,君子不以为过且妄也。今之于士也,又何道以品之哉?盖亦要其上焉而已矣,而次焉者亦与焉。虽其初终表里,未必一致,若难乎为品者。然心诚求之,不以毁誉,不以利钝,不以隐显,操圣贤之律,而概之于其言行,其殆所谓不中不远者乎!夫天下之须乎士者,大矣!士无他,成物之德,经世之猷,忧时之虑,三者备焉。然后随其所处,蕴为道德,发为功名,异其用而同其体,此皆所谓上也。惟体不同,而用有同,所谓次焉,此之谓矣。古称才难正在于是,而吾乃欲百一求之,以答明诏,此夙怀所存,非今日为然也,岂徒品之云哉!成者,品之。其未成者,激昂之,策励之,陶养之,必欲登其上品焉。顾虽次者,且不可自画,而况其下乎?予与诸生固当自省也。於乎,元气不息,才无古今,盛世名邦,于斯为最。予虽疏陋,愧于师道,而所以副吾之望者,必有其人矣。作《品士亭记》。"

三、邵宝白鹿洞书院诗

邵宝有《鹿洞》诗:"山人与鹿游,乃以鹿名洞。洞草春复春,人与物情共。呦呦诗有之,作者非好弄。偶名亦佳哉,千古兴弦诵。"

《题漱石》诗:"山骨本至真,寒泉更磨琢。暮暮复朝朝,肯许分毫浊。物理固相资,所患辍胜作。对此感《盘铭》,请向溪边濯。"

《钓台》诗:"一线漾春水,坐我石如台。观鱼见天机,安用设饵哉。直钩古意存,鱼我无嫌猜。持此以游息,且暮归去来。"

《白鹿洞三首》,其一:"五老峰前数亩宫,坐凭云水镇南东。山人骨相千年外,洞主心期一赋中。题壁定知谁不朽,望洋真觉我难穷。太山顶上蓬莱近,何处青鸾欲御风。"其二:"青山坐我对青衫,吊古情多漫与谈。眠鹿已无人主洞，卧龙空有地名庵。百年讲坐惭虚左，万里驱车愿指南。吹醒清风天未晚，共谁长笑破烟岚。"其三："风雨崇朝洗宿岚，古坛高倚五峰南。坐看云气秋生壁，卧听泉声夜绕庵。杖履正堪成雅集，弦歌犹恐落清谈。殷勤好语来游客，莫遣飞尘上旧衫。"

《又用唐人韵》诗："九峰回处石泉幽，逝者应知感旧游。万里风烟吾白首，千年林壑此清流。松筠无恙时方晚，黍稷惟馨岁有秋。却忆匡庐歌啸地，几回春草鹿呦呦。"

《别白鹿》诗："五老峰前双涧流，洞门草长鹿呦呦。深云似与春长住，细雨何妨午未收。千里客怀频出使，数年吏事半藏修。明朝我放东风棹，分付山灵管素秋。"

《白鹿洞怀苏虚斋》："虚斋游处我还游，每见新诗石上留。对月幽怀双榻晚，乘风高兴一楼秋。九龄度远何须问，安定功多却许收。欲向匡峰望巫峡，楚天云尽有江流。"

《怀鹿》诗："曾与观山到此中，西来云影接南峰。千年洞在无眠鹿，却忆多情少鹤翁。"

《望白鹿不克至》诗："白鹿山人旧结庵，胜游寥阔思何堪。也知云壑风泉在，却与田夫野老参。十里舆从双涧北，三间亭对五峰南。宗儒更想瞻依地，高座凝尘共一龛。"

《书院新成又用前韵》诗："书策重翻架上尘，两年多负病中春。手将笔试初知健，心与盘铭几见新。方得养亲真爱日，未成报国敢轻身。冉泾门巷深如许，击节高歌不和人。"

《书院新成再用前韵》诗："小堂开向绿阴边，故老相过问往年。水接少陵新槛外，草生茂叔旧庭前。山从西望城才隔，溪自东行路亦缘。微醉独歌人莫讶，春衣初试晚晴天。"

《山中送春》："留春不住送春归，多事杨花点客衣。有兴重来那用约，青山白发久忘机。"

《小孤山》诗:"昔闻砥柱黄河中,万古坐镇狂澜东。小孤乃是江砥柱,特起不与群山同。群山随江铤奔马,爱此石笋凌苍穹。孤哉孤哉本天造,一任巨浪乘长风。节宣夙受神禹戒,滔滔不碍江朝宗。我来信宿彭泽下,咫尺仰望神妃宫。翠烟霏霏落杯酒,千帆阅尽澄潭空。举杯酬江江日白,隔江缥缈留青峰。便当载笔赋东海,三山点破云冥蒙。"这首诗意境悠远,画意诗情跃然纸上,一经题写,和者众多。

《开先僧送泉水》诗:"泉斋爱泉如爱玉,每向名山观未足。长言世味无此真,俗客浪夸鱼我欲。匡庐瀑布故有名,几回坐饮龙池清。不知泉亦我知否,我独与泉如结盟。兹行未暇登山寺,远汲双瓶解焦思。老僧闻我送茶来,笑揖山灵谢珍赐。剩携阳羡新春芽,夜烹落尽青灯花。吾泉在惠久能味,岂以异好成遗遐。相将一碗复一碗,此味天教吾辈管。明朝西望双虹垂,放笔大书湖水满。"

《望庐山》诗:"昔年登少室,我眼凌北州。迩来十年馀,复作匡庐游。匡庐表南服,盘据长江流。望之百里外,势与云俱浮。五老未能辨,怀仙入冥搜。明朝杖碧玉,飞上高峰头。"

《庐山览秀四咏》诗,其一《慕莲》:"匡庐北有莲花峰,濂翁曾此留行踪。请君试论爱莲说,今日看花同不同。"其二《怀鹿》:"曾与观山到此中,西来云影接南峰。千年洞在无眠鹿,却忆多情少鹤翁。"其三《瞻龙》:"石如龙卧也谁瞒,道眼无从物外观。吊罢武侯云满涧,西郊却怪雨来难。"其四《寻栗》:"菊花似与寄奴仇,草外秋风傍古邮。下马不须歌旧曲,九原应重感行休。"

《南康寄陈分巡希冉时希冉之九江一日矣》诗:"江上春风酒一壶,南来拟共对鄱湖。夜深独听庐山雨,却放诗人赋小孤。"

《庐山谣用李韵》诗:"庐山倚南极,乾坤一高邱。绝顶有佳处,可作仙人楼。诏书命我访奇品,等闲却遂平生游。白鹿洞在五老傍,我来讲席重铺张,青云见彩霞生光。玉声左右泉不断,我行东峰涧有梁。眼明还直西南望,澄湖烟水俱苍苍。不知乘舟者谁子,望我应恨天衢长。庐山如庐几万间,与仙作主去复还。黄尘滔滔似海水，此山即是蓬莱山。载歌唐人诗，我句亦时发。九江秀色行揽之，楚帆风送飞鸿没。五老五老真有情，万峰之中独自成。何时拄杖往参立，上呼群仙下紫京。笑攀北斗挽银汉，共洗浊世邻太清。"

《石钟山》诗："九江怒逼蠡涛东，独受春撞万窍空。人籁总输天与地，石声还藉水兼风。数椽僧结云厓上，一舸仙乘夜月中。何处别寻吴季子，只留馀地待铭功。"正德十四年（1519），王阳明献俘南都回南昌，经湖口，登石钟山，作次邵宝韵。《同治湖口县志》卷一："王守仁……登石钟山，次邵文庄字赋，诗镌于白云洞。"

《上钟石儿》："有石平堪隐，南溟一望深。万峰青不了，一一点湖心。"林润有《石钟山次深字》诗："扣石松林静，渊然江汉深。闲情聊自适，千载有知心。"

《寄题东林寺壁》："雁门僧避俗尘来，匡庐山中寻讲台。谁云净土在西竺，此池自有莲花开。莲花开时千万朵，江南君臣不疑我。渊明故是避世人，菊花醉插头上巾。攒眉掉臂谢公去，一杯浊酒堪全真。当年意在谁独识，虎溪笑处泉流石。至今古塔依西林，月落江云树千尺。"

邵宝多有和韵，如顾应祥有《题九老图用邵二泉宗伯韵》："香山老人避世人，性耽冲澹乐天真。招邀知己结雅社，藐视声利同埃尘。流风已远事若新，兹图无乃传其神。衣冠不异山中叟，抱负俱为席上珍。岁月悠悠几百春，高名千载迥绝伦。庙堂勋业倘来寄，泉石襟期见在身。便欲相从一问津，抚卷令人感慨频。浮玉山前亦可乐，澄湖碧浪涵秋旻。"宋仪望有《白鹿洞遍览名迹，次二泉邵公韵，示同游刘行甫》："朝来入名山，飞策凌绝缅。故人重凤期，旷怀今始践。攀援竟忘疲，应接亦多眩。采芝涉深涧，扪崖历层嫩。耳听流水鸣，目送飞云卷。我本麋鹿姿，与世久疏远。愿结兹山庐，五老日在眼。揭来承佳命，凤抱良已晚。偃卧松林下，兰风被原坂。何当谐夙心，归来共游衍。"

四、祭祀、崇祀、题刻

邵宝有《谒周朱二先生文》云：

维弘治十有四年六月丁丑朔，越二十五日辛丑，巡视学校江西按察司副使后学常郡邵宝至白鹿书院，敢昭告于道国元公濂溪周先生、徽国文公晦庵朱先生：

道丧千载，孰起以承？

元公其元，文公其贞。

二公之学，世方师之。

迹其讲寓，实久于斯。

人以类聚，理以言章。

肆宝忘陋，与众升堂。

读公之书，尚求公心。

兹山实高，兹水实深。

公如有灵，眷兹旧游。

惠我光明，以永公休！

谨告！

宗儒祠始祔诸儒告周朱二先生文 （邵宝）

惟二先生继起于宋，再阐斯文，惟兹洞境，皆尝过化，学者宗之，百世允式。祠曰二贤，词若流寓，甚非吾人崇重之意。再考文公之时，实多高第弟子相从于是，而祠无祔位，亦为缺典。今拟更祠颜为宗儒祠，仍设蔡沈以下十四人神位祔于二先生之堂，敢用告知，然后行事。谨告！

祔祠祭文

惟诸儒事我文公，远宗我元公，尝至斯院，抠趋堂坛，义得祔祠。今奉主就列，谨陈释菜之仪，告于二先生以及勉斋黄先生、九峰蔡先生、三山陈先生、三山林先生、洞长张先生、宏斋李先生、西坡黄先生、厚斋冯先生、梅坡彭先生、桐源胡先生、强斋彭先生、义卿吕先生、月坡吕先生、洞正周先生，伏惟尚飨！

又有《改白鹿先生祠额文》：

维兹洞之创，实维李公，洞有公祠，报本反始，合于礼经。顾泛而弗专，义则未当。某也视学至此，敢惮兹一举哉？爰即旧祠，祠公于中，其诸尝从事是洞者，以代列焉。谨告！

白鹿洞书院崇祀人物，邵宝在其列。

杨廉有《与邵国贤书》文："《宗儒祠记》岂寡陋可当？第以严命，不可虚辱，勉成之，专望改教。朱子尝属东莱作《白鹿书院记》，记成，后欲更定数处，今其书可考也。某虽无似，亦欲庶几以见古道耳！况《一统志》与《洞志》载所祀诸人者，各有不同，此间无《郡志》参考，未免缺词补叙。旧闻陶、刘之外，更有李白，二《志》俱不见。若此之类，俱望即为改定，再免往复。如其无取，则勿用可也。"记存《白鹿洞书院志》。

大成门（二门），翟溥福建，何浚又建，苏葵等重建，改礼圣门。弘治十六年，邵宝颜体大书"正学之门"，门外夹植竹数十竿，以护其屏。弘治十六年，提学邵宝在洞讲学并置学田。

李梦阳载《易经》板五十九片，《书经》板五十三片，《诗经》板九十三片，《春秋》板六十八片，《礼记》板一百九十九片，以上俱提学副使邵宝刻。《白鹿洞书院新志》板八十七片，提学副使李梦阳刻。

第七章

虞佐唐龙　恢复规制

——王阳明吏友唐龙与白鹿洞书院

一、王阳明与唐龙的友情

　　唐龙(1477—1546),字虞佐,号渔石,浙江兰溪人。少年时拜章懋为师。正德三年(1508)进士,授郯城知县。正德十五年(1520)为江西巡按御史,奏起蔡宗兖为南康府学教授兼白鹿洞书院山长。后历任陕西提学副使、山西按察使、太仆寺卿等职。嘉靖七年(1528),以右金都御史总督漕运兼巡抚凤阳诸府,奏罢淮西民户代养官马种牛,废寿州正阳关权税,免通州、泰州虚田租及漕卒船料,百姓感恩戴德。调任左副都御史、吏部左、右侍郎,总摄铨事,人不敢于以私。嘉靖十一年,陕西大饥,蒙古吉囊、俺答二部拥众自河套入陕西,延绥告急。唐龙被任命为兵部尚书,总制三边军务兼理赈济。奏行救荒十四事,皆切时实惠。又用总兵官王效、梁震率兵击退入侵诸部。改任刑部尚书,任满加封太子少保,以母老请求归养。正德十五年(1520),巡按御史唐龙访查书籍、田亩,聘蔡宗兖主洞事。

　　正德十六年(1521)六月二十日,王阳明应内召起程北上赴京城,唐龙、严嵩都有诗文相送。王阳明《乞便道归省疏》:"臣于正德十六年六月十六日,钦奉敕旨……已于本月二十日驰驿起程……"

唐龙《送阳明先生还朝序》："正德丙子,中丞阳明先生领节钺,镇虔州路。虔居江之上流,兵尤善斗。先生乃蒐乘阅卒,部勒俟焉。己卯之六月十四日,濠戕杀守臣,浮江济师,攻诸群邑,以袭留都。会先生舟趋闽,濠遣巨筏邀之。距百里,先生闻变,亟驰吉州,告于众曰:'人臣出境,有以安社稷者,专之可也。予兹往讨贼。'遂檄布濠之罪于四境,下令督诸郡县,征兵以从。既吉州、袁州、临江诸路兵咸集,先生誓之曰:'日濠所荼毒,非尔父兄,即尔子弟,亟执尔雠,而后朝食。'众曰:'惟命。'七月十九日,克豫章城,捣濠巢穴。民稽首再拜曰:'非公,濠逞不已,民胥乱矣。'越六日,执濠于江,悉俘其党。民稽首拜曰:'非公,濠复来,民胥死矣。'夫濠轻用磔人之躯,沉人之族,积威深矣。况拥众数万,凭恃江湖,故反之日,远迩震恐。先生声义致讨,首缨其锋,止暴戡乱,保大定功;而克镇抚其社稷,曰社稷之臣,先生其庶几乎! 天子即位,嘉乃丕绩,玺书召还,将大畀以政。龙乃次其功,俾史氏采焉。"

严嵩有《夜登明远楼同王阳明中丞唐朱二察院》诗:"遥夜肃已静,朗月照重湖。风窗倚天汉,星浪临蓬壶。的的徐亭树,寥寥霜署乌。良景知难驻,留赏讵云徂。"又有《送王中丞赴召前在豫章有平难之绩》:"绣斧清霜避,楼船绿水开。风云千历会,麟凤众贤来。投老仍严召,当途赖上才。向来筹策地,投檄净烽埃。"严嵩(1480—1567),字惟中,号介溪,江西分宜人。进士,官至吏部尚书、谨身殿大学士、少傅兼太子太师、少师、华盖殿大学士。正德十三年(1518),严嵩因病归江西,《钤山堂集》卷六有诗题:"移疾慧力方丈,呈郡中诸子,时有宁藩之变。"正德十四年,严嵩再归江西,移疾居南昌,致得与王阳明、唐龙有来往,此番王阳明离开南昌赴京师,与唐龙一起,吟诗送别王阳明。严嵩与王阳明两人之前有过交集。

严嵩比王阳明小 8 岁。弘治十八年(1505),严嵩被选为庶吉士,进入翰林院实习时,王阳明已经在兵部武选清吏司主事。严嵩之所以与王阳明结识,得益于湛甘泉。湛、王是关系密切的好朋友,常在一起研讨圣学。湛甘泉和严嵩是同年进士,而且一同被选为庶吉士,在翰林院。严嵩认识王阳明后,向王阳明请教圣学,有半师之分。严嵩在编修任上,正是春风得意之时,却得了一场大病,被迫退官回籍。在严嵩退官十多年里,正是宦官刘瑾权倾天下之时。正德三年(1508),王阳明被贬贵州,经过严嵩的家乡分宜,此时因祖父和母亲相继去世,严嵩正在家丁忧,便把王阳明请到家中,在"钤山堂"设宴接风。相谈数日,分别时,王阳明挥毫写下《钤山堂》墨宝相送,严嵩将阳明墨宝做成匾额悬挂。钱德洪《王阳明年谱》:"已而廷杖四十,既绝复苏。寻谪贵州龙场驿驿丞。"

正德十四年(1519)八月,林俊遣送佛郎机铳至南昌,助王阳明破宸濠,王阳明非常高兴,为作诗颂之,邹守益、黄绾、费宏皆有和韵。此时唐龙也在南昌,在王阳明身边参赞军机,也感到非常高兴,作诗咏赞此事,题为《见素公会宸濠反持佛郎机遗阳明公以助军威,阳明公壮其忠义,歌咏之为和此》:"佛郎机,公所为。一声震起壮士胆,两声击碎鸥臣皮,三声烈焰烧赤壁,四声灵燿奔燕师,五声飒飒湖水立,六声七声虩虩风霆披。博浪铁椎响,尚父白旄麾,白首丹心今在兹。佛郎机,公所为。"其时铅山状元费宏也因宸濠诬陷罢官在家,听闻林俊送王阳明佛郎机铳之事后,亦感动不已,又见王阳明、唐龙等都有诗,也作《赋得佛郎机》诗赞之:"佛郎机,铳之名也。王公伯安起兵讨宸濠,林见素范锡为此铳,且手抄火药方,遣人遗之。伯安有诗记其事,邀余同赋。谁将佛郎机,远寄豫章城?逆濠无君谋不轨,敌忾赖有王阳明。莆阳林见素,与公合忠诚。身虽家食心在国,恨不手刃除攙枪。火攻有策来赞勇,馺足百舍能兼程。洞濠之胸毁濠穴,见素之怒应征平。濠擒七日铳乃至,阳明发书双泪零。二颜在昔本兄弟,二老在今犹弟兄。吁嗟乎,世衰愈降,嫉邪余愤常填膺。武安多取汉藩赂,贺兰不救睢阳兵。义殊蜂蚁有臣主,行类鬼蜮犹簪缨。吁嗟乎,阳明之功在社稷,见素之志如日星。臣欲死忠子死孝,讵肯蓄缩甘偷生?走于二老何敢望,朴忠自许为同盟。濠今澌尽无余毒,得随二老同安宁。闻兹奇事不忍默,特写数语抒吾情。"

正德十五年(1520)三月,王阳明与唐龙、朱节往游庐山东林寺、开先寺,有诗唱酬。王阳明有《重游开先寺戏题壁》,唐龙有《开先寺次阳明韵二首》,其一:"鸡鸣起了官中事,清闲骑马看山寺。才过石桥僧出迎,屡穿楢松径鹤去。白蒲新从湖上来,岩前对坐木槲开。肺渴吸尽龙池波,共乘明月清歌回。君不见,渊明归来日漉酒,那羡黄金印如斗。太虚之上一点云,朝聚暮散倏无有。"其二:"老僧苦修方外事,焚香诵经不出寺。岩上白云招即至,岩下苍鹿逐不去。青骢偶为寻幽来,松花寂寂出门开。直上香炉瞰彭蠡,大风满面翻吹回。彭蠡之水白于酒,落星之台大于斗。借问老僧何所归,直指天地无何有!"又《开先寺次阳明公韵》:"山灵爱客勿相猜,前岁曾游今复来。青竹桥边双吏立,白云径里一僧回。猿啼暝暝楢松岩月,龙醒殷殷玉峡雷。王子风流尽尘土,惟留石上读书台。"又《登三峡次白浦韵》:"杳杳仙原一涧通,长桥水面卧青龙。乘风远到凌空笑,惊散飞泉上石峰。"又《海天庵》诗:"长风吹江江倒流,与君共登江上楼。云腥应有蛟龙起,浪急翻疑岛屿浮。洗天雨欲来五老,别浦树更遮双眸。高帆木末势未止,幽鸟谷口鸣相酬。却忆别君经几年,指三四屈心茫然。桃李成阴吴苑曲,豺狼扫迹楚江壖。往事无心付与论,胜游有约成新篇。笑语且开尘世口,蔬笋小结僧家缘。江声不断苧袍寒,神鸦点点催人还。湖山空阔半暝色,主宾揖逊俱酡颜。使轺遄发不可攀,回首江楼香霭间。明朝风定水如镜,照见离愁两鬓斑。"

正德十五年(1520)四月,王阳明与唐龙、朱节上疏计处宁王宸濠变产官银,代民上纳。王阳明《巡抚地方疏》:"缘由呈详到臣,查得先为计处地方事,该臣会同巡按御史唐龙议奏,乞将抄没宁府及各贼党田地房屋,令布、按二司掌印及守巡并府县官员从实覆查,委系占夺百姓,遵照诏书内事理,各给还本主管业。及将于内官房酌量移改城楼、窝铺衙门,余外田地、山塘房屋,仍令各官公同照依时估变卖价银入官。先尽拨补南、新二县充军、淮安京库折银粮米,及王府禄米外,有余羡收贮布政司官库,用备缓急。缘由会本具题去后,未奉明旨。今呈前来,为照各项衙门果已废毁,当兹兵火之余,民穷财尽,改创实难。今该司议将前项没官房屋暂改，不费于官，不劳于民，工省事易，诚亦两便，似应准议。"同年五月，王阳明又与唐龙再上《计处地方疏》："臣会同巡按江西监察御史唐龙议照：宁贼宸濠志穷荒度，谋肆并吞，其于民间田地山塘房屋等项，或用势强占，或减价贱卖，或因官本准折，或搬别事抄收。有中人之家者，一遭其毒，即无栖身之所。有上农之田者，一中其奸，即无用锄之地。尤且虚填契书，以杜人言，私置簿籍，以增租额。利归一己，害及万家。故先有副使胡世宁直言指陈，续该科道等官交章举发，言皆有据，事非无征。"

正德十五年（1520）六月十八日，王阳明自南昌返赣州，经吉安，邹守益来见，游青原山，和黄庭坚韵，书碑。唐龙也在场，与邹守益均有次韵。唐龙《次阳明先生游青原山韵》："大块阐灵化，众智沦浮埃。驰驱踵相蹑，衰白头谁回？我家曲江头，又傍南山隈。渔石波濑浅，樵径云霏开。吁嗟蒲柳姿，误收梁栋材。尘容草堂远，倦迹穷途哀。倩窦萦涧壑，心境盘邱崖。洪都构厄运，骄王生厉阶。周行靡荆棘，夏屋多危榱。修篁追远揽，朱轮愿深埋。自顾匪逸足，讵堪历广垓。迂愚触忌讳，抉摘招嫌猜。偶闻游胜地，草木皆云荄。珠林绕兰橑，莲河浮木杯。元寂皎华梦，虚旷蜕遗骸。忽令神意飞，宁辞筋力摧。白云山上待，麋鹿山下陪。兹游幸得遂，聊避尘世阨。仿佛山神言，尔饭忙频哇。何如息故墟，溪山维其偕。子陵谢谏议，渊明赋归来。紫蕨春雨香，白黍秋风催。顾之忽不见，松月空徘徊。"又："峰挹层汉，上界澄纤埃。幽秘岩扉寂，萦纡松径回。佛台置石角，僧舍盘山隈。日丽金色掩，云联纬象开。朱草四时叶，灵干千年材。麋鹿不避人，玄猿清啸哀。曲曲溪抱村，滴滴花然崖。青青竹阴户，白白茅覆阶。烟霞宿飞栋，风雨齧雕榱。法流泯形役，晦影深光埋。众有化蝥狗，天地归梯垓。山僧任真率，与物无忌猜。香钵覆雪黍，茶鼎烹雷荄。空中忽飞锡，地上轰掷杯。好爵匪缨情，积毁焉销骸？山水癖已成，登眺力弗摧。簿书偶闲暇，杖履观追陪。惟有琴鹤随，勿容车马豗。脩然定内境，聊以辞多哇。岂将圣人道，而与佛氏偕？白日不肯住，明月还自来。渐怜壮颜槁，错受浮名摧。驱车出山谷，顷焉中迟徊。"

正德十六年(1521)正月十二日,唐龙、朱节来聚饮观灯。唐龙《正德辛巳正月十二日偕白浦南隽钦于阳明公处即暮张灯因作十二夜灯诗》:"令节新晴际,方城缺月中。乱离一战息,灯火万家同。试听闾阎下,争歌使相劝。云来迟数日,并络尽为烽。"

唐龙有《次阳明韵》:"昔人饲白鹿,形幻忽不见。五老故苍苍,青冥拔飞巘。彭蠡流其下,诸峰罗四面。翕合出云雨,朝暮阴晴变。杖履偶乘暇,仅如经旅传。云壑系遐思,石泉动清眷。坠绪尚可寻,流风尤足劝。何如隐峰前,图书肆讨辩。"又:"五老隐云间,经年再相见。乘月属清溪,攀萝度岑巘。顿谐丘壑心,净洗风尘面。山神灵不死,物理溢中变。风雨剥樽彝,鸟鼠逸经传。驻迹望冥冥,永怀中眷眷。鹿去主不归,酒熟客自劝。焉得抱尘游,居吁息妄辩。"唐龙,时任江西御史,陪同王阳明至白鹿洞书院。

嘉靖元年(1522),唐龙乞休归浙江兰溪老家,建春晖堂奉母尽孝,王阳明作《春晖堂》诗贺之:"春日出东海,照见堂上萱。游子万里归,斑衣戏堂前。春日熙熙萱更好,萱花长春春不老。森森兰玉气正芬,翳翳桑榆景犹早。忘忧愿母长若萱,报德儿心苦于草。君不见,柏台白昼飞清霜,到处草木皆生光。若非堂上春晖好,安能肃杀回春阳?"时王阳明门人倪小野从阳明游,也有《春晖堂为唐侍御虞佐题》:"春晖堂,画锦日,苍颜阿母眼如漆。凤冠峨峨德在躬,豸绣煌煌欢绕膝,忆昔春晖涕泪前,呱呱儿女啼相牵。冰霜不废孟母织,风雨时颂共姜篇。念兹冰霜与风雨,一朝消尽春晖吐。芳菲景留三月花,翱翔辉动五云羽。春晖之草植琼园,拂衣枝叶华且繁。报答春心应不尽,长养至德难具论。春晖堂下南山好,玉烛长调春不老。一年一回骢马道,年年感此春晖草。"倪小野,字本端,浙江余姚人。弘治十八年(1505)进士。历迁兵部武选司员外郎,尝以言事被廷杖。后终于南雄府知府。嘉靖中,赠学士,谥文忠。从阳明学。

《嘉庆兰溪县志》卷十六:"春晖堂,城中,唐龙建。绍兴太史董玘有记。"董玘有《春晖堂记》云:"予龙侍御兰溪唐君,尝作堂为奉母之所,名之曰'春晖'之堂,而求记于予。且曰:'吾母之归,值吾家贫甚。事吾大父母,拮据为养,簪珥贸鬻且尽,无怨言。'"董玘,字文玉,浙江绍兴人,弘治十八年(1505)榜眼,官至吏部左侍郎。隆庆初年,追赠礼部尚书,谥文简。

二、王阳明与唐龙的牴牾

唐龙与王阳明从感情上来说,可谓是知心朋友,但两人的为学观则不尽相同,相互有牴牾。

正德十五年(1520),唐龙致书王阳明,有"撤讲慎择"之劝,王阳明有答书。以后两人多面论,唐龙守着旧学,说多不合。王阳明《复唐虞佐》云:"承示诗二韵五章,语益工,兴寄益无尽,深叹多才,但不欲以是为有道者称颂耳。'撤讲慎择'之喻,爱我良多,深知感作。但区区之心,亦自有不容己者。圣贤之道,坦若大路,夫妇之愚,可以与知。而后之论者,忽近求远,舍易图难,遂使老师宿儒皆不敢轻议。故在今时,非独其庸下者自分以为不可为,虽高明特达,皆以此学为长物,视之为虚谈赘说,亦许时矣。当此之时,苟有一念相寻于此,真所谓'空谷足音,见似人者喜矣'。况其章缝而来者,宁不忻忻然以接之乎? 然要其间,亦岂无滥竽假道之弊! 但在我不可以此意逆之,亦将于此以求其真者耳。正如淘金于沙,非不知沙之汰而去者且十九,然亦未能即舍沙而别以淘金为也。孔子云:'与其进也,不与其退也,唯何甚。'孟子云:'君子之设科也,来者不拒,往者不追。'苟以是心至,斯受之而已矣。盖'不愤不启'者,君子施教之方;'有教无类',则其本心焉耳。多病之躯,重为知己忧,惓惓惠喻及此,感爱何有穷已。然区区之心,亦不敢不为知己一倾倒也。行且会面,悉所未尽"。

此书信所说"行且会面",指王阳明二月回南昌之后,唐龙首次来访论学,盖王阳明此书作于二月。唐龙所说"撤讲慎择","撤讲"是劝王阳明不要聚徒讲学,聚徒无益;"慎择"是劝王阳明谨慎交友,都是好心劝王阳明避谤避祸。因此时王阳明一方面因平宸濠乱遭诬陷，一方面又聚徒讲学遭谤毁，非议纷至沓来，所以唐龙力劝王阳明撤讲慎择避祸。再者，从学问这个角度来说，唐龙崇朱子学，也即所谓"旧学"，与王阳明的心学不相合，"撤讲"也有这方面的意思。

钱德洪《王阳明年谱》："而巡按御史唐龙、督学佥事邵锐，皆守旧学相疑，唐复以'撤讲择交'相劝。先生答曰：'吾真见得良知人人所同，特学者未得启悟，故甘随俗习非。今苟以是心至，吾又为一身疑谤，拒不与言，于心忍乎？求真才者，譬之淘沙而得金，非不知沙之汰者十去八九，然未能舍沙以求金为也。'当唐、邵之疑，人多畏避，见同门方巾中衣而来者，俱指为异物。"

正德十六年（1521）七月，王阳明应内召赴北京，经上饶时，有书致唐龙："相与两年，情日益厚，意日益真，此皆彼此所心喻，不以言谢者。别后又承雄文追送，称许过情，末又重以传说之事，所拟益非其伦，感怍何既！虽然，故人之赐也，敢不拜受！果如是，非独进以有为，将退而隐于岩穴之下，要亦不失其为贤也已，敢不拜赐！昔人有言：'投我以木桃，报之以琼瑶。'今投我以琼瑶矣，我又何以报之？报之以其所赐，可乎？《说》之言曰：'学于古训乃有获。'夫谓之学于古训者，非谓其通于文辞，讲说于口耳之间，义袭而取诸其外也。获也者，得之于心之谓，非外铄也。必如古训，而学其所学焉，诚诸其身，所谓'默而成之'，'不言而信'，乃为有得也。夫谓逊志务时敏者，非谓其饰情卑礼于其外，汲汲于事功声誉之间也。其逊志也，如地之下而无所不承也，如海之虚而无所不纳也；其时敏也，一于天德，戒惧于不睹不闻，如太和之运而不息也。夫然，百世以俟圣人而不惑，溥博渊泉而时出之，言而民莫不信，行而民莫不悦，施及蛮貊，而道德流于无穷，斯固说之所以为说也。以是为报，虞佐其能以却我乎？孟氏云：'责难之谓恭。'吾其敢以后世文章之士期虞佐乎？颜氏云：'舜，何人也？予，何人也？'虞佐其能不以说自期乎？人还，灯下草草为谢。相去益远，临楮怏悒！"

三、唐龙白鹿洞书院诗文

正德初，宁王朱宸濠谋反。平定后，正德十五年（1520），巡按御史唐龙行部至南康府，首谒白鹿洞书院。唐龙尝奏请以蔡宗衮为南康府学教授兼白鹿洞书院山长。领正八品俸。事下部议，从之。据毛德琦《白鹿洞书院志》称："明兴未有白鹿洞主请者，兹异数也。"这也可能是武宗在平定朱宸濠以后对白鹿洞书院的特殊"关心"和"需要"。府学教授领正八品俸亦与《明史职官志》异。唐龙还在白鹿洞访查书籍、田亩。唐龙为观察五老峰之全貌而"攀崖循陇，渡涧越壑"，得平砥，于是与知府张愈岩等建大意亭，并自为记。记存《渔石集》与嘉靖后诸白鹿洞志书。其云：

> 南康之野，繄昔有洞。距洞数百里，五老峰峙焉。峰盖洞之胜，郡之巨观也。唯是唐李渤隐于洞，饲白鹿以嬉，今洞堙矣。五老峰故岩岩然，中峰卓立，旁四峰并侍而夹持之。宋淳熙中，子朱子知南康军，尝既洞遗墟，粪除营葺，论道于中。暇日，望五老峰登焉，陟降惟性，游息以时，峰于是乎重。正德庚辰夏，予小子行诸郡县，首谒洞学。既出，问所谓五老峰者，林莽郁然，隐隐莫之辨。从者指曰："某处，客尝建独对亭以观，盍从之？"亟赴，仅巅而已。乃攀崖循陇，渡涧越壑，忽得平砥焉，五老跃如于前。予迎之曰："峰在是矣。"既而仰若可挹，跂若可及，无幻形，无晦象，信所谓洞之胜，郡之巨观也。而今而后，庶其见大意哉！岂天遗之以待吾人，而予小子顾幸有遭乎！是诚宜亭。或曰："无石。"从者曰："崖可伐。"或曰："无材。"曰："麓可采。"或曰："工不足。"曰："洞稼可易。""然则无糜于官，而民勿病哉！"郡长吏张愈严、倅林宽曰："诺。"越三旬，亭乃成。夫太虚无用，以道为用，道无体，以物为体，故太虚道之根乎，不亦隐哉！物，道之器乎，不亦显哉！即隐显之间，洋洋然物而非物，可见而不可执者，夫所谓大意也。今夫峰坚者，石也；润者，土也。而其宜阴阳，布

四时，生百物，则大意存焉耳，岂惟峰哉！凡川斯逝，鸢斯戾，鱼斯跃，日月斯照，粮秕瓦砾。亦莫不然。夫何士洸洋自恣，百姓呫呫吘吁！噫！晦也久矣！君子由学而之敬，由敬而之诚、之明。敬以主之，明以照之，诚以要之，夫然后道之大意，触之于物，得之于目，契之于心，又奚惑焉！苟不敬、不明、不诚，则泰山在前，犹聩聩耳，而道乎哉？此实洞之遗教也。然则，斯亭匪直为山川之迹，云物之景，耳目之玩，可知也。

注：大意亭在"文行忠信字东"。正德辛巳，御史唐龙建。知府田琯匾曰："观德亭"，以演射礼。又有观德亭在射圃。射圃，在观德旁。

又有《白鹿洞赋次晦明翁韵》：

白鹿山水名天下，紫阳读书在其疆；上阐道学之统，下开人心之良。发轫于匡庐之麓，引派乎彭蠡之塘。曾莫窥其涯涘，实仰止乎高冈。爰先祠于一拜，闵山径之就荒。耽泉石之真趣，撷宇宙之奇芳。天既开夫兹洞，人又聚于是庠。要当从而向往，奚可叹夫望洋。进二三子于其前，转五百年之洪运。指大道以入门，防旁蹊之易混。盖辟正学之榛芜，匪直幽人之肥遁。木石鹿豕与游，乌菟途人是问。考正统之相传，由前修而直进。心皇皇乎而有求，神亹亹乎若忘倦。谁道晦庵之神不在兹，我将见之羌墙而揖逊。溯洙泗之渊源，问夫子之至论。太极既生乎两仪，意象至发于图书。宇宙吾道之橐籥，民物四体之形模。曰既入乎其室，将舍是而焉诹。明性天于动静，著实地之步趋。载观羲皇之心学，尽在河洛之一图，屹人心之山岳，决沧海之沟渠。阐明诚之户牖，别义利之庭除。彼濂溪之正脉，实异代而同符。方关洛绪论之纷纭，微夫子之大成莫集。扶孔孟于侏离，正苏杨于出入。功有过于退之，日惟恐其不给。嗟小子之昏愚，奚正宗之能缉。慕太史之山川，窃有志于时习。顾与我之非凡。将勉焉以自立。率吾性之鸢鱼，庶先鞭之可执。蹇遗躅于静修，亦何辞于掇拾。乱曰：高山流水，鸣吾球兮。苍松翠竹，惟木樛兮！

吾道白鹿，谁与游兮？千载紫阳，屹中流兮。道之云远，我能无忧兮？武夷云谷，从兹求兮！

朱熹《白鹿洞赋》原文：

　　承后皇之嘉惠，宅庐阜之南疆。闵原田之告病，惕农扈之非良。粤冬孟之既望，夙余驾乎山之塘。径北原以东骛，陟李氏之崇冈。揆厥号之所繇，得颓址于榛荒。曰昔山人之隐处，至今永久而流芳。自升元之有土，始变塾而为庠。俨衣冠与弦诵，纷济济而洋洋。在叔季而且然，矧休明之景运。皇穆穆以当天，一轨文而来混。念敦笃于化原，乃搜剔乎遗遁。盼黄卷以置邮，广青衿之疑问。乐菁莪之长育，拔隽髦而登进。迫继照于咸平，又增修而罔倦。旋锡冕以华其归，琛亦肯堂而诒孙。怅茂草于熙宁，尚兹今其奚论。夫既启余以堂坛，友又订余以册书。谓此前修之逸迹，复关我圣之宏枢。亦既震于余衷，乃谋度而谘诹。尹悉心以纲纪，吏竭蹶而奔趋。士释经而敦事，工殚巧而献图。曾日月之几何，屹厦屋之渠渠。山葱珑而远舍，水汨㶁而循除。谅昔人之乐此，羌异世而同符。伟章甫之峨峨，抱遗经而来集。岂颙眺听之为娱，实睨宫墙之可入。愧余修之不敏，何子望之能给。矧道体之无穷，又岂一言而可缉。请姑诵其昔闻，庶有开于时习。曰明诚其两进，抑敬义其偕立。允莘挚之所怀，谨巷颜之攸执。彼青紫之势荣，亦何心乎俯拾。乱曰：洞水触石，锵鸣球兮，山木苯尊，枝相樛兮，彼藏以修，息且游兮，德隆业茂，圣泽流兮，往者弗及，余心忧兮，来者有继，我将焉求矣！

第八章

湛子甘泉　比学阳明

——王阳明学友湛若水与白鹿洞书院

一、甘泉湛子　阳明挚友

湛若水一辈子寻道、讲学、传道，与他的挚友王阳明一样，是明代另一座思想的高峰，被称为"王湛之学"；又像王阳明一样，孜孜于讲学传道。王、湛两人惺惺相惜，结为生死之交，以倡学布道为终生使命。湛若水拜岭南大儒陈白沙为师，受到白沙的器重，指定湛若水为衣钵传人，效仿"达摩西来、传衣为信"的典故，将自己讲学专用的"江门钓台"赠予湛若水执掌。王阳明评价他：我向天下寻求志同道合的朋友30多年，从未遇到过有如此见解之人！湛若水形成了与王阳明不同的另一条明代心学思想，各立门户，大放异彩，明代学子"不走姚江（阳明学说），便向增城（甘泉学说）"。而湛若水对王阳明也有很高的评价："凌高厉空之勇，疆立力胜之雄，武定文战之才"，与自己"俯仰大道，畴与共适"。

王阳明与湛若水相识是在弘治末年。弘治十八年（1505）十二月，王阳明与湛若水相识定交。湛若水《答阳明王都宪论格物》："仆获交于兄十有七年，受爱于兄亦可谓深矣。"钱德洪《王阳明年谱》："是年先生门人始进。学者溺于词章记诵，不复知有身心之学。先生首倡言之，使人先立必为圣人之志。闻者渐觉兴起,有愿执贽及门者。至是专志授徒讲学。然师友之道久废,咸目以为立异好名,惟甘泉湛先生若水时为翰林庶吉士,一见定交,共以倡明圣学为事。"邹守益《王阳明先生图谱》:"弘治十八年乙丑,甘泉湛公若水为庶吉士,先生一见定交,以倡圣学为志。"

从此以后,湛若水与王阳明共倡圣学,朝夕讲学论道。王阳明《别湛甘泉序》:"某幼不问学,陷溺于邪僻者二十年,而始究心于老、释。赖天之灵,因有所觉,始乃沿周、程之说求之,而若有得焉。顾一二同志之外,莫予翼也,岌岌乎仆而复兴。晚得友于甘泉湛氏子,而后吾之志益坚,毅然若不可遏,则予之资于甘泉多矣。甘泉之学,务求自得者也。世未之能知其知者,且疑其为禅。诚禅也,吾犹未得而见,而况其所志卓尔若此。则如甘泉者,非圣人之徒欤!"

湛若水《赠别应元忠吉士叙》:"斯道丧而友义之废也久矣!自予抱此志以求于天下,天下非无爱予者,而独寡予助者也。正德丙寅,始得吾阳明王子者于京师,因以得曰仁徐子者。辛未,因阳明得吾仙居应子者,又得吾武城王子,日夕相与论议于亦邸。"又《潮州宗山精舍阳明王先生中离薛子配祠堂记》:"新建伯阳明王先生,其豪杰之必为圣人者乎!……正德丙寅,与甘泉子初定交于京师兵曹清黄,语人曰:'吾从宦三十年,未见此人。'其时共尊明道'仁者浑然天地万物为一体'之学,是矣。"

正德二年(1507)元月,王阳明坐了三个月的锦衣狱之后,出了狱,于午门被杖四十大板,谪贵州龙场驿驿丞。王阳明赴谪,好友陆深、杭淮、诸巏、湛若水、崔铣、汪俊、乔宇等赋诗饯别。湛若水有书"九章"赠别阳明:"《九章》赠阳明山人王伯安也。山人为天德王道之学,不偶于时,以言见遣,故首之以窈窕。窈窕,比也,然而遣矣,终不忘乎爱君,故次之以迟迟。遣而去也,其友惜之,故次之以黄鸟。惜之非但已也,爱有心期,故次之以北风。道路所经,不无吊古之怀,故次之以行行。行必有赠与处,故次之以我有。赠非空言也,必本乎道义,故次之以皇天。皇天明无为也,无为则虚明自生,无朋从之思而道义出矣,故次之以穷索。穷索非穷索也,无思而无不思也。无为立矣,虚明生矣,道义出矣,然后能与天地为一体,宇宙为一家。感而通之,将无间乎离合,虽哀而不伤也,故次之以天地终焉。於虖!山人将索我于形骸之外者,言语焉乎哉? 丁卯闰正月朔日。"

王阳明以"八咏"作答,题为《阳明子之南也其友湛元明歌九章以赠崔子钟和之以五诗于是阳明子作八咏以答之》,其一云:"君莫歌九章,歌以伤我心。微言破寥寂,重以离别吟。别离悲尚浅,言微感逾深。瓦缶易谐俗,谁辩黄钟音?"

正德三年(1508)二月,王阳明赴谪贵州龙场驿,经长沙,留居八日,在当地官员和府学生陪同下,游岳麓书院,谒朱熹、张栻祠,多有诗咏唱酬。在长沙,怀念好友湛若水,作《南游》诗三首寄给湛若水,《序》云:"元明与予有衡岳、罗浮之期,赋《南游》,申约也。"其一:"南游何迢迢,苍山亦南驰。如何衡阳雁,不见燕台书? 莫歌澧浦曲,莫吊湘君祠。苍梧烟雨绝,从谁问九疑?"其二:"九疑不可问,罗浮如可攀。遥拜罗浮云,奠以双琼环。渺渺洞庭波,东逝何时还? 生人不努力,草木同衰残。"其三:"洞庭何渺茫,衡岳何崔嵬! 风飘回雁雪,美人归未归? 我有紫瑜珮,留挂芙蓉台。下有蛟龙峡,往往兴云雷。"

正德五年(1510)二月,王阳明谪戍期满,过沅江,泊江思湖,不由又想起湛若水,作诗寄情:"扁舟泊近渔家晚,茅屋深环柳港清。雷雨骤开江雾散,星河不动暮川平。梦回客枕人千里,月上春堤夜四更。欲寄愁心无过雁,披衣坐听野鸡鸣。"在潮音阁讲学、静坐,有诗怀湛若水:"高阁凭虚台十寻,捲帘疏雨动微吟。江天云鸟自来去,楚泽风烟无古今。山色渐疑衡岳近,花源欲问武陵深。新春尚沮东归楫,落日谁堪话此心?"

正德五年(1510)八月,刘瑾伏诛;九月,已致仕的王阳明父亲王华官复原职,任南京吏部尚书。湛若水心有所感,作《秋怀三首寄王庐陵阳明子》:"秋月缺复圆,客行久不还。不还岁亦暮,念子屡长叹。叹罢继以歌,歌竟泪如泉。何时得会晤,所怀万一宣。"其二:"涉园采桃李,持以赠所知。非贵桃李颜,不言自成蹊。岂无兰桂好,质以香自亏。默默牛医子,心期浩无涯。"其三:"封书寄燕雁,雁不过衡阳。封书寄江鱼,鱼沉江水长。江水亦有竭,封书永不灭。耿耿无由宣,心绪自中结。"

同年十月,王阳明接到圣旨,要他入朝述职,居于京师大兴隆寺。湛若水见到了分别几年的王阳明,非常高兴,与黄绾一起到兴隆寺讲论学问,三人于是订立终身共学之盟。黄绾《别甘泉子》叙其事云:"予欲学以全夫性之道,知寡闻不足与乎大明。欲其友三年而不得,求其师六年而不遇,自谓'终焉弃德者'矣。反而视之,其身常如槁,其意常若失,得一官若负秽。或有告之曰:'越有阳明子来矣。子何不知亲耶?'乃亟趋其馆而见之,阳明子坐与我语,归而犹梦之,恍若阳明子临之,而不敢萌一毫于私。"

正德六年(1511)二月,王阳明由南京刑部四川清吏司主事,升任吏部验封清吏司主事,又回到京师,寓长安灰厂,与湛若水比邻而居。从此王阳明与湛若水、黄绾三个志同道合的人聚会讲学,剖析疑义,切磋圣学。湛若水《阳明先生墓志铭》:"留为吏部验封主事,有声。阳明公谓甘泉子曰:'乃今可卜邻矣。'遂就甘泉子长安灰厂右邻居之。时讲学于大兴隆寺,而久庵黄公宗贤会焉。三人相欢语,合意。久庵曰:'他日天台、雁荡,当为二公作两草亭矣。'后合两为一焉,明道一也。"黄绾《阳明先生行状》:"杨公乃擢公为吏部验封主事。予三人者自职事之外,稍暇,必会讲,饮食起居,日必共之,各相砥励。"

正德六年(1511)三月,王阳明、湛若水的好友国子监博士徐祯卿去世,王阳明与湛若水一起哭奠,王阳明为徐祯卿作墓志铭。八月,太史张邦奇归省回四明,王阳明与湛若水都作序送别。同月,王阳明为湛若水的父亲湛怡斋湛瑛作墓表。湛若水卜居萧山湘湖,有书来告,盖欲与阳明洞卜邻而居,以便聚会,共定圣学。九月三十日,湛若水奉命出使安南封国,王阳明作序赠别:"颜子没而圣人之学亡。曾子唯一贯之旨,传之孟轲绝,又二千余年而周、程续。自是而后,言益详,道益晦;析理益精,学益支离无本,而事于外者益繁以难。盖孟氏患杨、墨;周、程之际,释、老大行。今世学者,皆知宗孔、孟,贱杨、墨,摈释、老,圣人之道,若大明于世。然吾从而求之,圣人不得而见之矣。其能有若墨氏之兼爱者乎？其能有若杨氏之为我者乎？其能有若老氏之清净自守、释氏之究心性命者乎？吾何以杨、墨、老、释之思哉？彼于圣人之道异，然犹有自得也。而世之学者，章绘句琢以夸俗，诡心色取，相饰以伪，谓圣人之道劳苦无功，非复人之所可为，而徒取办于言词之间。"

正德七年（1512）二月，湛若水离京，往封安南国，王阳明有诗送行："行子朝欲发，驱车不得留。驱车下长阪，顾见城东楼。远别情已惨，况此艰难秋。分手诀河梁，涕下不可收。车行望渐杳，飞埃越层丘。迟回歧路侧，孰知我心忧。"同月，有书致湛若水，论体认天理，涵养之功："别后，无可交接，百事灰懒，虽部中亦多不去，惟日闭门静坐，或时与纯甫、宗贤闲话，有兴则入寺一行而已。因思吾两人者平日讲学，亦大拘隘。"同年五月，王阳明再致书湛若水，告讲学之况与在朝无奈处境。其时湛若水已完成安南国使命，回程经广东老家增城，在老家停留。

正德九年（1514）二月，王阳明在太仆寺少卿任上，滁州赴任，湛若水奉使安南归，经滁州与王阳明相见，论儒释之道。湛若水《王阳明先生墓志铭》："阳明公迁贰南太仆，聚徒讲学，有声。甘泉子还，期会于滁阳之间。夜论儒释之道。"

正德十年（1515）二月，湛若水丁母忧，扶柩南还故乡广东增城，至南京，王阳明迎吊于南京龙江关，两人辩论"格物"之说，王阳明呈《大学古本》与格物诸说于湛若水，论《尽心》一章。时陈九川适来问学，亦会于龙江。王阳明《湛贤母陈太孺人墓碑》："湛子之母卒于京师，葬于增城。阳明子迎而吊诸龙江之浒，已，湛子泣曰：'若水之辱于吾子，盖人莫不闻。吾母殁而子无一言，人将以病子。'"王阳明时已升任南京鸿胪寺卿，故得在南京相见了。

嘉靖七年（1528）闰十月，王阳明两广总督任上，病归，经增城。增城是湛若水的家乡，也是王阳明六世祖牺牲的地方。王阳明六世祖王纲，乐于山林而厌俗事，洪武年间被刘伯温引荐至京师，与太祖朱元璋谈论治国之道，太祖任其为兵部郎中。广东潮州民变，王纲受命为广东参议，负责监督兵饷。王纲偕同其子王彦达乘船前往潮州,很快将民变平息。王纲父子返途经过增城时,被海盗拦截,后被杀害。其子王彦达时年 16 岁,用羊革包裹父亲的尸体返回故乡。明太祖听闻后,诏告之以立庙堂。王阳明拜谒了王纲祠,以兴民风。又于增城南门外天妃庙为王纲父子改立"忠孝祠",题下《谒忠孝祖祠文》。又在湛若水的增城故居写下《题甘泉居》和《书泉翁壁》,述及思祖之情。嘉靖三十二年(1553),忠孝祠在湛若水的促成下重修,以祀王阳明之先庙。罗洪先《湛甘泉先生墓表》云:"湛氏居广之增城甘泉都,四方学者宗之,称为甘泉先生。"

嘉靖八年(1529)三月二十九日,王阳明已去世,湛若水作《奠王阳明先生文》,对一生挚友作最后的道别:"友人南京吏部右侍郎湛若水,谨以洁醴束帛之奠,寓告于故新建伯、后部尚书、左都御史阳明先生之灵曰:於乎!哀乎!戚乎!而至于是乎,而止于是乎!……"泣不成声,痛惜至极。又怀着悲痛的心情,为王阳明作墓志铭。

王阳明去世后,朝中权臣极尽诋毁之能事,他的学术和事功被全盘否定,朝中停止了王阳明享有的世袭"新建伯"待遇,取消了对王阳明死后予以的赐祭葬、追封、树碑、建祠等及规定的善后丧葬礼节。王阳明的丧葬是他的门人故旧出资相助完成的。嘉靖八年(1529)六月,湛若水升礼部右侍郎进京,当质问大学士桂萼,王阳明的冤案是否其一手操就,桂萼默然不敢作声,可见为了老朋友,湛若水不惜答罪顶头上司,为王阳明打抱不平。湛若水《阳明先生墓志铭》:"江西辅臣(指桂萼)进帖以潛公,上革恤典。人众之胜天也,亦命也。百年之后,天定将不胜人矣乎?甘泉子始召入礼部,面叩辅臣曰:'外人皆云阳明之事乃公为之乎?'辅臣默然,然亦不以作怒加祸,犹为有君子度量焉。"

二、湛若水书院讲义

湛若水对书院一事,颇为上心。湛若水以讲学、传道为己任,而书院是讲学的道场,自然也喜欢书院。湛若水在全国各地创办书院近 40 所,弟子多达数千人,遍布大江南北,促进了明代心学的发展与繁荣。而白鹿洞书院,则是他心目中的圣殿。

湛若水与白鹿洞书院第一次结缘,是在他早年北上京城赴考,从岭南越过大庾岭,进入江西南安、赣州,然后一路向北,经南昌,至南康(星子县),绕道白鹿洞书院,致心朝礼,拜谒这座学府。弘治六年(1493)春,28岁的湛若水第一次进京城参加会试,就是这一次,顺道拜谒了白鹿洞书院。黎业明《湛若水年谱》:"春,上京参加会试。落第。"

嘉靖九年(1530),濮阳人工溱任南康府知府。王溱是湛若水的崇拜者,他认为白鹿洞书院应该有当代大儒的经典,于是把湛若水的力作《心性图说》《四勿总箴》刻于书院中,让书院的师生时时揣读,熟记于心。王溱还对《心性图说》《四勿总箴》作了很高的评价,认为这两篇文章,是心学的高峰,哲思的凝聚,足以消除支离之说。

湛若水第二次亲临白鹿洞书院,是在嘉靖十五年(1536)。这一年八月,湛若水考满,转任南京吏部尚书。考满南归时,经江西南康,湛若水带着一批弟子,来到书院,恭恭敬敬地拜谒了先师先儒,观赏了王溱修缮一新的书院,又在文会堂看到了王溱所刻的《心性图说》和《四勿总箴》,非常高兴。湛若水本想在他向往的书院讲堂作一番演绎,然而行程匆匆,没有驻留的时间,留下了一生的遗憾。

他本来还有第三次机会来到书院,但亦因皇命在身,未能遂愿。嘉靖十七年(1538),"嘉靖八才子之一"、与阳明后学密切交往的王慎中任江西参政,关注到了白鹿洞书院,致书湛若水,请他到书院讲学。此时的湛若水已经73岁了,没能成行,甚为憾事。

湛若水《心性图说》(刻石白鹿洞)云:"性者,天地万物一体者也。浑然宇宙,其气同也。心也者,体天地万物而不遗者也。性也者,心之生理也,心性非二也。譬之谷焉,具生意而未发,未发故浑然而不可见。及其发也,恻隐、羞恶、辞让、是非萌焉,仁义礼智自此焉始分矣,故谓之四端。端者,始也,良心发见之始也。是故始之敬者,戒惧慎独以养其中也。中立而和发焉,万事万化自此焉达,而位育不外是矣。故位育非有加也,全而归之者耳。终之敬者,即始之敬而不息者也。曰:'何以小圈?'曰:'心无所不贯也。'曰:'何以大圈?'曰:'心无所不包也。'包与贯,实非二也。故心也者,包乎天地万物之外,而贯夫天地万物之中者也。中外非二也。天地无内外,心亦无内外,极言之耳矣。故谓内为本,而外天地万物以为心者,小之为心也甚矣。"

湛若水《白鹿洞书院讲章》云:"丙申秋八月,予以考满,由江达湖而南,携诸生,重访白鹿书院。谒拜先圣、先师讫,登眺新开洞,憩息文会堂。观前南康守、玉溪王子溱公济刻予《心性图说》于碑屏,镌《四勿总箴》于洞壁。会南昌乡进士裘生衍先住洞馆,与之观二刻,默然感悟,而未竟其说。尔遵明旨复职,而洞中胜景,一时胜会,常往来于怀。今年戊戌孟秋,得今江西少参晋江南冈子王子道思寓书于予,曰:'日者行部至江州,谒白鹿洞宗儒祠,坐文会堂,见《心性》诸图刻,俨若对先生。因与诸师生发明先生随处体认天理之学,听者莫不动心焉。然此图固先生平生得力处,然非专为此洞作,如陆象山、吕东莱之讲义记文,专留洞中,学者传诵也。况先生尝莅斯堂,乃为嘉惠后学,留之讲义,慎中也,当刻之正珉,续之新志,以与诸生面授口讲,以布先生之教于无穷。此洞之幸也,亦我先生之心也。子闻而伟之,曰:甚哉!王子成己成物、嘉惠后学之盛心也。水也,何敢嗣言于诸先哲之后哉?虽然,吾尝有得于天之所以与我者,而闻学之大头脑于君子矣。盖圣学之要,于《心性》《总箴》二图焉尽之矣。《心性图说》以言其道体也,《四勿图箴》以究其功夫也。二图者,实相表里,实相发明者也。玉溪王子并刻于洞中,其有深意乎!予时在行李匆匆,启其端,而未竟其说。今以南冈子之请,千里致书而殷勤焉,吾虽欲勿言,忍负其盛心耶!窃惟先哲讲义,固不拘拘于一书,发其精意,使可用力焉止矣。因即其二图之刻在斯洞者发挥之,以究其体认用功之实,寓复南冈子以与太守梁子懋阳及洞中师生讲求焉。时嘉靖十七年八月廿四日。"

又《四勿总箴》云:"甘泉子曰:古之学者本乎一,今之学者出于二。予以四箴存中以应外,制外以养中,惠教后世学者至矣。使其知合观并用之功,则善焉。如其不然,或有分崩离析之患,而昧精一易简之学矣。予为此惧,推程氏之意，以达孔颜之指，为作《四勿总箴》，庶学者知合内外之道，以不二乎一贯之教焉。心含天灵，灏气之精，与地广大，与天高明。惟精惟灵，贯通百体，非礼一念，乾知太始。事虽维四，勿之则一。如将中军，八面却敌。精灵之至，是谓知几。颜复不远，百世之师。圣远言湮，多歧支离；一贯四勿，毋二尔思！此二图，乃圣学功夫，至切、至要、至精、至一、至近、至远、至简、至易处，总而言之，不过只是随处体认天理功夫。虽言与象二图各有不同，实相表里，实相发明，通一无二。盖《心性图》专明道体，而所谓敬，所谓心，则功夫存乎其中矣。《四勿总箴图》专明功夫，而所谓高明，所谓广大，则道体存乎其中矣。此所谓相表里，相发明，通一无二之实也。只是一段道体，只是一段功夫，非有两段、三段。道体、功夫无内外，无大小，无始终，无有包贯之分，一而已矣。然则二图何以有图、有说、有箴欤？曰：图以象见，箴、说以言形。学者观其图焉斯过半矣。斯图也，凡有生之类，终日呼吸喘息，终身酬酢纷纭，而不能离乎此，如子处胎中，不能外胞膜以有生，与母气而为二。此予所谓'万物宇宙间，混沦同一气'。林南川亦谓：如一团水相似，都混作一块。而先师石翁云：此理包罗上下，贯通始终，衮作一片。又云：自兹以往，更有分殊处，合要理会。其与明道'仁者与万物为一体言，皆吻合也。'斯理也，虽尧、舜之圣不能外，桀、纣之恶不能外，虽之夷狄不能弃者也。故上知以图悟，其次以言悟，又其次虽有言而不悟。有言而不悟，士斯为下矣。或曰：请闻其说之图。曰：'《心性图》，象心性也，盖因学者是内而非外者为之也，于以见心性之广大精微，与天地万物同体，而万变万物出焉。其本于心，未发之谓性，中也，已发之谓情，和也，而喜、怒、哀、乐出焉，仁、义、礼、智分焉。其未发，则浑然与天地万物同一体而已矣。是故拟之为谷种，则始终一心，始终一敬，则终日终身一心一敬，所以收拾乎此而已焉，尽之矣。致之而至于天地位、万物有，全归乎此而已矣。宇宙内事，即性分内事，复有何事！'请闻其箴之图，曰：'《总箴图》，象四勿之本乎一也。盖恐学者不得先正之指，而溺于内外制应之惑为之也，于以见视听言动皆一心也，无有内外，如精中军以应四敌也。是故知内外合一之功，而所以收拾乎《心性图》之道体者益密矣。以言乎视听言动，无往非敬，以足乎前图之说也。学者苟能因前图，而知天地万物一体之道，吾心即天地万物之心，而主敬焉，是故能知所有矣。又因后图而知前图之所谓敬，不越乎后图视听言动之皆心，心皆天理，而非知觉运动之谓心，则视必以心，听以心，言以心，动以心。心一而勿之者四，四事而勿之者一。勿之者，勿忘、勿助之间，几而已矣。颜氏之子有不善未尝不知，知之未尝复行，其知几乎，知几其神乎？学而至于几焉，至矣。几者，初念之功，力之最先者也。乾，道也，乾知太始，先天之学也。勿之，则诚敬立，成性存存，而道义出焉，是故能养所有矣。夫知所有养、所有知而勿去，圣学之事备矣。至于大体完复，与天高明，与地广大，与天地合其德，与造化合其功，天地在我，位育在我矣。大哉，图也，斯其至矣！然此理干涉极大，为用极无穷。必如是而后尽性，必如是而后尽为人，必如是而后尽为子，否则不足以为人，不足以为子矣。呜呼！凡我志学之士，其何禅而不为人子耶？'"

三、王溱题跋

王溱（1484—1532），字公济，号玉溪。河南濮阳人。正德三年进士，官至河东都转运使。受导师湛若水理学思想和人格修养的影响，围绕正德、嘉靖时期宦官干政、邪术惑众、皇统礼仪等一些重大政治斗争，王溱坚守文人气节，敢于上疏陈见。仕途多舛、时遇坎坷。在事关嘉靖皇位正统问题的"大礼议事件"中，王溱因有"不当"言论，调任南康知府。继续推行《谕俗恒言》，重视教育，教化百姓。又祭山开洞、石鹿塑像，并撰《新辟石洞告后土文》。

王溱有《次韵三首》，其一："抚时怀旧迹，旷望驻高台。三楚寒云断，万山春色来。鱼碛乘客兴，鹿洞识仙才。落夕将归棹，流霞且尽杯。"其二："古洞今谁在，春郊此并行。遥看青嶂外，勿有白云生。路阻悬崖暗，溪回漱石清。向来拘簿领，何日遂闲情。"其三："雨色收林岭，溪声落石泉。早时乘马出，春岸爱鸥眠。大道归元晦，新诗答茂先。他山同作客，此日独怀贤。"

又有《知府王溱新辟石洞告后土文》："维嘉靖九年，岁次庚寅，二月壬戌朔，越二十有三日甲申，南康府知府王溱，谨以牲醴之奠为文告于白鹿洞后土之神，曰：乾坤萃秀兮山水钟灵，厥有匡庐兮争高嵩衡。大江练纾兮彭蠡带横，胜迹擅于九土兮福地控乎八纮。白鹿开先而为号兮，紫阳相后以道鸣。遂有闻于天下兮，旷百世而驰声。岁月推移兮，世变山倾。问旧洞而不知其处兮，慨名存而未称厥情。余虚薄以辱守兮，得采涧藻而歌野萍。修予祀事兮，仲月次丁。假寐斋宫兮，梦栩栩兮寤惊。若有人兮，视前迹之可经营。乃卜日而肇修兮，开云根而敞其故扃。仰赖神功兮，愿默默以相成。窃闻之师曰，大道以合一为宗兮，学在并进乎知行。圣贤贵全其体用兮，其要在鱼得乎明诚。谓德业举业不可支离兮，在立我以合并。世纷纷为朱、陆之辨兮，启多岐而惑群生。吾徒当以孔孟为期兮，由正途由崇《六经》。神之听之兮，介福于斯文之宗盟。千秋万岁兮，获此嘉名。"

又作《白鹿洞规跋》："尧舜教民之道，敬敷五教已矣。朱文公白鹿洞学规，先之以五教之目，次之以为学之序，又次之以修身、处事、接物之要，诚为学之大端也。是故人能尽其知行，谨其言行，以不违乎五教，则身修而处事接物无非道矣。吾恐学者忽此而求之高远也，乃命教官张金以八分书书之，石于文会堂前，朝夕顾而思焉，斯教庶其有兴乎！嘉靖十年。"

王溱《心性图跋》云：有问于王生者曰，张子有言"心统性情"矣，而闻于师者，有图说焉，则曰"心、性非二也，"将无异乎曰统之为言也。心与性情犹二之也，而谓心性情二乎哉？子湛子盖曰"心之生理"谓之性，有所感而其端见焉谓之情。所谓良心发见之始是也。是故合而言之，心性情一而已矣。万事万物天地不外焉尔矣。发圣贤之蕴，会心性之妙，息支离之谈，其在图说矣乎？曰心一而已，一圈足矣，而中有三圈焉，而左右宇宙焉。曰一圈也者，以言乎理一者也。三圈也者，以言乎分殊者也。左右宇宙也者，以言乎心之无所不备者也，非方体定名之谓也，互见焉尔矣。而心，而情，而事物，而天地，

王阳明与白鹿洞书院

122

而始终乎敬焉,图说备矣,清矣,一矣。曰图说何见而云然哉！曰斯其合一之学,体认之功,自得之妙矣乎！昔者子思言性不言心,儒者疏中和位育犹分而二之,乃作图说备矣,精矣,一矣。学者求之图说,可无支离矣。因刻鹿洞,惧览者之疑也,附《或问》于后云。嘉靖十年三月初吉。

王溱有《总缄跋》云:君子曰四勿,其颜子学圣之要乎？夫四勿也者,"克己复礼,为仁"者也。仁也者,人心也,人之心一而已矣。子湛子学圣乎合一之道,乃作斯箴,以发孔、颜心学之蕴。是故孔子之道一贯至矣,四勿无二焉,颜子所以请事斯语者,其独得于斯乎？故曰:"约我以礼",所学可知也。及其"三月不违仁",进乎一矣。夫君子之学,以知新为功,自得为几,合一为要。是故思箴之义备矣。平嵩刘实夫曰,请书诸白鹿洞之石,将与诸君子共考焉。嘉靖十年上元日,六人开州王溱书。

四、湛若水白鹿洞书院诗

湛若水《再访白鹿洞五首》,其一:"廿年不见庐山面,依旧庐山似我癯。驻桨题诗人不见,丹山今在小司徒。"其二:"山青云白似吾无,似笑头颅非故吾。世态日随人事变,山灵何必讶头颅。"其三:"如何瀑布不飞津,秋后山枯山亦贫。纵有真龙能作雨,真龙亦自解全身。"其四:"甲子题诗入洞扃,山灵于我得无情。北风浩浩吹云幕,五老欣欣举手迎。"其五:"朱陆当年此讲闻,晓然义利一时分。要知义利真消息,物我心生似火焚。"又《甲子秋初访白鹿洞》:"十亩堂开旧典刑,诗成白鹿也来听。群山靡靡水争出,独树荒荒鸟自鸣。煙散香炉浮俎豆,苔生漱石上帘楹。废兴独有人心在,五百年来拜后生。"

又有《九思九歌》九首,其一:"我所思兮在清溪,潮水山泉天下奇。倏忽雷鸣忽龙蛰,变化大小无常时。予欲再往观化机,精舍作者谁朝仪。"其二:"我所思兮在曲江,帽峰杳杳开书堂。左俨元公亦偶尔,太极心性图相光。静倚芙蓉以当妓,光风霁月谁能量。我欲往居报郴阳,六邑之士来翱翔。"其三:

"我所思兮在武夷,线天路上行人稀。九曲棹歌声韵微,齐语楚语群咻之。予将欲往亮非远,九十出门行杖藜。"其四:"我所思兮在福山,斗山齐云出云间。六邑之秀同跻攀,默翁默成无一言。予将欲往亮非远,无乃衰翁挂杖前。"其五:"我所思兮白鹿洞,风吹五老毛发动。书院枕流漱齿清,心性一图王子供。予将往观亮非远,鞭龙化杖云仍送。"其六:"我所思兮在九华,中华顶上为吾家。洒落中居控四维,如精中军敌四邪。予将欲往亮非远,湛然发轫齐山崖。"其七:"我所思兮在新泉,地发蟹眼长涓涓。诸贤云集观我生,积累可以成大川。萧子台高系去思,院中百卉弥唐迁。咏归一调久欲绝,诸贤翕与端溪传。予欲从之亮非远,自然堂外同此天。"其八:"我所思兮在维阳,弘开书院葛氏倡。甘泉山麓江湖绌,楼栖云汉摘星象。恭书敬一维天章,杏树坛前柳道长,执经诸子还相将。我欲一往亮非难,锡飞瞬息无长江。"其九:"我所思兮在南岳,紫云旧有甘泉宅。奥泉秄泉流瀄瀄,天柱南台全胜得,中夜神明玩莫测。予欲反坐观自然,暂将柱杖倚南极。"

又《题守书院道士赵竹坡壁》:"管城食肉巧东坡,去竹存坡奈俗何。师徒藉甚吾书院,遍植琅玕绕院过。"

又《过匡庐》:"匡庐何所极,苍苍阅晴空。兄弟事幽讨,同日蹑奇踪。炼形化精魄,列为五老峰。物固有不朽,万代垂高风。我欲访其居,道远谁能从。长揖入翠微,冥栖结云松。从予一朱鸟,闲骑一苍龙。"

五、其他履痕

湛若水题刻:"海阔天空",在三贤祠右壁。

湛若水《送罗生归白鹿诗序》:"今其(罗伦)孙庠生郡民止为有司所取,读书于白鹿洞。痛众说之纷拏喧惑也,乘风波,越江湖,走数百里,来问决于新泉。予感其意,既随叩而答之,俾持以自信,而不惑于众说,将以卫先圣之道,夫岂得已而已之言哉?于其归也,序以送之,而系之以二诗。民止其毋惑于异说,津修尔德,毋忝尔祖也乎!己丑正月三十日。"又《答罗生都从白洞来问所疑,郡乃一峰先生之孙也》:"恐智师心亦是知,乾坤此路本多歧。游人未识尼丘路,细把中庸问子思。""中庸中路是吾师,快捷人间曲路歧。千里毫厘君未信,主翁元似不曾知。"

第九章

阳明荐贤　宗兖主洞

——王阳明门人蔡宗兖与白鹿洞书院

一、王阳明与蔡宗兖

蔡宗兖,字希渊。浙江山阴人。明朝官员、学者。为正德十二年(1517)进士,官至四川提学金事。蔡宗兖与王阳明为同乡,又是王阳明入室弟子,王阳明推荐他为白鹿洞山长。

正德二年(1507)十一月,蔡宗兖、徐爱、朱节举乡试归,皆来受学,拜王阳明为师。董谷《碧里后集杂存》:"习静。正德初,先师阳明习静于阳明洞,洞在南镇深山中。先生门人朱白浦、蔡我斋等数辈,自城往访焉。道遇先生家童,问以何往。对曰:'老爹知列位相公将至,故遣我归取酒肴耳。'众异之。既至,问曰:'先生何以知某等之将至也?'先生曰:'诸君在途,某人敲冰洗手,某人刻竹纪诗,皆如目击,众益大骇。盖无事则定,定则明,故能心通,岂他术哉!"同年十二月,蔡宗兖同徐爱、朱节赴京城会试,王阳明有《别三子序赠别》:"今者三子者为有司所选,一举而尽之⋯⋯三子行矣,遂使举进士,任职就列,吾知其能也,然而非所欲也。使遂不进而归,咏歌优游有日,吾知其乐也,然而未可必也。天将降大任于是人,必先违其所乐而投之于其所不欲,所以衡心拂虑而增其所不能。是玉之成也,其在兹行欤!三子则焉往而非学矣,而予终寡于同志之助也!三子行矣。'沈潜刚克,高明柔克',非箕子之言乎?温恭亦沈潜也,三子识之,焉往而非学矣。苟三子之学成,虽不吾迹,其为同志之助也,不多乎哉!增城湛原明宦于京师,吾之同道友也,三子往见焉,犹吾见也已。"

正德七年(1512)六月,山阴县令张焕考满进京,告知王阳明,蔡宗兖归山阴,朱节赴金华,有信札致慰。王阳明寄蔡希渊:"所遇如此,希渊归计良是,但稍伤急迫。若再迟二三月,托疾而行,彼此形迹泯然,既不激怒于人,亦不失己之介矣。"表达了对蔡宗兖的关心。

正德八年(1513)八月,朱节向王阳明递给蔡宗兖手札,有答书,劝其一出赴南宫试:"希颜茕然在疚,道远无因一慰。闻友朋中多言希渊孝心纯笃,哀伤过节,其素知希颜者,宜为终身之慕,毋徒毁伤为也。"同年十二月,王阳明在太仆寺少卿任上,滁州赴任,蔡宗兖、朱节赴南宫春试,来滁州问学。王阳明有《送蔡希颜》诗三首,《序》云:"正德癸酉冬,希渊赴南宫试,访予于滁阳,遂留阅岁。"其一:"风雪蔽旷野,百鸟冻不翻。孤鸿亦何事,嗷嗷溯寒云?岂伊稻粱计,独往求其群?之子眇万钟,就我滁水滨。野寺同游诣,春山共攀援。鸟鸣幽谷曙,伐术西涧曛。清夜湛玄思,晴窗玩奇文。寂景赏新悟,微言欣有闻。寥寥绝代下,此意冀可论。"其二:"群鸟喧北林,黄鹄独南逝。北林岂无枝,罗弋苦难避。之子丹霞姿,辞我云门去。山空响流泉,路僻迷深树。长谷何盘纡,紫芝春可茹。求志暂栖岩,避喧宁遁世。系子辱风尘,送子愧云雾。匡时已无术,希圣徒有慕。倘入阳明峰,为寻旧栖处。"其三:"何事憧憧南北行?望云依阙两关情。风尘暂息滁阳驾,鸥鹭还寻鉴水盟。悟后六经无一字,静余孤月湛虚明。从知归路多相忆,伐木山山春鸟鸣。"这一次与王阳明待的时间比较长,一直待到次年正月。

正德九年(1514)正月,蔡宗兖、朱节告别王阳明离开滁州,朱节赴南宫春试,蔡宗兖因病归山阴,王阳明皆有诗为其送行。

王阳明一直关心、关注蔡宗兖。正德十四年(1519)二月,蔡宗兖在福建莆田任教职,与上司不合,非常苦闷,王阳明致书劝慰:"正月初二得家信,祖母于去冬十月背弃,痛割之极,縻于职守,无由归通。今复恳疏,若终不可得,将遂为径往之图矣。近得郑子冲书,闻与当事者颇相牴牾。希渊德性谦厚和平,其于世间荣辱炎凉之故,视之何异飘风浮霭,岂得尚有芥蒂于其中耶!即而询之,果然出于意料之外,非贤者之所自取也。虽然,有人于此,其待我以横逆,则君子必自反曰'我必无礼'。自反而有礼,又自反曰'我必不忠',希渊克己之功日精日切,其肯遂自以为忠乎?往年区区谪官贵州,横逆之加,无月无有。迄今思之,最是动心忍性砥砺切磋之地。当时亦止搪塞排遣,竟成空过,甚可惜也。闻教下士甚有兴起者,莆故文献之区,其士人素多根器。今得希渊为之师,真如时雨化之而已,吾道幸甚!近有责委,不得已,不久且入闽。苟求了事,或能乘便至莆一间语,不尽不尽。"

正德十六年(1521),江西巡按都御史唐龙举荐蔡宗兖任南康府教授,兼白鹿山长。檄南康府修葺学宫,遗白金以创公署。《白鹿洞书院札付石碑》,记载了其时白鹿洞书院和蔡宗兖任南康府教授、兼白鹿山长的基本状况。

王阳明《仰南康府劝留教授蔡宗兖》:"据南康府儒学申,看得教授蔡宗兖,德任师儒,心存孝义,今方奉慈母而行,正可乐英才之化。况职主白鹿,当宋儒倡道之区;胜据匡庐,又昔贤栖隐之地。偶有亲疾,自可将调,辄兴挂冠之请,似违奉檄之心。仰布政司备行南康府掌印官,以礼劝留,乃与修葺学宫,供给薪水,稍厚养贤之礼,以见崇儒之意。"

季本《奉议大夫四川按察司提学佥事蔡公墓志铭》:"既归之明年辛巳,用巡按江西监察御史唐君虞佐荐,起为白鹿洞主。首膺简命,当道者处以宾礼,盖异数也。公至,则敦复洞规,檃括田籍,一时人心莫不称快。适先师巡抚江西,遗白金若干,为创公署。公谢归府藏,因白其守增置学田,而先师不知也。过者闻之,咸者闻之,咸称为'真君子',而公自称则曰'白鹿山人'。"

黄宗羲《明儒学案》之《督学蔡我斋先生宗兖》:"正德丁卯,徐横山、蔡我斋、朱白浦三先生举于乡,别文成而北。文成言:'徐曰仁之温恭,蔡希渊之深潜,朱守中之明敏,皆予所不逮.'盖三先生皆以丁卯来学,文成之弟子未之或先者也。癸酉,三先生从文成游四明山,我斋自永乐寺返,白浦自姐溪返,横山则同入雪窦,春风沂水之乐,真一时之盛事也。横山为弟子之首,遂以两先生次之。蔡宗兖字希渊,号我斋,山阴之白洋人。乡书十年而取进士,留为庶吉士,不可,以教授奉母。孤介不为当道所喜,辄弃去。文成以为'归计良是,而伤于急迫。再过二三月,托病行,则形迹泯然。独为君子,而人为小人,亦非仁人忠恕之心也'。已教授莆田,复不为当道所喜。文成戒之曰:'区区往谪龙场,横逆之加日至,迄今思之,正动心忍性砥砺切磋之地,其时乃止搪塞排遣,竟成空过,惜也。希渊省克精切,其肯遂自以为忠乎?'移教南康,入为太学助教、南考功,升四川督学金事。林见素谓:'先生中有余养,只见外者之轻,故能壁立千仞.'"

二、江西巡按御史唐龙起蔡宗兖为白鹿洞主疏

唐龙向吏部报告,选择儒官,兼管书院事,把白鹿洞书院恢复起来。吏部准勘,批准。唐龙的报告指出:宋儒朱熹,于淳熙中知江西南康军,在唐代白鹿洞遗址上建葺书院,以为讲堂论道之所,规制大备,教化蔚然。又括聚书籍,置给田亩,相传至于今。唐龙说,我近日巡历南康府,首先来到书院,展拜先圣先贤,只见祠殿荒凉,门庑零落,牛羊散放,前后尽是农田菜园。书院的书籍都已经散失,学田也已被侵吞遗失。询问原因,主要是没有官员综合管理,每年只是南康府、星子县编金门子二名,轮流看管,以致成为这个样子。如今如果一定要设官,尤恐费事,因南康府儒学距书院仅有十五里地,但得一学行教授兼管,就可以了。然而很难找到合适的人来充当此任。最近南康府呈报所属官员姓名、角色,开注本学见缺教授。我们访得福建兴化府教授蔡宗兖,查得蔡宗兖年47岁,浙江绍兴府山阴人,中正德十二年三甲进士,由进士出身,学问深该,志行清古。为贫而仕,曲全孝友之心;以礼自防,弗为时俗

之态。诚斯文之正类，后学的楷范。如蒙乞敕吏部查议，将蔡宗兖改调南康府教授，不妨原务，兼总理书院，用修遗教。该本部查照先年题准事例，进士愿就教授者，亦照原中甲第品级。已经题奉钦依，将本官除福建兴化府儒学教授，仍支正八品俸级。仍行星子县岁另给两个人一匹马，往来跟骑，于书院田租内月另支米三石食用，以为常规。一应一司，俱要礼待勿令仆仆拜跪，以示优重之意。以后人员开缺，常于进士内慎选铨补，若能敦复风教，有光儒业，一体擢授科道，及不次升提学、佥事等官。苟废学伤教，听巡按御史奏调问黜，不废劝惩。庶百年之旧典复举，而一方之学者有依矣。奉圣旨：吏部知道。钦此，钦遵！抄出送司。

三、蔡宗兖颁布洞禁、洞规、谕士文

蔡宗兖上任伊始，就颁布书院洞禁、洞规和谕士文。

其《申明洞禁榜》云：

南康府儒学，为申明洞禁，以弼教化事。承奉本府帖文，抄蒙钦差提督学校江西等处、提刑按察司佥事邵案验，抄蒙巡按江西监察御史朱批：据南康府儒学申前事，蒙批：提学道斟酌允当，必使经久可行，以称先贤创造至意，此缴。并蒙巡按江西监察御史唐批：据该学申同前事，蒙批：提学道复议停当，径行遵照施行。蒙此，案照先据该学申前事参详问，今蒙前因，合就议拟通行。为此除将议过条件开发前来外，仰抄案回府，着落当该官吏照案备去后开事理，径自施行。内除洞书一节，候巡按衙门详示，至日通行该府并所属遵照，仍开大字板榜，悬钉洞学堂左壁，常川晓谕师生门役地方人等，一体遵守施行。蒙此，随将各条事件通行遵照，及将议过洞书一款备由呈详去后，续蒙本道案验，准总司关准江西布政司照会，蒙巡按江西监察御史石批，据江西南康府经历司呈前事，蒙批：

借取洞书,委有散失之弊。科场书籍,布政司支取无碍官钱,查照该洞书目,先期置买,听用其书。洞应禁事,宜转行李提学道版示,以为经久之计。此缴。蒙此,批,批仰抄案回府,著落当该官吏,查照先今案验事理,凡应禁事宜,即行该学版示,庶为经久,毋得违错不便。抄案依准呈来,蒙此,拟合缴报通行。为此,仰学官吏查照先今事理,即将应禁事宜,刻版悬示,庶为经久等因奉此:案照先为前事,已经通行申禀去后,今奉前因,拟合就行。为此,合行版刻告示,前去县钉白启学堂左壁,常川晓谕,各照后开事宜,遵守施行。如违,定行申究不恕。须至示者。

一、上司来视书院,皆以论道讲学为心,以培养士气为志。洞中师生迎送拜揖,毋得辄自屈膝,以负上司期待作养之意。其迎差额悉照正统间广东李提学龄旧规,以枕流桥为止。

一、本洞储忆,专以教迪士类。近年江西科场,必取洞书应用,本洞解入科场,场散领回,缺者不敢言缺,失者不敢言失,洞书残落,大半由此。且天下处处大比,岂皆藉白鹿之书乎?今后江西科场书籍,合行布政司自备,毋得辄取白鹿洞书籍,以致迷失。其有行文取讨,令洞学申报本道待报。

前件科场书籍必须布政司自备,方为久计,若取洞书,必有缺失。仰府呈巡按衙门详示,用绝弊源。后蒙巡按江西监察御史石批:借取洞书,委有失散之弊。科场书籍,布政司支取无碍官钱,查照该洞书目,先期置买听用。

一、院中书籍,考旧《志》所载,残缺遗亡者什已五六。近经兵乱,全无册籍查据。今后仰本府设立一样册籍四本,明开书籍什器,解赴本道钤印印过,留本道存照,一发本府学存照,一发付书院库子收管。庶查考有据,不致小人诬罔。仰本洞每月朔查取门库损失有无,执结。每年岁终,本学仍申本道知照。

前件依拟。

一、先贤买田积租，专以养士。近因生徒不至，将累年储积发修府、县两学，甚至他郡亦请租修学，殊失先贤买田本意。况天下在在修学，岂皆藉白鹿之租乎？今后仰本府储积洞租，专留养士，养士羡余，止许支修白鹿洞学。其修府、县两学，仰府自行措置，毋得辄支洞租，以缺养士之谷，以负先贤之志。

前件依拟。

一、征收白鹿洞租，不委老人义民，则委丞簿府幕，租谷未催，而利心先动。累年拖欠，职此之故。今后洞租在南康府者，宜用南康府清勤正官征足，其在南昌府，宜委南昌府清勤正官征足，发至南康收管，令南康府缴报本道。

前件租谷，该南康府堂上官催征，在南昌府者，亦听该府催征。如有违犯，径自提问，庶事体归一。仍行南昌府转属知会。

一、本洞教授，以训人育物为事，以养廉守耻为先。若使征收租谷，非惟势有所不行，而职亦有所不专矣。今后但委府官征收租谷，谷完之日，惟帖报教授数目，令其开列师生姓名支给。支给之日，教授眼同面斛，于本道洞租薄上亲书支数，以凭查照。

前件依拟。

一、白鹿洞户一应税茶丝正额，俱各准租完纳。近复编佥杂差，则似以先贤充役矣。今例吏员一人，尚得蠲免三丁，白鹿洞系先贤户籍，独不能蠲免差徭乎！又况田在星子者止二百余亩，若租谷准差既多，则养士者愈少。洞租在星子者止二百五十石，近准杂差祭祀租谷已去一百三十余石，所余者可见矣。今后白鹿洞户在星子者，杂差悉与蠲免；其建昌田多者别论。若恐星子邑小役重，宜就建昌通融补足。

前件依拟。

一、白鹿洞中，别无仓厫积租谷，若有士肄业洞中，使其出府领谷，山路往返几四十里，似若跋涉。合仰本府立仓洞中，将近洞田租收贮，就洞散给。其建昌、南昌二睡租谷,依旧收蓄府仓俟支。在洞租完却,凭教授开名支给。

前件依拟。若洞仓所储将尽,该府陆续运补,务令充足,以便支给。

一、大成殿诸祠宜加关锁,非洒扫参谒,不得擅自开启,以致秽污亵渎。其关锁有未备者,仰门库呈学申府取具。

前件依拟。

右榜谕众通知。正德十六年十一月初一日榜。

《白鹿洞规说》云:

朱子曰:白鹿洞规,欲使学者易见,故条列以示人耳。合而言之,博学者,学此五伦也;审问者,问此五伦也;慎思者,思此五伦也;明辨者,辨此五伦;笃行者,行此五伦也。言此五伦而务实,言忠信也。行此五伦而克谨行笃,敬也。处此五伦而气有不平,忿也。意有所私,慾也;处无所差,善也;处有所差,过也。正义不谋其利;明道不计其功,即惩忿窒欲之事。不欲勿施于人,不得反求诸己,即迁善改过之事。非出五伦之外而别有接处,非出博学五者之外而别有其功也。然合五者而总其要,则又不出此心而已。故随事而用其心,则曰博学;有问而专其心,则曰审问;即事而研诸心,则曰慎思;心昭昭而密察,则曰明辨;心存存而不已,则曰笃行。遇父子而此心恻怛,曰亲;遇君臣而此心敬畏,曰义;遇夫妇而此心不狎,曰别;遇长幼而此心克让,曰序;遇朋友而此心不欺,曰信。忿,心之猛也;欲,心之私也;善,心之得也;过,心之失也。正谊,不谋其利,明道,不计其功,心之忠也;不欲,勿施于人,不得,反求诸己,心之恕也。故孟子曰:"学问之道无他,求其放心而已矣。"张子曰:"心统性情。"朱子曰:自古圣贤皆以心地为本,皆为此也。今人但知朱子之条列,不知朱子之统会,往往泛求诸事而不内求于心。夫泛求诸事则多歧乱,是日见其烦扰而支离矣;内求于心则一本上达,日见其平易而切实矣。故今细绎洞规,发明此义,虽未敢谓能暴白朱子之至教,庶几不蔽天下之正途,诸君其与我共由之哉! 复此洞规,图示于后。正德十六年九月八日。

《白鹿洞谕士》云:

宗兖病拙东海,近荷宠命,起主白鹿洞事,是欲宗兖接天下之贤士,共相切磋而同升诸公也。宗兖初至南康,月不终日,实未能博访幽隐,而躬致造请之诚,所赖此邦之士,与人为善,但求同声相应,毋以形迹相嫌。或先告我以岩下之老,栗里之贤,四世之隐,我则能次第而请见之。或枉顾我于成德之堂、希贤之室,我则能礼下而请益之。庶几因一方之贤,而知一省之贤,又因一省而知及于天下也。宗兖自知遇陋暗劣,不足为洞中之主。顾兹庐山,秀甲天下,高配古人,名闻百世,含灵畜粹,近复百数十年。当今豪杰,必有古君子冥会而默契之者,吾方约五老以恭俟,不当因主人之愚而愚及庐山也。山川之精气,豪杰之精气,豪杰之化机,山川之化机。语其内,实与诸贤同德而并语其外,深谷足以静虑,澄溪足以洗心,郡伯馆谷足资以养善,抚、按、藩、臬诸公之崇儒重道,又足以自重而自厉。诸贤宜加之意,相帅偕来,匪直为宗兖谋也。果有野叟山童,忠信愿见者,全勿以礼貌虚文较计,宗兖固野人也。皇明正德十六年五月十三日,白鹿洞主人蔡宗兖拜告。

四、蔡宗兖白鹿洞诗和告文

初诣洞学

匡庐山载会,又复值吾生。

云海经旬雨,松门今日晴。

谷虚如有纳,山静本无争。

想见藤阴路,前贤接武行。

告周朱二先生文

发明太极,先后同志。

过化匡庐,先后同地。

一气渊源,垂范百世。

仰止遗休,理合同祀。

用陈庶羞,敬共常事。

第十章

东廓父子　白鹿致心

——王阳明弟子邹守益父子孙三代与白鹿洞书院

邹守益是真正得到王阳明真传的弟子。邹守益也是江右王学的代表。在越中流弊错出的情况下，邹守益坚持王阳明正宗，使阳明之道赖以不坠。邹守益的儿子、孙子辈也修王学，一门三代，传承不辍。黄宗羲《明儒学案》之《文庄邹东廓先生守益》云：姚江之学，惟江右为得其传，东廓、念菴、两峰、双江其选也。再传而为塘南、思默，皆能推原阳明未尽之旨，是时越中流弊错出，挟师说以杜学者之口，而江右独能破之，阳明之道赖以不坠。盖阳明一生精神，俱在江右，亦其感应之理宜也。

邹守益父子孙三代一门五杰：邹守益，其子邹善，其孙邹德溥、邹德泳都与白鹿洞书院结下不解之缘。

一、王阳明与邹守益

正德六年（1511）二月，王阳明为会试同考试官，亲录邹守益、毛宪、万潮、应良、梁谷等人。《宪章类编》卷二十二《会试》："正德六年二月，会试天下举人，合大学士刘忠、学士靳贵为考试官，取邹守益等三百五十人。"宋仪望《邹东廓先生行状》："辛未，王公由吏部主事同考会试。时主考得先生卷，甚喜，谓王公曰：'子素知文善识，此为谁者？'曰：'此必安福邹某。'先生遂冠南宫,廷试及第第三人。"

正德十四年(1519)六月,宁王宸濠反,王阳明征召邹守益从军,邹守益带着堂兄邹守泰、族弟邹守讼等四人从义军,王阳明非常高兴,称赞这是义举。耿天台《东廓先生传》:"未几,宸濠反。先生闻变,率昆季群从趋吉郡,从义起兵。王公喜曰:'君臣师友,义在此举矣!'"当时邹守益听说王阳明的夫人支持王阳明的壮举,跟随王阳明在军旅之中,非常感佩,于是也把自己夫人接到吉安,同誓国难。王阳明起兵时,敌强我弱,众议汹汹,说宸濠大势已定,义军之举白费力气。邹守益问王阳明怎么办,王阳明说:依良知而行,不计成败。邹守益在军中,受赞颇多。七月二十六日,擒宸濠,乱平,功成,邹守益作《勤王飨功颂》。王阳明一再为邹守益等人请功,邹守益以功得加俸一级。

钱德洪《征宸濠反间遗事》:"又尝闻邹谦之曰:'昔先生与宁王交战时,与二三同志坐中军讲学。谍者走报前军失利,坐中皆有怖色。先生出见谍者,退而就坐,复接绪言,神色自若。顷之,谍者走报贼兵大溃,坐中皆有喜色。先生出见谍者,退而就坐,复接绪言,神色亦自若。'"

正德十四年(1519)八月三日,林俊遣送佛郎机铳至南昌,助王阳明破宸濠,王阳明非常高兴,为作诗颂之,邹守益、黄绾、唐龙、费宏皆有和韵。此时邹守益也在南昌,在王阳明身边参赞军机,也感到非常高兴。王阳明《书佛郎机遗事》:"见素林公闻宁濠之变,即夜使人范锡为佛郎机铳,并抄火药方,手书勉予竭忠讨贼……公遣两仆裹粮,从间道冒暑昼夜行三千余里遗予,至则濠已就擒七日。予发书,为之感激涕下。盖濠之擒以七月二十六,距其始事六月十四仅月有十九日耳。"王阳明作诗咏之:"佛郎机,谁所为?歼取比干肠,裹以鸱夷皮;苌弘之血衅不足,睢阳之怒恨有遗。老臣忠愤寄所泄,震惊百里贼胆披。徒请尚方剑,空闻鲁阳挥。段公笏板不在兹,佛郎机,谁所为?"邹守益也作《佛郎机手卷为见素林先生赋》:"狂鲸掉尾豫章城,磨牙势欲啖神京。鳞鳐杂沓江水腥,怀襄汩汩东南倾。天遣砥柱屹阳明,铁壁万仞障秋冥。鄱湖一战妖氛清,坐令四海洗甲兵。见素老翁天下英,孤臣血泪滴沧溟。佛郎机铳手所试,间关远寄忧国诚。震霆一击鬼魅惊,犹向豢囚振天声。忠臣孝子气味同,发蒙振落羞汉廷。当年还记圭峰节,易箦含愤犹峥嵘。"

正德十五年(1520),武宗皇帝尚在南京,王阳明感到前途叵测。六月十八日,王阳明去赣州经吉安,邹守益与按察使司佥事李素、参与平濠的巡按两广监察御史伍希儒、吉安府推官王晔等人陪王阳明游青原山。王晔请碑刻,阳明作诗《青原山次黄山谷韵》,寓归隐志学之意,并嘱邹守益日后在青原山举讲会。邹守益和诗《侍阳明先生游青原次韵》,明追随之志。游青原山后,王阳明抵达赣州,邹守益同行。在赣州,王阳明大阅士卒,教战法;令数百童子习诗礼;与邹守益、陈九川等论学。赣州期间,王阳明正式提出"致良知"之旨。

嘉靖三年(1524)三月初一,嘉靖帝不顾反对意见,追尊亲生父母。四月二十七日,邹守益再次上书,请嘉靖帝罢尊生父之举,嘉靖帝大怒,下令锦衣卫将他抓捕入狱拷讯。五、六月间,邹守益被赦,降职为安徽广德州判官。在广德,邹守益撤淫祠,创书院,购置义田,传播阳明学,一时学风兴起,波及周边宁国、徽州、池州、太平等府,"学风至今冠江左,先生启之也"。嘉靖五年,邹守益转任南京,为了嘉奖他对地方的贡献,广德特意建生祠以祀之。

邹守益在南京三年,与王艮、湛若水、吕柟、欧阳德等聚众讲学,使南京讲学之风大盛。

邹守益一生奉行阳明学,效力乡里,成为安福地方的楷模。对地方公益,邹氏家族将其视为家族的事业。邹守益和三子邹善前曾主持修建了凤林桥,方便乡亲过往。从明代中期至明末,邹氏一门五代人,承担起修筑凤林桥的责任。他在家乡创设书院,传播阳明学;他购置义田,从事善举;他推广乡约,教化民众。他让服务地方成为邹氏家族世代相传的事业。邹守益的行动,形成了良好的家风,带动了吉安地方上士人行善的风气。

嘉靖五年(1526),邹守益在从政之余回到安福,与刘邦采等王门弟子建立讲会"惜阴会"。讲会隔月举行,每次五天。安福和吉安等地的同道闻风赶至,甚至像钱德洪、王畿等王门高足也专程从浙中赶来。惜阴会的建立,为江右王学的确立奠定了基础。王阳明听说后,作《惜阴说》,对其予以高度的评价:"同志之在安成者,闲月为会五日,谓之'惜阴',其志笃矣。……知良知之运无一息之或停者则知惜阴矣。知惜阴者则知致其良知矣。子在川上曰:'逝者如斯夫,不舍昼夜。'……知微之显,可以入德矣。……"

嘉靖七年(1528)十月,王阳明平定了广西思田之乱,这时身体已经是十分虚弱,仍给邹守益写信,与他探讨学问:"随处体认天理,勿忘勿助之说,大约未尝不是。只要根究下落,即未免捕风捉影。纵令鞭辟向里,亦与圣门致良知之功尚隔一尘。若复失之毫厘,便有千里之谬矣。世间无志之人,既已见驱于声利辞章之习,间有知得自己性分当求者,又被一种似是而非之学兜绊羁縻,终身不得出头。缘人未有真为圣人之志,未免挟有见小欲速之私,则此种学问极足支吾眼前得过。是以虽在豪杰之士,而任重道远,志稍不立,即且安顿其中者多矣。"

同年十一月,王阳明病逝于江西南安,邹守益在南京率诸门遥祭。次年十一月,在绍兴洪溪举行了王阳明葬礼,邹守益与王阳明门人千余人一起送葬。为继承王阳明遗志,邹守益与湛若水、吕楠、钱德洪、王钱、薛侃等论学,讲会不息,并在杭州建立天真书院,集同仁讲学,传播王学。邹守益还利用县内书院,为四乡会讲授阳明心学。春秋两季,则合五郡出吉安青原为大会,郡邑乡大夫都前往参加。这是继惜阴会后,江西又一个闻名遐迩的学术盛会,来自江西乃至全国的王门弟子在这里聚集一堂,探讨阳明学。在邹守益等人的努力下,青原山成为当时一个重要的学术中心。

嘉靖十七年(1538),邹守益因犯颜直谏被贬谪归乡。回到安福后,邹守益更"以觉人垂后为己任",每月的初一、十五召聚门生讲习于明伦堂,复古、复真等书院纷纷邀请他主讲。邹守益讲学言语明白简易,听者很受启悟。此时的"青原会"还在继续进行,邹守益成为青原会的主讲。

然而王门弟子也并非人人都能遵守王阳明修己正身的那一套规矩,"精进者寡,因循者众,是忽实修而崇虚谈"。为扭转这种不良学风,保持"惜阴会"的传统,邹守益作《惜阴申约》,严厉批评参加讲会的部分会友的陋习,严格要求大家:"自今以往共决除旧布新之策,人置一簿用以自考,家立一会与家考之,乡立一会与乡考之。凡乡会之日……相与虚心稽切:居处果能恭否?执事果能敬否?与人果能忠否?尽此者为德业,悖此者为过失。德业则直书于策以示劝,过失则婉书于策以示戒。其人会者亲书姓名及字及生辰,下注愿如约三字,其不愿者勿强其续,愿入者勿限时。"用以督促会友们的道德躬行。

王门弟子合作编修《王文成公年谱》,守益被推为编修总裁。然而没有等到《年谱》修成,嘉靖四十一年(1562)便因病逝世,终年72岁。

二、邹守益游庐山

邹守益(1491—1562),字谦之,号东廓,江西安福人。正德六年(1511)进士,官至南京国子监祭酒。有《东廓邹先生文集》。为王阳明大弟子,江右王门重要学人。嘉靖二十六年夏,57岁的邹守益与刘邦采等同游庐山,往返两月有余。在庐山,谒周敦颐墓,聚讲于白鹿洞书院,揭周敦颐"易恶至中"语、朱熹"凡近脱,游高明"四语、陆九渊"喻义喻利"讲义,末申《中庸》戒慎之旨。又著《学圣篇》开示学者。

耿定向《东廓先生传》:丁未,游庐山。开讲于白鹿洞,揭濂溪"易恶至中"语是圣学正脉,举晦庵"脱凡,近游高明"四语是唤醒来学趋避关头,举象山"喻义喻利"讲义是指出本心,斩绝支离葛藤,末申《中庸》戒惧不睹不闻,栽成辅相,举从中和流出,乃是学术王伯决窍云。又著《学圣篇》,略云:无狱为要,是希圣希天、彻上彻下语。古圣于逸乐声色、罔游周淫,不迩不殖,犹恻恻劝规如是,吾侪不猛洗刷而依违其中,安望其入圣域而达天德哉?

邹守益《简刘狮泉君亮》云:"匡庐往返,寝食共之,受教凡两越月。"《示诸生九条》云:"近谒莲华基,宿郁孤祠。"《复张西盘太宰》:"近出游匡庐,凝神元公及考亭象山之绪,思与二三子服膺弗失,以无负此生。"

提学副使胡汝霖约邹东廓游白鹿洞,邹守益有诗记之,其云:"先生逸驾杳难攀,踪迹多留水石间。不学长沮终避世,却如五柳只归山。坐消白月容常好,想见春风意独闲。为扫匡庐最高处,愿须清唾洗尘颜。"胡汝霖(1512—?),字仲望、青崖,号东岩,四川绵州人。历任江西布政使司左参政、太仆寺少卿、都察院右佥都御史、甘肃巡抚。

这次与邹守益游庐山的,还有林爱民。林爱民有《天池答邹东廓》诗:"古寺藤萝外,奇峰象维边。江流东入海,池水上通天。坐听空中籁,同参月下禅。竹林不可见,何处访真仙?"林爱民,字子之,一字惟牧,福建福宁人。嘉靖二十三年(1544)进士。初授户部主事,榷税九江。因忤上司,谪兴国州同知,后擢广东佥事。有《肖云集》。

游白鹿洞书院后,邹守益与刘邦采又取道瑞州归吉安。在瑞州,与当地学者况维垣及门人廖暹、瑞州府推官潘仲骖等论学。潘仲骖建尊道书院以倡学,邹守益由潘仲骖邀入书院,为作《尊道书院记》,论尊道之教,发戒惧、无欲、定性之旨。

三、邹守益白鹿洞诗文

邹守益在白鹿书院讲学,留下《示洞生四说》,其云:

> 古人从气质偏处变化,今人从气质偏处充拓。温以疗直,栗以疗宽,无虐以疗刚,无傲以疗简,具见唐虞医药。否则好仁好信,不免有蔽。故自易其恶,自至其中,乃是濂溪传千圣延年正脉。
>
> 古人以心体得失为吉凶,今人以外物得失为吉凶。作德日休,作伪日拙。方见影响,不爽奉身,物外事事整伤,而自家身心先就破荡,其不

祥莫大焉。故脱去凡近,以游高明,乃是考亭唤醒来学求福关头。

为善而舜,为利而跖。出门跬步,便是万里程途,不舜不跖,中间岂有驻足处哉!喻义喻利,洗刷深痼,乃是象山指出本心,斩绝支离葛藤。

多闻多见,犹在枝派上检点。须是戒慎不睹,恐惧不闻,端本澄源,自闻自见。故裁成天地,辅相万物,千枝万派,只从中和流行,乃是学术王霸诀窍。二三子登陟名山,景仰先哲,尚夙夜顾諟明命,无负此生。

嘉靖三十四年(1555),饶藩永丰王府辅国将军朱厚燨输田贰百九十贰亩于白鹿洞。九江分巡佥事李一瀚报于巡抚江西都御史陈洙、巡按江西监察御史吴遵,嘉其义行,有司大书"报国养贤"四字以旌之。通判黄思敬复田亩、佃甲、填图、置籍、镌石,并遣人征言于洞中邹守益。邹守益于嘉靖三十五年(1556)作此记。署名碑石者有:江西巡抚陈洙、巡按吴遵、九江分巡佥事李一瀚、南康知府李淳、同知刘东、通判王久武、黄思敬、推官任让。作者名衔为"赐进士及第、南京国子祭酒归耕石屋二洞安成邹守益"。碑存白鹿书院碑廊。

《宗潘义田记》云:"白鹿洞于四书院尤显。南唐时,给田以赡生徒。考亭请额给书,置田于谷源卧龙庄。嗣是名卿硕流宣教敦俗四百余年,岁拓代增,计星子、都昌、建昌、新建四邑凡二千三百余亩,而宗藩未有入者。嘉靖乙卯秋,饶藩永丰王朱厚燨以所置都昌柳氏田聚讼租额输田于白鹿洞,凡二百九十二亩,岁入紫阳仓租谷计四百三十二石,以养俊髦,而杜争怨,当道义追价偿,确辞弗受,于是分巡李一瀚以达于陈中丞洙、吴柱史遵,嘉其义行,有司大书"报国养贤"四字以旌之。而王判府思敬核田,田亩佃甲,填图置籍,仍镌石以垂永久。遣伻征言于洞,守益受而读之,叹曰:"是举也,昭三善焉。"高皇帝表正万邦,复二帝三王纲常,暨列圣熙熙,嘉靖我万邦,天锡纯嘏,本支百世,率履绳蹈矩,轻利而竞义,见丰芑贻谋之臧焉。藩封世禄徼福佛老,捐厚赀重宝而弗靳,兹独隆儒重道,誓守初志,以静言庸违为耻,见好善择术之端焉。当道之始也,追租给赏,据法祛奸而终也。旌淑树风,核实贻久,见敷政崇敏之周焉。是可以诏来学矣。二三子发轫之始,敬事后食,于三善可以无负,尚有光于先哲。其田亩佃甲,勒诸碑阴。

又《开先寺升黄岩》诗:"洗心玉峡水,息足黄岩石。三回开湖光,层围拥翠壁。月印双银杏,湛然天宇白。移家入莲华,畴识先民迹。"又《过柴桑观石刻》:"摩娑南山刻,裴回柴桑桥。清风天外至,何处觅尘嚣。百世旷相感,犹令鄙薄消。卜邻来种菊,日暮抱瓮浇。"又《登庐山宿德安李氏居》诗:"戴星发开先,乘月投美林。不惮晨昏劳,所尤炎暑侵。暑威止毒肤,欲根乃蚀心。绵绵澄心丹,今古几知音。"又《题东林寺》诗:"尝观三笑图,兹践三笑境。峰壑争奇胜,宛然类箕颍。逸民风已泯,尘网几能醒。谗口厌莼羹,捷手攫羊鼎。我袖龙潭云,来照虎溪影。长笑入莲华,幽意付谁领。"又《过小姑山》诗:"谁貌名山作小姑,龙门一住忘中无。山神冷笑千年上,屈指簪缨几丈夫。"又《月舟望鞋山》诗:"冯虚羽化月宫游,苍玉银盘奠上流。可是赤松遗只履,千秋云外待留侯。"又《过小孤山》诗:"洞庭彭蠡接天浮,宇宙谁将砥住留。秀夺金焦甘后拒,雄分滟预让安流。江山万象归奇览,风月百年几胜游。酹酒冯夷还共慨,蓼苹凫雁满汀洲。"

邹守益在庐山、白鹿洞还留下了不少诗作,除《白鹿洞次阳明韵外》,还有《用韵勉白鹿洞诸生二首》,其一:"往圣留奇方,六藉砭百病。谁遣甘痿痹,憧憧趋迷径。珍重二三子,咀嚼保天性。扩之医四海,寿域同宁静。"其二:"实学自屋漏,养此刚大气。化机粲鸢鱼,俯仰有真味。云胡弃至宝,宠华竞乐地。圣途本平平,驱车行可至。"又《天池聚仙亭风雨对坐》诗:"灵雨洒积尘,长风扫燥气。是谁鼓化机,树此希天职。对坐聚仙亭,澄心饫真味。千古鬲鬲域,悬想安能至。"又《圆通寺观晴川壁间韵有怀》诗:"美人题壁处,照壁炯孤灯。遥想阳春堂，苦行类高僧。白莲香丽社，黄菊价应增。午夜金鸡叫，北望瑞光腾。"又《访仙亭》诗："穿云访仙亭，客至云尽扫。群仙应爱客，山僧莫绝到。年来五岳杖，信步皆蓬岛。浩歌无去留，云归亦自好。"

胡汝霖陪同邹守益游书院，作《约邹东廓游白鹿洞》诗："先生逸驾杳难攀，踪迹多留水石间。不学长沮终避世，却如五柳只归山。坐消白月容常好，想见春风意独闲。为扫匡庐最高处，愿须清唾洗尘颜。"可知这次邹守益来白鹿洞书院，由胡汝霖陪同。

四、邹善与白鹿洞书院

邹善也曾来白鹿洞书院讲课。邹善是邹守益的第三子，字继甫，号颍泉，嘉靖三十五年（1556）进士。邹善历任刑部主事、山东督学、广东右布政、太常寺卿。邹善是江右王门承前启后的重要人物，他继承父亲遗风，所到之处兴办书院讲学，发扬光大了王氏心学。在提学山东期间，以变齐变鲁为使命，创建书院，讲学其中，致力于传播王学，改变齐鲁士风，促进了王学在山东的传播。邹善回归故里以后，更是全力投入讲学之中，每日聚讲不辍。黄宗羲《明儒学案》之《文庄邹东廓先生守益》云："善字某，号颍泉。嘉靖丙辰进士。由比部郎、藩臬使，历官至太常寺卿。"

五、邹德溥与白鹿洞书院

邹德溥《同王司理游白鹿》诗："五老青葱天半开，风泉云壑隐蓬莱。风惊翠竹侵衣袂，云挟苍松落酒杯。世外乾坤闲作主，洞中烟月澹为媒。不消歌管拌沉醉，已怪飞花扑钓台。"

邹德溥，字汝光，号泗山，邹守益之孙。万历十一年（1583）进士。因参与修《职方志》，迁司经局洗马，辅导太子，人称他"有大臣启沃风"。著有《春秋匡解》《雪山草》《匍陶吟》。邹德溥与一位姓王的南康府司理同游书院。这一带风云泉壑秀美，就如蓬莱一般。颔联进一步具体写竹松之景，生动可爱。颈联认为在此世外洞中的生活悠闲淡泊，自有乾坤作主，有烟月为媒。哪里用得着歌舞管弦，很惊奇花朵纷纷飞扑钓台，这景象就足以令人沉醉。黄宗羲《明儒学案》之《文庄邹东廓先生守益》云："德溥字汝光，号泗山。举进士，官至太子洗马。所解《春秋》，逢掖之士多宗之。掩关宴居，覃思名理，著为《易会》。自叙非四圣之《易》，而霄壤自然之《易》，又非霄壤之《易》，而心之《易》。其于《易》道，多所发明。先生浸浸向用，忽而中废，其京师邸寓，为霍文炳之故居。文炳奄人，张诚之奴也，以罪籍没，有埋金在屋。先生之家人发之，不以闻官。事觉，罪坐先生，革职追赃，门生为之酾金以偿。颍泉素严，闻之怒甚，先生不敢归者久之。"

邹德涵对王阳明从祀孔庙发挥了很大作用。万历十二年（1584），王阳明从祀孔庙之事被再次提及。隆庆年间，礼科部给事中宗弘暹请议王阳明从祀孔庙，仍没有结果。邹德涵详细阐述了从祀孔庙的理由：第一，其祖父邹守益受学于王阳明，邹氏三代恪守王阳明之学，邹德涵本人又在朝为官，于公（指朝廷）于私（指邹氏师承阳明）都主张他应该从祀孔庙，否则就是事主不忠，承家不孝。第二，从祀大儒旨在彰显正学以正人心。那些反对王阳明从祀孔庙的人不配当大儒，因为他们并不真正了解王阳明，不过是些曲儒、世儒而已。邹德涵担心天下的人心愈来愈不正，请求王阳明从祀孔庙并不是推尊个人而是为天下着想，使王阳明一人从祀可以扭转天下风气。

六、邹德泳与白鹿洞书院

邹德泳《白鹿洞次阳明韵》："巍巍插上岑，五老时隐见。盍簪俯洪流，横翠攒千巘。族聚若相谋，风波捍八面。又如出世人，坐观桑海变。日月不逗留，来往骋遽传。仰首望层霄，招邀何眷眷。名教信可乐，北山文足劝。但取登涉途,茫渺未须辨。"

这首诗步王阳明游白鹿洞所作《白鹿洞独对亭》诗韵。起头直接写五老峰之雄姿隐现。接着用了三组比拟五老峰如五位老友,俯瞰长江、鄱阳湖;又如族人相聚谋事,并抵挡八面风波;又如出世的隐士,坐观沧海变为桑田。光阴不停留,往来者就如乘车一站站奔驰。仰望层霄,五老峰招邀殷切。在书院,果真是名教可乐,有《北山移文》足可劝诚士人。只要走在攀登的途中,渺茫之处就不必去分辨。

邹德泳,字汝臣,邹守益孙。万历十四年(1586)进士,官御史。时李献可请预教大子,斥为民,德泳救之,亦削籍家居三十年。后又被荐起用,因魏忠贤当权,遂乞归。著有《湛源文集》。黄宗羲《明儒学案》之《文庄邹东廓先生守益》云:"德泳号泸水,万历丙戌进士,授行人,转云南御史。壬辰正月,礼科都给事中李献可公疏请皇长子豫教,上怒,革献可为民。先生救献可,亦遂革职。累疏荐不起。先生既承家学,守'致良知'之宗,而于格物则别有深悟。论者谓'淮南之格物,出阳明之上',以先生之言较之,则淮南未为定论也。"

第十一章

师友聚至 士心文风

——王阳明师友与白鹿洞书院

一、陈献章与白鹿洞书院

王阳明少年时就与陈献章相识。成化十九年（1483），陈献章应诏入京城，居长安西街大兴隆寺，与林俊和王阳明家比邻而居。林俊与陈白沙日日讲学于大兴隆寺，时王阳明十二岁，常常往返出入于大兴隆寺与林俊家中，对林俊与陈献章两人日日讲学已熟闻习见。

王阳明心学受陈献章之学影响良多，感情上对陈献章也敬重有加。束景南《王阳明年谱长编》：与南濠都穆讲论学问，自书程颢、李侗性理要语为座右铭，并书赠都穆以明己学。这个座右铭是王阳明由词章之学转向心性之学的标志，其以李侗"默从澄心，体认天理"作为自己"圣贤之学"的要旨，与湛若水取同一心性之学路径，都本自于陈白沙的观点。

罗侨、张诩编刻《白沙先生全集》，王阳明认真阅读稽考，有高度评价陈献章之语，王阳明《评陈白沙之学语》："白沙先生学有本源，恁地真实，使其见用，作为当自迥别。今考行事，事亲信友、辞受取予、进退语默之间，无一不合于道；而一时名公硕彦，如罗一峰、章枫山、彭惠安、庄定山、张东所、贺医闾辈，皆倾心推服之，其流风足征也。"

陈献章也有诗文涉白鹿洞书院,有《赠李刘二生使还江右诗》:"匡庐白鹿之故址,自宋考亭朱晦翁一尝作新之后,遂无闻焉。我朝文教诞敷,乡先辈翟公守南康日,始图创复旧观,潮阳李先生继之,白鹿书院之名复闻于天下。成化十七年,江西按察使耻庵陈先生,乃谋于提督学宪副钟公、佥事冷庵陈公、大参祁公,慨然以作新斯文为己任。谓予于考亭之学亦私淑诸人者,宜领教事。乃具书币,告于巡镇,遣二生李士达、刘希孟如白沙以请。同时司藩、臬诸贤咸与闻之,外则东白张先生、广东大方伯彭公、按察使闵公、吉水袁德纯,各以书遗予。云辉日映,交进衡宇。二生以诸公之命命予,予览币而惊,置书而走,走且告曰:'二生莫误! 诸公欲兴白鹿之教,复考亭之旧,必求能为考亭之学者,夫然后可以称诸公之任。使乃下谋于予,是何异借听于聋,求视于盲也。予闻之,君子之使人也由其诚,不强其所不能。诸公即居予于庐山,予所能也:居庐山以奉诸公之教,非予所能也。二生其审诸!'于是邑中闻有诸侯之使,自邑令佐以下至士庶耆老,源源而来,靡不观感。李生丰姿秀发,言论是非,不苟雷同。刘生貌恭而言慎,确有据守,俱称为东白门人也。予甚爱之,留且弥月矣,二生以诸公之命久不复,辞去。予既返诸公币,复为诗别之,所以致区区于二生,而申景仰于庐山也。是日宪副陶公过白沙,邑长丁侯、乡诸士友,各赋诗以赠。帙成,俾予序之。"

又有《复江右藩宪诸公》:"七月二十四日,仆方困暑,闭斋独卧,而李刘二生适至。书币交陈,辉映茅宇,仆再拜读书,识其所以来之意,不敢当,不敢当。匡庐五老,名山也。白鹿,名书院也。诸公,皆世伟人也,修名山,复名书院之旧,希世伟事也。仆生于海滨,今五十有四年矣,未始闻天下有如是之事。悠然得趣于山水之中,超然用意于簿书之外,旁求儒师,俾式多士,将以培植化原,辅相皇极,以无负于斯世斯民也。於乎盛哉! 昔朱文公之留意于斯也,一赋一诗足以见之,其与诸公之心盖异世而同符也。诸公读文公之书,慕文公之道,亦罔不惟文公是师也。自文公殁至今垂四百载,仕于江右者多矣,其间有能一动其心于白鹿之兴废者,谁欤? 修而复之,既去,顾如吾乡翟公李公者谁欤？文公固有待于诸公也。诸公诚念之，不宜谋及鄙人。鄙人非不欲斯道之明也，学焉而不得其术，其识昏以谬，其志弱以小，其气乏馁，其行怠肆，其文落寞而不章，岁月侵寻，老将至矣，其于圣贤之道，非直不能至而已，其所求于其心，措于其躬者，亦若存而若亡，虽欲自信自止而不可得，况以导人哉！百钧之任，以与乌获而不与童子，虑弗称乎力也，故夫天下之事，虑而作者患恒少，不虑而作者患恒多，千里之足不蹶于远途，万斛之舟不虞于大水，其才足以胜之，非不虑而作者也。使之不以其诚，任之而过其分，与自欺而误人者，其失均耳。诸公独不虑至此乎？天下有任大责重而禄位不与者，苟能胜之，则至大至通，无方无体，故能为天地立心，为生民立极，为往圣继绝学，为万世开太平，所谓建诸天地而不悖，质诸鬼神而无疑，百世以俟圣人而不惑，此其分内也。宇宙无穷，谁当负荷？伏惟诸公念之虑之，勿迁惑于众口，期匹休于先贤，收回束币，更聘真儒，俾诸士子有所效法，以无负于今日之意也。幸甚，幸甚！"

又有《送李刘二生还江右用陶韵》诗二首，其一："夜闻桂树芳，晨起山鸟喧。客从远方来，历我阶西偏。手持诸侯书，征会在匡山。我愿结其人，遂往不复还。滞形宇宙内，俯仰独何言。"其二："中年见二子，楚楚西江英。问讯徐苏里，千年有余情。开樽对冥月，高歌亦心倾。胡为别我去，感此秋蛩鸣。赠处各有言，慨然尽平生。"

成化二十一年(1485)，陈白沙弟子张诩举进士，与王阳明相识。

二、娄性与白鹿洞书院

娄性与王华、王阳明父子都有交集。娄性与王阳明父亲王华同一年中进士，又同一年出生，两人交谊深厚。弘治九年(1496)六月，娄性挂冠归乡，王华、王阳明请娄性至家作客，作《白驹联句》诗饯行。《半江赵先生文集》卷十二《白驹联句引》"白驹联句者，春坊谕德王君德辉饯其娄君原善于私第，席上诸公话别往复之作也。诗凡十七首,题之'白驹'者,取《诗》人'絷之维之,以永今夕'之义,惜君之遂去,而幸君之少留也。盖娄君以进士历官南京兵部郎中,直道自将,勇于有为,权臣疾之,竟坐落职。久之,公论渐回,遂得冠带归田。而德辉,君之同年友,且同甲子,相善也,故有是会。"同时在坐作陪的有:春坊中允张天瑞,赞善费宏,翰林编修徐某,检讨毛纪,刑部副郎傅日彰,吏部主事杭济。

娄性有《白鹿洞学田记》:"白鹿洞书院,乃紫阳朱夫子集士讲道之所。士之饔飧,有田十五顷,世遭兵燹,院毁田沦,无籍可稽,莫知疆亩所在。迨我朝崇儒重道之典兴,更历多贤,院创殿庑堂斋数十楹,而田则不及二顷。典学宪佥东广苏君伯诚,督理院事,悯栋宇卑隘,且就倾圮,谋诸待御王君元善,同寅陆君用节、沈君廉夫、沈君文进,乃属郡守刘君邦泰,撤其故而一新之。楹以百计,材美工良,仑奂之丽,数倍于前,较之淳熙之盛不多让焉。十三郡士慕风云集者,不远千里而来,凡五百有奇,岁入租二百余石,罄于鸠工之费,士皆裹粮,无他贮以给之。三阅月,家单不自赡者日辞去。苏君又谋诸侍御陈君东衡,以养士不可无田,无田是无院也。适郡之开先寺僧为徭役所并,称贷不足,乃出田四顷六十余亩求售焉,陈君计直偿之。继而泗洲寺亦开先寺之故,出田求售,数缩十之一,陈君知为沃壤,偿之倍其直。经营贸易,则藩贰守重玉、林节推伯材之勤焉。共几十顷,悉归之于院,以为养士久远之需。直出公帑羡余,官民无预,苏君惧夫世迈年湮,冈保厥终,乃磨石四通,命予记之,并列田税籍以隶与其顷亩之数于碑阴,一树之院堂,一树之郡斋,一树之察院行台,一树之典学分司,为千万年计也。"

弘治十年,娄性主白鹿洞书院,来学者五百人。

苏葵《白鹿洞谢娄山长惠蕨菜》诗:"偶入匡庐山,山深远城市。呼童采山蕨,未采颊先哆。远怀西山翁,默谈自拊髀。先生信有道,菜根不离齿。行厨绝鲜腴,茎茎蓄甜旨。形存小儿拳,色压荷袷紫。曝濯古有方,囊贮今无底。诚为吾儒珍,勿以御冬比。分惠胜十朋,自督疱人庀。顾鱼与熊掌,虽美类西子。争如麻姑仙,清风白云里。何时返吾庐,脱却江湖履。吾庐近罗浮,采薇浩歌起。移根植蔬畦,抱瓮云亡鄙。桎梏天地间,肉食有遗耻。长啸向秋山,山灵应莞尔。"又《寄娄元善正郎二首》,序云:"娄,江西上饶人,时家居,修鹅湖书院。予在江西日,曾请为白鹿书院山长。"其一:"先生风致古英豪,枕流漱石烹溪毛。汪汪学海人宏道,滚滚词源仆命骚。汉最足称徐孺子,禹无能屈伯成高。匡庐旧雨三更话,万里青天漫郁陶。"其二:"得归不归公笑谁,巴西羁客鬓毛衰。文章谆谆曾何补,原委深深竟未窥。五万买鞭缘外饰,再三求签为中疑。行藏地僻无龟鉴,长忆庐山剪烛时。"

苏葵(1450—1509),字伯诚,别号虚斋。广东顺德人,成化进士,官至福建右布政使。因谗言出任江西提学佥事,提督学政。镇守太监董让作威不法,苏葵坚守气节,被董让诬告。明廷遣法司盛洪等临治南昌,盛洪欲刑,诸生百人拥入扶苏葵去。事情真相大白,增修白鹿书院,置学田。改任四川,因朔望讲堂,与诸生研求正心诚意之旨。修饰大益书院,择文行之尤贤者读书其中,贤声丕著。正德六年(1511),李梦阳将苏葵列入白鹿洞先贤祠。

三、林俊与白鹿洞书院

束景南《王阳明年谱长编》:成化十八年(1482),王阳明在京师,结识林见素、林俊兄弟。林俊和王阳明家比邻而居。林俊与陈白沙日日讲学于大兴隆寺,王阳明往返出入于大兴隆寺与林俊家中,听闻林俊与陈献章两人讲学,心悦诚服。王阳明《与林见素》:"执事孝友之行,渊博之学,俊伟之才,正大之气,忠贞之节,某自弱冠从家君于京师,幸接比邻,又获与令弟相往复,其时固已熟闻习见,心悦而诚服矣。"正德十二年(1517),林俊有书信致王阳明,遣其子林适拜王阳明为师。王阳明有答书,云:"执事中立时行,运醇镇躁,以大收儒效,少违枘凿,将欲委唾残弃之,其不诚知轻重大丈夫哉?"

林俊与王阳明有诗唱酬,有《赠次峰次阳明韵二首》,其一:"假寐官斋作晚晴,雷阳何意动先鸣。眼间世事只如梦,海上风涛故未惊。沃壤不殊忘在客,好山无数重兹行。圣皇孝理崇尧舜,驿使传来是吉声。"其二:"如面人心岂尽齐,危微精一属参稽。四儒殁后留遗响,七圣途穷待指迷。海邑言游今礼乐,越裳职贡旧航梯。桃源此去无多路,老爱相从是建溪。"

林俊比王阳明年长20岁,成化十四年(1478)进士,比王阳明的父亲王华还早一科。王阳明战宸濠时,林俊赋闲在家。正德十四年(1519)六月,王阳明大战宁王宸濠,林俊范锡为佛郎机铳,遣仆间道冒暑行三千多里,遗送王阳明,助其破敌,可谓雪中送炭。《王阳明全集》卷二十四《书佛郎机遗事》:"见素林公闻宁濠之变,即夜使人范锡为佛郎机铳,并抄火药方,手书勉予竭忠讨贼。时六月毒暑,人多道渴死。公遣两仆裹粮,从间道冒暑昼夜行三千余里以遗予。"是年八月三日,林俊遣送佛郎机铳至,王阳明非常高兴,为作诗颂之,邹守益、黄绾、唐龙、费宏皆有和韵。正德十六年(1521),林俊起用工部尚书,有书致贺。林俊有答书:"适闻召命北上。天子仁圣,郡贤和会,诸老之弼亮不孤,泰平召致今日矣。"嘉靖元年(1522)二月,王阳明父亲王华去世,林俊派遣使者来绍兴吊孝,并有书致谦:"当时右军,殆未识此,委尽以留余造化,身有余荣,朝有余誉,而有余思,所谓无憾者,非公谁邪?某忝通家,道义薰炙,怅旧德以永违,拜遗容其无日。呜呼哀哉,尚飨!"嘉靖四年(1525)八月二十五日,已经致仕的原刑部尚书汪俊疏荐王阳明辅政,朝廷未予采纳。《明世宗实录》卷五十五载,嘉靖四年九月辛巳,致仕刑部尚书林俊疏言:"臣又见去岁以来旧臣谢迁殆尽,朝著为空。伏乞圣明留念,既去者礼致,未去者慰留,与二三大臣时加延接。又有顾德重望如罗钦顺、王守仁、吕柟、鲁铎辈,乞列左右,以裨圣德,图圣治。臣衰病待尽,无复他望,诚念受四朝恩厚,未曾为报,敢效古人遗表之义,敬布犬马之心……"

林俊《白鹿洞赋次文公韵》:"浮鄱阳之巨浸,沂星子之名疆。宣启逢以遐瞩,森五老其孔良。怀揽结于神秀,维舸舰于横塘。戒征夫以前路,策予马于山之冈。感炉锤以陶铸,揖真宰于鸿荒。嵥东南以孤峙,荟鬐鬷于众芳。饫太清于沉瀣，又奚慕夫五更周序而殷庠。粤二龙之寄傲，睨云壑以洸洋。淡虚止以超旷，斡元枢以潜运，缅元和之罗致，竟玉收而砆混。盼鸿鹄以高举，抚白鹿而肥遁。回劝驾于拾遗，劳朋友之敦问。羌徙迹于东都，幡附章而汇进。惟紫阳之肇守，右儒术以罔倦。缔颓址于荆榛，失缮葺，复奚孙。饬藏修于地所，揭要领于前论。既广贻夫士廪，亦载勤夫御书。俨圣贤于遗像，条规范于伟模。授纪成于秘阁，假休沐于咨诹。振风雩之逸响，循孔步而颜趋。朗人文于奎曜，恢正学于永图。嚼遗言于敬义，怳面语而勤渠。怅日月其滋久，洞莽苍以靡除。睠余生之伊晚，窃心慕而企符。悼梁木之宿颓，偕章缝以后集。噫坠绪其茫茫，恶德门之望入。幸来复其未远，矧日力其犹给。砺针石以起痼。岂濂洛闽关之莫缉？谨濯雪以刮膹，奚弊弊夫末习。凤遵轨以信迈，觊百一其有立。惟格人之可起，委厥鞭其愿执。冀濡染于幽馨，仰前修于掇拾。乱曰：圣泽泓澄，砾鸣璆兮。云章焕烂，柯蜷樛兮。含真嗣徽，蒙化游兮。爰濯其缨，枕寒流兮。衽裾容与，乐消忧兮。浮云物外，泊吾生以奚求兮！"

又《游白鹿洞》诗："碧龛容小坐，心远异人寰。午尽初收雨，云还未到山。冠裳五老后，俎豆三贤间。致道深诸子，炉峰亦此关。"

又题大门楹联："千古余波流圣泽；四周深翠护儒关。"

林俊（1452—1527），字待用，号见素，晚号云庄，福建莆田人。成化进士，官至刑部尚书。在任江西巡抚期间，宁王宸濠贪暴，侵害民利，林俊屡次抑制。林俊与吏部尚书林瀚、都御史张敷华、祭酒章懋交谊笃好，四人为官严正，直言敢谏，称"南都四君子"。明史评价他："俊历事四朝，抗辞敢谏，以礼进退，始终一节。"

四、罗钦顺与白鹿洞书院

王阳明与罗钦顺以及他的弟弟罗钦德都有交往。弘治十二年（1499）五月，王阳明返京师，观政工部。与罗钦顺、罗钦德相识，三人多有唱酬论学。罗钦顺《祭大司马王阳明先生文》："夙钦风义，交游以世，气味攸同。官邸论文，不在勇尊之酒；归途讲学，犹存隔岁之书。"王阳明与罗钦顺弟罗钦德同一年中进士。

正德五年（1510）三月，王阳明谪戍期满，任江西庐陵（今吉安）知县，经罗钦顺家乡泰和，造访罗钦顺和他的父亲罗用俊，罗用俊赠诗送别。其时罗钦顺罢官归里。王阳明《寿西冈罗老先生尊丈》，赠罗用俊："蠹赋归来意洒然，螺川犹及拜诗篇。高风山斗长千里，道貌冰霜又几年。曾与眉苏论世美，真从程洛溯心传。西冈自并南山寿，姑射无劳更问仙。"

同年十二月，王阳明升任吏部验封清吏司主事，罗钦顺有诗送别："厄庐联句佛灯前，云散风流顿十年。曾见山东题小录，又闻瀛海遇真仙。一封朝奏心徒切，万里生还命有悬。今日仕优仍好学，独携书卷去朝天。"《国榷》卷四十八："正德五年十月庚戌，复罗钦顺仍南京国子司业。"是罗钦顺与王阳明相约同时来南京任职。罗、王两人十年后再相见，也就是诗中所说的"云散风流顿十年。""曾见山东题小录"，指的是王阳明主山东乡试。"又闻瀛海遇真仙"，指王阳明当年谪戍之前投江游海遇仙的经历。"一封朝奏心徒切"，是指王阳明抗疏救戴铣、牧相等。"万里生还命有悬"，指的是王阳明谪戍贵州龙场驿。未见王阳明回诗，但王阳明有一首《古道》，想是对罗钦顺赠诗的回答："古道当长坂，肩舆入暮天。苍茫闻驿鼓，冷落见炊烟。冻烛寒无焰，泥炉湿未燃。正思江槛外，闲却钓鱼船。"

正德九年（1514），任南京太常少卿的罗钦顺常与王阳明论学，不合。时王阳明任南京鸿胪寺卿。罗钦顺《与王阳明书》："某无似，往在南都，尝蒙诲益。第苦多病，怯于话言，未克倾吐所怀，以求归于一是，恒用为歉。"

又有《游白鹿洞》三首，其一："偶寻白鹿洞中春，初识庐山面目真。双瀑下垂深岁月，五峰高耸切星辰。笃生豪杰宁无继，雄镇江湖合有神。安得结茆当绝顶，此生长作看山人。"其二："肩舆晨发路逶迤，树老山深日上迟。古洞有名传白鹿,斯文无恙仰先师。瓣香喜遂平生愿,遗刻贪寻绝妙辞。指点重劳贤别驾,不妨深酌更题诗。"其三:"断冈深谷少人行,逢著山花不识名。水满稻田群鹭下,林藏茅舍一鸡鸣。儒冠夹道仪俱肃(时郡学及星子、都昌二学有生员九人读书院中,在独对亭前迎候,皆秀朗可喜),石刻临溪字半明(将近书院,道旁涧中皆巨石挺立,往往深刻大书,所可见者'白鹿洞''鹿洞''风泉''流雨''文行''忠信''流杯''听泉',凡数十字,盖有文公先生遗笔焉,其晦而不见者尚多有之)。追省旧游多漫浪,斯文今日最关情。"

罗钦顺(1465—1547),字允升,号整庵,江西泰和人。弘治六年(1493)进士,官至南京吏部尚书,谥文庄。明代著名哲学家,"气学"代表人物之一。

五、吕柟与白鹿洞书院

吕柟与王阳明是朋友,但两人观点不合。吕柟对王阳明以致良知教人,持一定批评态度。正德六年(1511)十一月,吕柟时来问学,与讲《论语》,不合。吕柟《赠玉溪石氏序》:"昔者予之守史官也,阳明王子方在铨部,得数过从,说《论语》,心甚善之。后阳明子迁南太仆及鸿胪,而予再以病起。当是时,穆伯潜为司业于南监,寇子惇为府丞于应天,尝寄书于二君曰:'阳明子讲学,能发二程之意,可数会晤也。'比予再告且谪,而阳明子官益尊,道益广,讲传其说者日益众,然视予初论于史官者颇异焉。于是日思见阳明子以质疑,而未获也。及改官南来,而阳明逝矣。"正德七年(1512),徐爱之父徐玺随徐爱进京城来向王阳明问学,吕柟特为作《古真先生传》,其云:"古真先生,姓徐氏,名玺,字克用。浙江余姚人也。生而介特严正,不习淫媚。尝为吏,亦不能吏行,终亦弃吏不仕,安于贫贱。"

吕柟有《新辟白鹿洞记》载,白鹿洞地处庐山五老峰东南丘陵起伏的河谷小盆地,所以称洞,是因周围高昂,中间低凹的缘故。白鹿洞书院所在地本无"山洞""石洞"之类的洞穴。今明伦堂后之"白鹿洞"系明代好事者所为。建洞时间自明代至今曾有不同的记载。一说始于正德间,一说始于嘉靖间。本文指出其始建时间为嘉靖九年(1530),而王溱《新辟石洞告后土文》开首亦称"维嘉靖九年岁次庚寅二月壬戌朔越二十有三日甲申,南康知府王溱谨以特醴之奠为文告于白鹿洞之社。"

王溱,在整修白鹿洞书院的同时,凿洞于明伦堂后,刻湛若水《四勿总箴》于洞壁,立湛若水《心性图说》于碑屏,又刻《礼教仪节》等书以为教材。《新辟白鹿洞记》为吕柟应同知马朋之请而撰。记存嘉靖、万历两部《白鹿洞志》中。

吕柟(1479—1542),字仲木,号泾野,陕西西安人。正德三年(1508)状元,官至南京礼部右侍郎。刘瑾因吕柟是同乡,想要招揽他,吕柟坚决拒绝。又因西夏事,上疏请求明武宗入宫亲政,潜消祸本。刘瑾厌恶他耿直,欲杀之,吕柟称病而去。吕柟师从薛瑄,得到薛瑄的真传,学以穷理实践为主。在南京做官时,吕柟与湛若水、邹守益主讲。出仕三十余年,家无长物,终身未尝有惰容。

六、丘濬与白鹿洞书院

丘濬《赠友忆白鹿洞》诗:"匡庐古名邦,山水多幽胜。香炉生紫烟,彭蠡涵明镜。民淳风俗古,地僻嚣尘静。昔贤过化处,草木皆可敬。横经讲道余,无事一游咏。"又:"游泳何所适,白鹿有遗基。近闻乡先达,起废重构之。突兀有新宇,剥落多古碑。千载紫阳翁,垂训留明规。古称敩学半,曰此以为师。勖哉毋自画,圣贤皆人为。"

海南人丘濬为师后高中状元,仕致宪宗、孝宗、武宗三朝,为孝宗进讲。武宗时,移为南京吏部尚书。因得罪宦官刘瑾,被抓住参与预编《大明会典》中的小谬误,迫使恩师王华致仕。直到三年后(1510)八月,刘瑾事败被诛后,王华才恢复原官。

高中状元入朝为官的父亲王华进京,因拜入理学大师丘濬门下,故深受

"程朱"理学"读书是为了学做圣贤"之影响,并对其子王阳明授学。然,从小顽劣的王阳明却不喜念这些枯燥的圣贤书。直至 11 岁时随状元的父亲在北京供职,他才随祖父来到北京。不仅拜见了宗师丘濬,而且,父王华经常讲述丘濬小时候穷到买不起书,靠着借别人的书博闻强记等少年励志的故事,于次年在书馆就读时,他才确立了以天下人"读书做圣人"为"人生第一等事"的做理学大师的志向。

从这个角度,王阳明的心学思想的集成,渊源于理学名宗丘濬,无可厚非。

七、夏尚朴与白鹿洞书院

夏尚朴有咏白鹿洞书院诗,其序云:"南昌莫司训偕诸生奉抚按藩臬诸公命聘予掌白鹿洞教事,予以疾弗克承命,用靖节贻周续之祖企谢景夷三郎韵赠之",其云:"谢病卧郊居,养拙聊自欣。门违长者辙,每见樵苏人。岂忘庐霍游,相望邈无因。君携二三子,远自何方臻。诸公有嘉命,旷世一再闻。鹿洞非马队,礼币何殷勤。柴桑有故墟,况与庐阜邻。负疴弗获往,梦想星渚滨。"

正德十六年(1521)六月,王阳明致书夏尚朴,论心学之要:"不见者几时,每念吾兄忠信笃厚之资,学得其要,断能一日千里。惜无因哑会,亲睹其所谓'历块过都'者以为快耳。"

又有《复高宪台请主白鹿洞书》:"奉别已久,无任怀想。远承专使走山中,赐之手书,且审比来起处清胜为慰。书中称许过情,且谕以抚按诸公之意,此必出于执事缪荐,三复感愧不已。夫鹿洞乃昔贤讲道之所,事之废兴,关系斯文不小,必得其人如朱夫子及近时胡敬斋者主之,必能讲明斯道,以淑来学。顾仆何人,可以尸此责耶。仆资质庸下,志气昏惰,加以近年多病,旧学日就荒落,安有践履之功,自得之趣,如来书所云。方将谢绝素所往来,温理旧习,默养吾诚,庶求不负初志,安敢强承诸公之命,抗颜师席,哓哓多言而欺人哉。此实不肖之心,非执事莫能照察也。抚按诸公处,望力赐一言,使得遂所辞。于未命之先,免塵来使,重取方命之罪,尤见执事知爱之深矣。力疾草草布此,不罄所怀。"

又《再复高宪台书》:"近承专使惠书,遥致抚按藩臬诸公之命,使主白鹿洞教事,生以薄力,不足以当此责任之重,已作一书奉复,冀平昔知己必能恳恳诸公之侧,使得遂所辞矣。不意复蒙敦遣教官莫华同生员熊梅等四人,远奉书币到山中,礼意诚恳,若终不予释者,岂不肖平昔深情厚貌欺执事,致执事误诸公耶?三复来教,渐悚不已。生旧游郡人娄一斋之门,粗闻儒先绪论,既而一斋云亡,蜷伏穷山,绝无师友,中间虽薄游两都,得数君子,寻以病归,因循荏苒,老大无闻,求之身心性情之间,可作可愧者多,特执事得之倾盖之顷,未能深察此耳。至于六经子史,皆学者所当理会,亦以病废学,皆未涉其源流闻见,孤寡尤为可耻。以此学问,使登师席,以应诸生之求,得不欺人自欺,误人自误,有负诸公之命哉!生旧有痞疾,去岁承乏惠州,度岭疾作,遂将文凭托韶守转缴,今退未几,旧疾未瘳,遽勉强承命数百里之外,倘徉容与于弦诵山水之间,此于事体,犹有未安,执事知我爱我之深,能不虑及此乎?况近来血气尤觉衰减,每遇天阴,骨节酸疼,殊不可忍。庐山风高,尤非衰朽所宜,即欲舆疾往三衢,寻医调理,冀少延残喘。倘有再命之将,弗获躬俟敝庐,必且获罪诸公,而相知如执事者,恐亦不能逭其责矣。伏乞诸公处极力一言,使生得遂所辞为幸,且使洞中诸友知有夏某者,虽不足以膺嘉命,然能知耻自守,亦不失为恬退之士,于洞中风化,不为无少助也。谨将礼币奉复,并遣小儿贡赍此以布下怀,无任悚息待罪之至。尚朴再拜。"

又《复陈都宪书》:"伏蒙命有司具礼币,敦遣教官莫华、生员熊梅等,远降敝庐,令主白鹿洞教事。奉命无任惭悚。此洞乃昔贤讲道之所,当此废坠之余,欲聚江右英材而教育之,此为政第一义也。必得天下第一流人物,乃足以当之。顾生何人,可以承命?且生旧有痞疾,不时举发,虽欲趣命,有所不能,谨将礼币托原教官上纳霜威之下,不敢尽言,恐重取方命之罪。谨具疏托高金宪与达下怀。伏乞俯赐矜宥万万。"

又《复提学徐伯和书》:"近蒙敦遣礼币到山,无任感激。曾具状遣儿侄奉谢,量已达台听矣。仆以病足,弗克躬诣行台一拜,方虞得罪左右,乃蒙复赐手书,副以《陆宣公奏议》二册,拜领尤用感愧。承约为白鹿洞教主,敢不蹑属相从,第念素缺探讨复行之功,老大无闻,徒以虚名误辱诸公之知,方窃愧耻之不暇,安能从公遨游其间,以得之口耳之末者,以诳来学,重为斯文之玷耶?兼之庐山峰高,入春云气湿蒸,尤非病骨所宜,幸托神交,必能照亮及此也。近来士风已不可言,执事视学之初,稍加振作,人心悚惧,风闻已四达矣。愿公益加淬砺,默养吾诚,岂直江右士风为之否变耶? 草草冒昧及此,无任悚息待罪之至。"

夏尚朴,字敦夫,别号东岩,江西永丰人。从学于娄一斋谅,又游于王阳明、湛若水之门。登正德辛未进士第。历部属、守惠州、山东提学道,至南京太仆少卿。刘瑾擅政,遂归。王阳明赠诗,有"含瑟春风"之句,先生答曰:"孔门沂水春风景,不出虞廷敬畏情。"传主敬之学,谓"才提起便是天理,才放下便是人欲"。魏庄渠叹为至言。

八、杨廉与白鹿洞书院

杨廉有《游白鹿洞书院次朱子韵》诗:"思游白鹿已多年,始得眠云与听泉。足日尚多遗胜概,图经犹得考新编。朱翁像古千秋在,书院名香四海船。此地分明宜静学,红尘何事慕腾骞。"又《白鹿书院留别野亭》:"鄱湖浪楫为谁停,鹿洞先生饱六经。夜卧喜联泉上榻,午吟便坐石边亭。升沉琐细同春梦,议论源流是过庭。水石清幽莫相负,好将陶冶答山灵。"

杨廉与王阳明友谊固厚,讨论也烈,观点不同,各持一端,往来辩疑,屡有交锋。正德十五年(1520)八月,饶瑭来南昌问学,携杨廉书奉王阳明,与其论学、论去留。是年十月,杨廉又有书致阳明,论学不合。杨廉《与王伯安书》

（三）："近世无讲此学者，只有役志举业，词章而已。至执事立吾道之赤帜，甚盛！但精微之际，最难著语，程子所谓'如扶醉人者'是也。至于所讲，尤宜平心易气同，若矫枉过正，恐又堕于一偏，将来只成一家之学；须百世以俟圣人与圣人后不易吾言，乃是。某抱迷守愚，平生惟程朱是信。"

杨廉（1452—1525），字方震，号月湖，一号畏轩，江西丰城人，成化进士，官至南京礼部尚书。杨廉与罗钦顺友善，研究居敬穷理之学，文必根六经，自礼乐、钱谷至星历、算数，具识其本末。学者称月湖先生。与王阳明有相左，但不影响其友谊，王阳明对他的评价是："君子有用之学者以此平生。"

九、程敏政与白鹿洞书院

程敏政曾考合朱、陆二家始异终同之说，成《道一编》六卷，发王阳明《朱子晚年定论》先声。

王阳明与程敏政的交集是在弘治十二年（1499）。这一年，两个闻名当世的江南才子唐伯虎与王阳明也有了一段特殊的交集，那就是这一年的科考舞弊案。这个案件是唐伯虎和王阳明人生中的重要经历。因之，唐伯虎被罢官为吏，自此终日诗酒，漫游名山大川，以卖画为生；而王阳明本有希望获得第一名终不能获，后又落第，终至被贬悟道。这一届的主考官是礼部侍郎程敏政和大学士李东阳，王阳明答题立意高远，主考官程敏政看后击掌称快，禁不住对李东阳和同僚赞道："只有南直隶的唐伯虎，才能写出这样的好文章来。"试卷姓名是密封的，程敏政并不知这篇文章出自王阳明之手。程敏政因涉嫌泄题勒令致仕；唐伯虎涉嫌作弊，取消功名，不得为官，授以浙江小吏。这次会试，王阳明躺着中枪，虽中了进士，但因受科考舞弊案影响，李东阳等考官不敢把误认为是唐伯虎、实为王阳明的考卷评为第一。

程敏政有《赠淳安丁尹炼》："白鹿重开讲院基，多君曾此服遗规。学分朱陆心能辨，迹比龚黄事可知。客路杯长留坐久，邻封情厚发船迟。青溪坊下人行处,他日来看德政碑。"丁炼,字质纯,江西丰城人,成化十五年任淳安知县,曾主白鹿洞书院。

程敏政《送敖太史静之赴江西提学宪副》:"乡榜曾传第一人,词林相见十经春。史堪朱墨抢才久,服称金绯荷宠新。官向洪都分宪节,化从殷序播恩纶。巡行不用申条约,白鹿遗规有翠珉。"江西提学副使,直管白鹿洞书院。

程敏政有《重建贯道桥记》:"白鹿洞书院前有门曰'贯道门'。南数武,有石桥跨涧,亦以门名。考郡《志》,书院有石桥三:曰'流芳',曰'枕流',曰'贯道'。而国初金华王公祎《游书院记》云:书院毁已十五年,树生瓦砾间,大且数围。前有石桥,曰'濯缨',曰'枕流'。书院所存者独此二桥,而不及'贯道',盖其废久矣。天顺戊寅春,余修书院,往视,适乡贡进士李昊与其徒数人读书院中,请于余曰:'是桥值贯道门,实书院正路也。修书院不可不复此桥。'乃合桥近居民觅圮石于涧,得三之二,喜曰:'是易尔。'又得石工,庐陵张文祯,欣然以为己任。经始于二月庚子,再越月而成,视旧加高三尺有奇。下有巨石,恐其阻涨水而有损于桥也,徙而去之。并塑先圣、四配像于礼殿,李、周、朱三公像于前祠,而书院之观悉复其旧矣。吴复请曰:'旧有桥记,镌于石板,而凿岩石以陷其中,盖文公亲笔也。近为人剜取以去,识者惜之。公既修是桥,不可不补是记以遗来者。'乃书其岁月以遗之云。是桥之费用,白金十两,秫米一石有奇,夫匠三百余工。竭力相成者,同知成都喻君铭、通判济南孙君智、推官嘉定张君应选,而董其事则司狱桂林卢思聪云。"

程敏政(1446—1499),字克勤,中年后号篁墩。安徽休宁人。10岁时,以"神童"被荐入朝,由皇帝下诏,就读于翰林院,成化二年(1466)中一甲二名进士,为同榜三百五十余人中最少者。历官左谕德,直讲东宫,学识渊博,为一时之冠。孝宗嗣位,擢少詹,直经筵,官终礼部右侍郎。后涉徐经、唐寅科场案被诬鬻题而下狱。出狱后,愤恚发痈而卒,赠礼部尚书。晚年虽遭大狱,于廷辩之时,亦神色自若,言动如平日。于书无所不读,文章为一代宗匠。

十、其他师友与白鹿洞书院

1. 徐琏

徐琏有《游白鹿洞》诗："野径崎岖转,丛筠入院清。临山看树色,隔涧闻泉声。洞古苔生绿,堂空月映明。先贤传道地,仰止不胜情。"又有《南康道中》诗："半岭近南荒,旬宣野兴长。穿桥溪水溢,夹路稻花香。山霭消岚翠,松风扇晚凉。征科民业苦,时弊更堪伤。"徐琏(1468—1544),字宗献,号玉峰,陕西大荔人。弘治进士,官至江西左布政使。弘治十二年(1499)进士,与伍文定同年。任江西袁州知府时,跟随王阳明,与伍文定一起讨伐朱宸濠,获首功。事定,升任江西右参政。明世宗录功,各增秩二等。

2. 陈霖

陈霖有《游白鹿洞》诗："昔年文运此方回,郡守崇儒辟草莱。白鹿有名人已远,青山无恙客还来。鸢鱼道妙穷壤内,图画天开紫翠堆。谁起晦翁箴后学,石间条教半莓苔。"陈霖,进士,两任南康知府。南康府城原为土城,正德七年,知府陈霖始筑石城,设五门:东门浔阳、南门彭蠡、西门建昌、北门匡庐、小西门星子。

3. 蔡清

蔡清曾任江西提学,巡学白鹿洞书院,作《告夫子文》："维正德丙寅八月二十四日,巡视学校江西按察司副使蔡清,兹诣白鹿洞书院,敬谒先圣孔夫子之灵,而不能已于言曰:'未有夫子之前,则有太极,而后有天地、有人物、有群圣也。既有夫子之后,则有夫子,而后有天地有人物有群贤也。'夫子之道,塞乎两间,兹山有庙,亦固宜然。惟夫子灵兮,远而求之六合之内,六合之外,近而求之,随求而在,圣灵惟真。呜呼!圆颅方趾,夫孰非人,夫孰非知有吾夫子之人?尚飨!"蔡清(1453—1508),字介夫,号虚斋,福建晋江人。蔡清虽与王阳明理念不是同道,但与蔡有交集,在对宁王朱宸濠的问题上,也是惺惺相惜。成化二十年(1484),蔡清中进士。初归家讲学,后授礼部祠祭主事。为江西提学副使,在任时与宁王发生矛盾,力辞官职。一生讲学不辍,出其门者,皆能以理学名于时,如陈琛、赵录、王宣等,人称"清源学派"。

4.夏寅

夏寅有《书院拜文公像》诗:"山人养白鹿,鹿死山人倾。偶逢紫阳翁,再起书院名。车停构一宇,云流走群英。枕石石不顽,漱泉泉则灵。彭蠡万顷波,流作泗水声。匡庐九叠峰,峙为泰山形。白鹿比苍麟,因之了诸经。我来访书院,僻近南康城。遗像在古祠,钟鼓置两楹。拜瞻不能去,岂为山水行。"夏寅,松江府华亭人,字正夫,一字时正,号止庵。正统十三年进士。除南京吏部主事,历郎中。成化初迁江西按察副使,官至山东右布政使。清直无党援,曾谓君子有三惜:此生不学,一可惜。此日闲过,二可惜。此身一败,三可惜。

5.陈琦

陈琦有《奉次高吾大方伯韵》诗:"精舍庐山麓,云迷古洞深。一径入云壑,十亩覆松阴。斋居倚青嶂,筇杉绕碧浔。宫商自天籁,水涧响泉琴。飞梁纳高派,石溜涤烦襟。国学弦歌霭,山堂毛骨森。二李开先迹,诸贤适共临。门墙肇自古,典签盛于今。"陈琦(1439—1504),江苏吴县人,字粹之。成化二年进士。授南京大理寺副,历寺正。擢江西金事,官至贵州按察司副使。

6.黄仲昭

黄仲昭有《和张东白韵》诗:"仰止无由见昔贤,青山崒崒水潺潺。当年岂是耽山水,千古谁将此音传。"黄仲昭(1435—1508),名潜,以字行,行十八,号退岩居士。福建莆田人。成化进士,弘治元年(1488),任江西提学金事,视察白鹿洞书院,留下诗作。

7.周瑛

周瑛有《和张东白韵》诗:"九州海内一浮杯,得丧兴亡无尽时。分付山中风与月,从今与我作相知。"周瑛(1430—1518),字梁石,初号蒙中子,又号白贲道人,福建莆田人。成化进士。历官广德州知州、南京礼部郎中,镇远府知府,四川右布政使等。在抚州知府任上,到白鹿洞书院拜谒,留正诗作。与同乡黄仲昭友善,与黄仲昭合作,编撰《兴化府志》五十四卷,是为兴化府第一部府志。

8.何景明

何景明《月夜王宗哲宅赠田勤甫江西提学》诗:"南城吹角此宵寒,远客今歌行路难。岁暮风烟殊去住,天涯灯火共悲欢。西江日落移舟入,南斗星悬倚剑看。庐岳玉山千万里,不知何地望长安。"又《得献吉江西书》诗:"近得浔阳江上书,遥思李白更愁予。天边魑魅窥人过,日暮鼋鼍傍客居。鼓柁襄江应未得,买田阳羡定何如。他年淮水能相访,桐柏山中共结庐。"又《送陈进士还江西》诗:"庐山高起读书台,万卷少年今日开。九派江流何处入,海风吹浪楚帆来。"何景明(1483—1521),字仲默,号白坡,河南信阳人。弘治十五年(1502)进士,授中书舍人。正德初,宦官刘瑾擅权,何景明谢病归。刘瑾诛,官复原职。官至陕西提学副使。为"前七子"之一,与李梦阳并称文坛领袖。王阳明早年从"前七子"游,与李梦阳、何景明等多有交集。

第十二章

阳明门人 白鹿归心

——王阳明亲传弟子与白鹿洞书院

一、朱节与白鹿洞书院

朱节《白鹿洞书院次阳明先生韵》:"万古匡庐峰,崔嵬梦中见。兹晨天风凉,吹我上层巘。轻云散晴岗,露出芙蓉面。茫茫大块间,陵谷几迁变? 慨兹蜉蝣生,百年如旅传。卓矣诸名贤,仰止何眷眷。酌此洗心示,青山共酬劝。妙境有真悟,可以忘余辨。"又有《过三峡桥玉渊》诗:"飞虹横亘两山通,几道轰雷起蛰龙。一洗尘心天地阔,倚云闲坐对危峰。正德辛巳七月白蒲朱节识。"

朱节问学王阳明较早,关系也很密切,是王阳明的入室弟子。

弘治十五年(1502),王阳明江南录囚,顺道归省绍兴,朱节来问学。嘉庆《山阴县志》卷十四《乡贤》:"朱导,字显文。弘治己酉领乡荐,仕终通江知县。敦孝友,以义方训子弟。子箎、篪及犹子节、簦,并登第入官。居乡俭约,非公事不入城府。邑中孝义之族,多称'白洋朱氏'云。"

弘治十五年正月,处士陈泰去世,朱节来请王阳明作墓志铭。陈泰何许人也? 陈泰,浙江绍兴人,与王阳明同乡,是王阳明、朱节共同的朋友。王阳明《陈处士墓志铭》对他有评价:"处士亦状貌魁岸,幼习边机,论议根核,的然可施于用。性孝友,属其家多难,收养其弟侄之孤,掇拾扶持,不忍舍去,遂终其身……铭曰:嗟惟处士,敦朴厚坚。犹玉在璞,其辉熠然。秉义揭仁,乡之司直。邈矣太丘,其孙孔式。胡溘而逝!其人则亡,德音孔迩。乡人相告,毋或而弛。无宁处士,愧其子孙。回龙之冈,其郁有苍。毋尔刍我,处士所藏。"

正德二年(1507)十一月,朱节、蔡宗兖、徐爱举乡试归,皆来受学,拜王阳明为师。正德七年(1512)六月,山阴县令张焕考满进京,告知王阳明,蔡宗兖归山阴,朱节赴金华,有信札致慰。正德八年(1513)八月,朱节向王阳明递给蔡宗兖手札,有答书,劝其一出赴南宫试。正德九年(1514)正月,朱节与蔡宗兖告别王阳明离开滁州,朱节赴南宫春试,王阳明有诗为其送行。

正德八年(1513)七月,朱节递来蔡宗兖手札,有答书,劝其一出赴南宫试。是年十二月,朱节和蔡宗兖赴南宫试,至滁州问学。时王阳明任南京太仆寺卿,官滁州。正德九年(1514),朱节赴南宫试,蔡宗兖因病归绍兴,王阳明有诗送行。王阳明《送守中至龙盘山中》诗:"未尽师生六日情,天教风雪阻西行。茅堂岂有春风坐,江郭虚留一月程。客邸琴书灯火静,故园风竹梦魂清。何年稳闭阳明洞,榾柮山炉煮石羹。"又《赠守中北行二首》,其一:"江北梅花雪易残,山窗一树自家看。临行掇赠聊数颗,珍重清香是岁寒。"其二:"来何匆促去何迟,来去何心莫漫疑。不为高堂双雪鬓,岁寒宁受北风欺。"

正德十二年(1517),朱节受王阳明征召,参加南赣平乱。后又随王阳明一起来到白鹿洞书院,聚会听讲。朱节读了王阳明《独对亭》的诗,有感而发,作《白鹿洞书院次阳明先生韵》:"万古匡庐峰,崔嵬梦中见。兹晨天风凉,吹我上层巘。轻云散晴岗,露出芙蓉面。茫茫大块问,陵谷几迁变?慨兹蜉蝣生,百年如旅传。卓矣诸名贤,仰止何眷眷。酌此洗心示,青山共酬劝。妙境有真悟,可以忘余辨。"

正德十六年(1521)六月,王阳明应内召北上赴京,经江西玉山,有书致朱节:乍别忽旬余,沿途人事扰扰,每当闲暇的时间或者触景生情,就心生怀念。

送信的官员来,带了您亲手写的信,不断警戒省察,荣幸荣幸啊,您的心意永记在心,就像时时见到您一样,虽然分别也像没有分别。道的不明都是由于我们中一些人明于口而不是明于身,只是口舌反复辩论,不能不言而信。重要的是立心诚意呀。以前谦虚的言论,其中的弊病起端于不诚,有如喜好美色,厌恶恶臭,难道也有不谦不虚的时候吗? 与唐虞佐相爱之情尤为深厚,别后感觉更加真切,可是恨自己爱莫能助。谦之当然不能留下,国裳你们也时时想见吗? 做学问的益处莫大于与朋友的相互切磋,聚会不要嫌多啊。明天出发到玉山,到家的时间就指日可待了,但与守忠你却相去越来越远,面对书信,我意怅然。

黄宗羲《明儒学案》之《御史朱白浦先生节》云:"节字守中,号白浦,亦白洋人。举进士,官御史,以天下为己任。文成谓之曰:'德业外无事功,不由天德而求骋事功,则希高务外,非业也。'巡按山东,流贼之乱,勤事而卒,赠光禄少卿。先生尝言:'平生于爱众、亲仁二语得力,然亲仁必从爱众得来。'"

二、陈九川与白鹿洞书院

陈九川同王阳明到白鹿洞书院,与诸阳明弟子听阳明讲学,并与诸子讨论,有《白鹿洞谒祠毕示诸子》诗:"乾坤留胜观,岩洞得遐踪。李氏原驯鹿,匡生自卧龙。有知非圣解,无欲证元宗。缥缈江湖上,忘言五老峰。"又:"圣神宗镜在知几,善恶关前事已非。念一迷时漂鬼国,心微动处见天机。龙乘沆瀣重渊跃,鹏驾扶摇万里飞。莫道孔门无顿教,归仁一日已传衣。"又《溪上晚眺同诸子》诗:"偶同溪外眺,幽赏惬清泠。积溜穿全石,悬崖戴小亭。五老云巾白,群贤草藉青,浩歌忘日莫,谁异浴沂情。"又《谢诸子》诗:"高亭清籁发,之子重相招。云入湖光泽,松牵山色摇。石蒲香涧酒,沙竹洞天箫。与尔餐瑶草,翩翩凌紫霄。"

又有《洞居对面》:"洞宇坐幽豁,悠然怀往踪。湿云霾翠巘,蒙雨滴苍松。

过影雀仍适,潵声水自春。临风意有会,端默玩潜龙。"又《自白鹿洞重过开仙》诗:"鹿洞还移兴,龙池未倦游。重穿青玉峡,细看白虹流。剑气终南斗,书台但古丘。悲风吹往事,落叶送残秋。"又《寻古鹿洞观水帘泉道中漫兴》诗:"数月匡山两度来,为寻李渤旧书台。久怜鹿洞埋烟雾,欲傍龙湫剪草莱。似有群仙遗药在,直看五老笑颜开。湖边总是行吟地,渔父相逢莫乱猜。"又《登庐山》诗:"匡庐峻极镇中天,巨浸长江涌足前。五老手翻河汉浪,二孤身曳斗牛躔。飘风龙剑穷苍翠,落日鸾笙度紫烟。怅望崆峒伤白发,庋茅定拟对三泉。"

又《舍身岩》诗:"身相本空华,空中复何舍。偶携青龙来,坐听寒溪泻。"又《四仙亭》:"大地归真主,群仙遁竹林。空亭遗石像,蓬岛落匡阴。"又《文殊台》:"黿石俯幽壑,虬松蟠古台。文殊寂何处,沙界画如来。"又《神龙潭》诗:"龙门横铁槛,下有神龙潭。龙来闻法浅,遗蜕照秋岚。"又有《白鹤舟次》诗:"霜林浓淡映斜晖,十里沧波浸翠微。白鹤观边沙岩曲,前帆片片傍山飞。"又《棹歌》:"北下宫亭湖水清,二姑五老笑相迎。湖边鹿洞行窝在,时坐峰头钓落星。"又《佛手岩望讲经台》诗:"杖藜东望讲经台,佛手岩前烟雾开。说法远公何处去,海门玄鹤正西来。"又《赠天池日峰僧二绝》诗,其一:"山僧本倚天池宿,采芝拾橡缘山麓。贪看夜半海日生,五老峰头缚茅屋。"其二:"五老峰头云雾深,三更见日悟初心。归来吸尽天池水,遍洒江南祇树林。"又《庐山观佛灯》诗:"良夜迟孤月,轻阴覆八纮。忽惊岩树耀,起视佛灯悬。徙倚文殊石,纵观兜率天。始知象教远,犹见宝光圆。白向双眉放,红看百炬然。晦明存色相,分合示空缘。熠熠流秋宇,荧荧照暝烟。龙光分吐月,鹘火尽垂川。来自黄梅北,飞从白鹿颠。长风吹不灭,广汉映逾妍。赤道嵩衡跨,朱光文苑连。妖魑皆辟易,神鬼自周还。照客非无意,行空若有先。燎疑秋祷炽,烛以夜游鲜。炫目谁为寄,明心岂落筌。奇观聊自适,灵耀竟谁宣。光焰沉工部,珠现堕谪仙。腐儒江汉上,自得一灯传。"又《白山人歌》诗:"白山人,何为者?几年结屋匡庐下。屋背云屏松桧深,门前彭蠡波涛泻。年高日暮荷锄归,惟与邻翁饮秋社。千年鹿洞埋荒烟，山人耕种洞门边。我来两度寻飞瀑，每借山楼一榻眠。入门一笑逢旧客，松醪橡栗罗灯前。我欲寻真巢云树，只在此山最深处。避世惟求知者希，汝来一踏桃源路。"

又有《送南昌郡博宾海陆先生捆国子助教序》文："嘉靖丁未四月既望，余浮彭蠡，抵南康，将穷匡庐之胜。时司白鹿洞教豫章博士宾海陆子闻之，即使人扫洞室以须。余乃历金井，窥玉渊，而登天池。数日乃下东林，过白鹿，冀与陆子一晤。至则闻擢国子助教出洞矣。怅然久之，乃与在洞诸子周旋相与，时道性情，证经史。诸子跃然，日不余疏也。遂相与披莽棘，穿石门，沿龙潭，攀鸟道，以观三叠之瀑，岩憩咏歌，莫不陶然相忘也。还洞，诸子诣余而请曰：'陆师速教兹洞甫半载，而遂擢以去，诸生无以为情也。先生幸辱临之，敢请言以赠。'余曰：'未见颜色而言，谓之瞽。余固弗文，且无一日之雅于陆君也，其何以赠诸？'万子、余子复固请曰：'师耀甲科，不欲疲其身于显仕也。而俯教吾郡，其志可知也。其容和以舒，其气冲以粹，其与物敦以至，无吟畦焉。盖温然君子，可失人乎哉？且既得闻名于将命者矣，不犹有神交者乎？'固辞不获，则请以古胄学之教质焉：昔尧命夔典乐教胄子曰'直而温，宽而采'、'刚而无虐，简而无傲'，《周礼》大司乐合乐舞以教国之子弟，凡以陶其性情，使自易其偏，自至其中而止矣。兹非易简之的、教化之原哉？是故圣王所以感人心而天下化中者，乐教其深矣。周衰，文胜而乐教亡，夫子删六艺以为乐，剂淫哇靡曼之辞，存中正和平之音，以宣八表之风，调二仪之气，平万物之情。七十子从而舞蹈咏歌，同声相和。锵然洙泗之间，声满天地而祥游至。其调情之具，化偏复中之方，传之万世者详矣。盖听其言者，感乎其心，渣滓得化焉，志意得广焉，则韶濩之音，自我得之矣。乃至研文义以为精，析名物以为明，眩奇靡以为博，赘笺疏以为功，是非徒乱之以郑声，乃并其器而涂塞决裂之矣。於乎！后之欲闻夔孔之音者，孰从而听之耶？虽然，经也者，器也；神而明之，存乎其人。故石一也，夔击之拊之而百兽舞；瑟一也，都巴鼓之而鱼跃鸟下；琴一也，瓠巴鼓之而风云冰霜应弦而变；箫一也，秦女吹之而来凤凰。

彼各有所达之也。夫琴瑟箫磬之器,器尽亡耶? 今有鼓三极之真机,感群生之固有,八音合作,文之以五声,正之以六律,可使神降祇出,灵至祥生,然而冥然不感者,则是充耳聩心,曾鱼鸟之不逮也。呜呼! 今之世,其无感之者耶? 其不感也耶? 余视世之鹜进者,薾然疲役,亡其躯而莫之止也。陆子辞尊居卑,去纷即淡,兹非务养性者耶? 日陶月融,庸讵知不旋复其中也? 彼以'宾海'为号,其器固欲弘以渊矣。苟复其性,则与天地同体,振四海而不泄,蛟龙鼋是因化育吾性海,而又假宾之耶? 然则鼓巴文之音,助后夔之教,以感斯世,吾于陆子斯行望之矣。"

黄宗羲《明儒学案》之《郎中陈明水先生九川》云:"先生自请告入虔师阳明,即自焚其著书。后凡再见,竟所未闻。阳明殁,往拜其墓,复经理其家。先生自叙谓:'自服先师致知之训,中间凡三起意见,三易工夫,而莫得其宗。始从念虑上长善消恶,以视求之于事物者要矣。久之,自谓瀹注支流,轮回善恶,复从无善无恶处认取本性,以为不落念虑,真悟本体矣。既已,复觉其空倚见悟,未化渣滓,复就中恒致廓清之功,使善恶俱化,无一毫将迎意必之翳,若见全体,炯然炳于几先,千思百虑,皆从此出。即意无不诚,发无不中,才是无善无恶实功。从大本上致知,乃是知几之学。自谓此是圣门绝四正派,应悟入先师致知宗旨矣。'"

三、王畿与白鹿洞书院

王畿为王阳明家乡人,小王阳明 20 多岁。王畿从学王阳明,是在正德十六年(1521),由魏良器引荐。黄宗羲《明儒学案》四《处士魏药湖先生良器》:"时龙溪为诸生,落魄不羁,每见方巾中衣往来讲学者,窃骂之。居与阳明邻,不见也。先生多方诱之。一日,先生与同门友投壶雅歌,龙溪过而见之,曰:'腐儒亦为是耶?'先生答曰:'吾等为学,未尝担板,汝自不知耳。'龙溪于是稍相瞭就,已而有味乎其言,遂北面阳明。"

嘉靖元年(1522)二月,王阳明父亲王华去世,为善其后事。王畿、魏良器为司库,金克厚为监库,接待吊唁者。嘉靖二年(1523),王畿与钱德洪南宫春试下第,皆来绍兴问学。钱德洪《王阳明年谱》:"德洪下第归,深恨时事之乖。见先生,先生喜而相接曰:'圣学从兹大明矣。'德洪曰:'时事如此,何见大明?'先生曰:'吾学恶得遍语天下士? 今会试录,虽穷乡深谷无不到矣。吾学既非,天下必有起而求真是者。'"徐阶《龙溪王先生传》:"嘉靖癸未,公试礼部,不第。叹曰:'学贵自得,吾向者犹种种生得失之心,然则仅解悟耳。'立取京兆所给路券焚之,而请终身受业于文成。文成为治静室,居之逾年,遂悟虚灵寂感,通一无二之旨。"

　　嘉靖四十四年(1565)夏,罗洪先去世,王畿到罗洪先的家乡泰和赴吊唁。其时邹守益、聂豹等王阳明的许多门生都已驾鹤西去,追随先生去了,王畿感到特别难过,于是怀着悲痛的心情,顺道到了安福、永丰,祭拜了邹守益、聂豹的墓。又经南昌、南康府,应南康知府张纯之邀,到白鹿洞书院讲学。张纯,字伯贞,号沧江,浙江永嘉人。嘉靖七年(1528)举人,有经济志。张璁秉国时,多所裨赞。历太仆寺丞、南京刑部员外郎、山东运转同知。是王畿的老朋友。在南康知府任上,对白鹿洞书院多所建树,修葺书院启圣祠,与山长陈汝简校订增补《洞志》。当他知道阳明传人王畿经过辖地时,热情邀请他来书院讲学,并尽地主之谊,请他到南康府做客。王畿在书院讲学,写了《白鹿洞讲义》《致知难易解》留给诸生,还应山长陈汝简之请为书院作记。陈汝简一直陪同王畿讲学,并游览了书院。

　　嘉靖四十三年(1564),分守南九道参议冯谦见鹿洞建筑废圮,典籍失,学田遭侵,廪饩薄支,便与南康知府张纯、教授李资元,主洞府学训导陈汝简等共商修复。新院宇,清田赋,实藏书。张等又校补了十年前郑廷鹄、朱资等编的洞志。这年夏,王畿因吊罗洪先赴吉安,回舟过南康,应故交张纯之邀会聚于星子。又由陈汝简陪赴鹿洞,王以义利之辩与致知难易发论,留有《白鹿洞续讲》。张、陈等请王畿为冯谦重修书院撰记,记载嘉靖四十三年张纯等增补的郑廷鹄《白鹿洞志》,今据录。冯谦、字道光,浙江慈溪人,进士。陈汝简,字敬仲,号梅川,浙江青田人。《重修白鹿书院记》:"儒者之学务于经世,经世之事有缓有急,有似缓而急者,有似急而缓者。兴革注错,存处人之识见,识有远近,见有大小,而导民之路难,易毫厘之辨,亦决于此矣。孔子曰:'道之以政,齐之以刑。道之以德,齐之以礼。'说者谓德、礼出治之本,刑、政辅治之,其二者不可偏废,此孔门经世之略也。'民免而无耻'者,苟免刑罚,畏之而已,未尝有所耻也。'有耻且格'者,兴起其羞恶之心,以不善为耻,无所畏而自至于善也。政刑之治,能禁于法之所及,而不能禁于法之所不及,使民惴惴焉趋避以诡乎其上,其事似急而实缓。德礼之治,入之也深,防之也豫,使民油油然迁于善而不自知,其事似缓而实急。此难易之辩也。诚见之远大者,始能审夫缓急之倪,乘夫难易之势,而知所以从事。识近而见小者,不能也。圣学亡,王迹熄,世之君子罔知化本,苟于一切之治。上焉者议政而不及化,下焉者议刑而不及政,甚至淫虐纵恣,繁刑以逞,使民无所措其手足,又将何赖焉!导民之术,诚不可以不慎也。白鹿书院之名,其来旧矣。晦庵守南康,思有以兴化治民,而化之所起,必先于士。乃大为振作,崇庙貌,表形胜,置典籍,立科条,增学田,赡廪饩,以待来学之人,而其风始盛于天下,儒者之用所由以显也。自宋迄今,屡经废复,而兴革注错,则存乎其人,可目逆而知也。九江分守少参伯益川冯公。四明儒族,以明进士起家,历宦以至于此。懋学饬法,廉己爱民,尤切以教化为己任。睹洞规之废弛,庙貌圮而典籍散,学田侵而廪饩薄,来学者无所兴起,以先细民,惕然动心。谋诸守土及主洞者,以其余力,捐廪斥羡,鸠工庀财,举以次弟,庙堂墙垣,焕然改饰,经史子集,稍以完缮,侵田逋赋,渐为清理。砻石表刻象山讲义,以示为学之则,迪士以倡化于民,不惟其具惟其本,可谓知缓急之宜,而不眩于难易之迹者矣。嘉靖乙丑夏,予趋江右之会,回舟南康,入谒洞中,与诸生聚讲信宿,历览诸形胜,稔知公之有功于兹洞也。诸生辈相率征言于予。予惟晦庵守南康时,象山开讲洞中,因学者事诵说,亟进取,而忘其为学之本,乃发明义利之辩,以决君子小人之所志，一时闻之有泣下者，至今传以为盛。公之所以作兴如此，其至诸生无能仰承，犹屑屑然不出于诵读进取之间，岂在上者之教使然哉？夫象山君子小人之辩严矣，闻之至有泣下者。羞恶之本心，所谓耻也，耻之于人大矣。知耻则由君子可至于圣贤，不知耻则由小人将入于禽兽。人而沦于禽兽，犹不足哀乎！予因诸生之请，曾以续讲留付洞中，大意则不失本心之良，以究其志之所从来，是将尽以君子望于诸生，而不忍以小人薄待之也。诸生亦曾有闻之而泣下者乎？耻也者，勇之近，而入圣之机也。民知耻则为良民，士知耻则为良士，在上者知耻则为良臣、良相。'不耻不若人，何若人有？'今日之事，吾人与有耻焉，岂徒一时作兴之迹而已哉！诸生其以此转闻于公，从而表章之，求其所以为士者，务成君子之名，以无忝于兴化导民之意。由是以载公经世之美于无穷，吾人与有光焉。古今人同不同，未可知也。"

王畿又有《白鹿洞续讲》："予赴吊念庵，回舟过彭蠡。入白鹿，展谒先生之祠，历露台，陟虚亭，周览风泉云壑之胜。时霖雨初霁，四山飞瀑，势如游龙，余霭浮空，长林滴翠。夜集诸生，纵谈玄理，灏气滋生。卧听溪流瀄瀄，沁彻心脾，达旦冷然，若有神以启之者。明发出洞，诸生复集城隅别馆，信宿证悟，兴意超然。临别，诸生请于予曰：'昔晦翁奉延象山，开讲白鹿，发明君子小人、义利之辩，数百年传以为美谈。今者，则何以异此！其云所喻由于所习，所习由于所志，盖图学者亟于造取，举似以救其弊，其于求端用力之方，未之详及也。敢蕲一言，究竟斯旨，用示嘉惠，亦古今并美也。'顾予不肖，方期取法，未能敢云上下其论，以抵弗类。无已，请述所闻，与诸贤共筹之。先师云：'心之良知丽之圣。'良知者，性之灵也，至虚而神，至无而化，不学不虑，天则自然。揆其端，夫妇之愚，可以与知，要其至，圣人有所不能尽，譬之日月丽天，贞明之体终古不息，要在致之而已。致之之功，笃志时习，不失其初心而已矣。苟为不失其初心，蕴之而为神明之德，发之而为光辉之业，可以配天地，精四海，而垂万世，真修实悟。使自得之，非有假于外也，而其机存乎一念之微。义利之辩，辩诸此而已矣。是故怵惕于入井之孺子，而恻隐形焉，所谓义也。从而纳交要誉,恶其声而然,则失其初心,而为利矣。不屑不受于呼蹴之食,而羞恶形焉,所谓义也。从而宫室妻妾、穷乏者得我而为之,则失其初心,而为利矣。义也者,天下之公也,利也者,人心之私也。公、私之间,君子、小人之所由分也。志有所向,而习随之,习有所专,而喻因之。机之不可以不辩也。如此得其机,则由君子可进于圣贤,不得其机,则由小人将入于禽兽。圣贤之于禽普,相去远矣,而其机决于一念之微,可不慎乎? 夫人之情,亦非甘于为小人,而不乐于为君子,特狃于其习而不自觉耳。有人于此,毁以为小人,则怫然怒,是小人之不可为,夫人而知之也。誉以为君子,则忻然喜,是君子不可不为,夫人而知之也。如小人之不可为矣,而吾所习与喻乃在于利,将欲逃小人之名不可得,是犹恶湿而居下也。知君子之不可不为矣,而吾之所习与喻乃不在于义,将欲成君子之名不可得,是犹羡乔而入谷也。象山以义、利为君子、小人辩,予顾切切原其情之喜怒而谕之者,盖欲学者实致其知,即夫情之所安,而不溺于习之所胜,尽以君子望于小人,人而不忍以小人薄待之也。夫心性虚无,千圣之学脉也。譬之明之照临,万变纷纭而实虚也,万象呈露而实无也。不虚则无以周流而适变,不无则无以致寂而通感,不虚不无,则无以入微而成德业。此所谓求端用力之地也,学者不能实致其知,究夫义利毫厘之辩,以决其君子小人之趋,则所谓志者未免泥于典要,所谓习者未免涉于思为,而所谓喻者未免徇于识解意测,皆非所以为自得也,终亦滞于形器而已矣。求其神化自然,与贞明同体而不息,不可得也。不肖感诸贤祈恳之诚,聊述所闻,以为交修之益。若曰以是并美前修,而侈究竟之谈,则予岂敢哉。"

王畿在白鹿洞书院讲《致知难易解》:"致知之功,非难非易。袭于其易,则忽而无据,纽于所难,则阻而鲜入。善学者默体而裁之,求所以自得焉可也。世之谈学者,其言曰:无事袭取之劳,而爽然以为固有,不假纤毫之力,而充然以为天成。念庵子惧其伤于易也,倏忽变化,将至于荡无所归,故为收摄保聚之说以求之。其意以为日月之贞明,人皆仰之,至其所以生明,未有测其然者。观之于夕,群动息矣,然后真机回复而为朝,观之于晦,六阴穷矣,然后真阳逆受而为朔。盖藏不密者用不章，畜不极者施不普，收摄保聚，乃所以为复为逆。培其固有贞明之体，而达其天成之用也。世之学者，任作用为率性，藉测亿为通微，倚计划为任事，明知解为觉悟，良知所存，亦已无几，世亦从事于收摄保聚，无以爽然充然者，自画焉也可也。此念庵苦心也。虽然良知在人，百姓之日用同于圣人之成能，原不容以人为加损而后全。乞人与行道之人，怵惕羞恶之形，乃其天机之神应，原无俟于收摄保聚而后有。易者以言乎其体也，难者以言乎其功也。故谓爽然充然不足以尽良知，必假收摄保聚，而昧夫天机之神应，非所以入圣，即作用知解，即所以致知，安于倏忽变化，而忽夫收摄保聚之功，非所以征学。或失则难，或失则易，难易之间有机焉，故曰：善学者默体而裁之，使自得焉可也。"

王畿也在庐山、白鹿洞书院留下诗作。《游太平宫咏真洞纪事》诗："仙人去已久，古殿长藨芜。窈冥泉声细，林空鹤影孤。铁轮余想象，金箓化虚无。洞口垂萝合，凭栏忽丧吾。"又《赠天池立禅次韵》诗："天池一勺水，饮此即成仙。瑶草春长茂，蓬扉夜不闭。迹随玄鹤杳，心共白云闲。倚杖青宵立，依然在世间。"又《春暮同友人登北固山用念庵韵时赴匡庐之约》诗："结束芒鞋步晚风，十年犹自任萍踪。已知异境寻常到，况复同心邂逅逢。一簌瑶台团夕翠，半江银练落长松。石楼不负幽人约，望入匡庐第几峰。"

黄宗羲《明儒学案》之《郎中王龙溪先生畿》云："王畿字汝中，号龙溪，浙江山阴人。弱冠举于乡，嘉靖癸未下第，归受业于文成。丙戌试期，遂不欲往。文成曰：'吾非以一第为子荣也，顾吾之学，疑信者半，子之京师，可以发明耳。'先生乃行，中是年会试。时当国者不说学，先生谓钱绪山曰：'此岂吾与子仕之时也？'皆不廷试而归。文成门人益进，不能遍授，多使之见先生与绪山。先生和易宛转，门人日亲。文成征思、田，先生送至严滩而别。明年，文成卒于南安。先生方赴廷试，闻之，奔丧至广信，斩衰以毕葬事，而后心丧。壬辰，始廷对。授南京职方主事，寻以病归。起原官，稍迁至武选郎中。时相夏贵溪恶之。三殿灾，吏科都给事中戚贤上疏，言先生学有渊源，可备顾问。

贵溪草制：'伪学小人，党同妄荐。'谪贤外任。先生因再疏乞休而归。逾年，当考察，南考功薛方山与先生学术不同，欲借先生以正学术，遂填察典。先生林下四十余年，无日不讲学，自两都及吴、楚、闽、越、江、浙，皆不有讲舍，莫不以先生为宗盟。年八十，犹周流不倦。万历癸未六月七日卒，年八十六。"

四、舒芬与白鹿洞书院

舒芬《白鹿洞赋次晦明翁韵》："设吴楚之两界，镇江黄之故疆。维匡山之伟观，屹颓波之忠良。迤敷浅于彭蠡，惩险束夫瞿塘。有阪有隰，有洞有冈，历姚虞而迄周，罔或烈而遂荒。肆洞天之幽阒，郁草树而臭芳。终名胜之莫掩，肇宫宇而胶庠。属鸿儒之起废，济后学之望洋。适奎躔之聚辉，赞斯文而起运。敬义揭以直指，老佛辟而莫混。士知方以有来，或于焉而系遁。余兹仰门墙而抠衣，隶也跋峰峦而频问。聆石泉三折而东之，谅前途伊迩可勇进。云相随乎其若无心，鸟相依乎其若不倦。感农夫之刈麦，嬉引锄而弄孙。奚真朴之难复，可于此而尚论。既乃度漱石之新梁，睹华扁之大书。钦皇明之贲饰，匪淳熙之旧模。圣像俨乎可畏，规言炳乎足诹。曰既及乎其门，敢不绳夫步趋。嗟孔道之再兴，惟《太极》之一图。爰定性于伊洛，亦订顽于横渠。视主静与慎动，尚窥壁而循除。阐千古之幽秘，图与《易》而契符。谓朱夫子之浑然，犹乐大成之概集。迹穷理于庶物，真乾健而巽入。顾俾小子之务兹，惧夫勉行之不给。矧危微之坠绪，乌纪诵之能缉。天既设夫我中圣，又示之时习。胡甘白首之纷如，须图大者之先立。庶据依之有地，斯御射之可执。矢自今而惕励，力恒千于人十。乱曰：八音宫县戛玉璆兮，声出林木难为樛兮。千载一时白鹿游兮，其峙为山水为其流兮。悠悠未艾我能无忧兮，日月逝矣亦敏求兮。"

舒芬《过白鹿洞次阳明韵》："孤蓬出吴城，五老仿佛见。兜舆上南康，乃获陟青巘。有开云古初，今始识颜面。屹然东南镇，不逐沧桑变。匡生竟何在？白鹿却留传。藏修便巨儒,烟霞入情眷。黌宇既振作,诲言重箴劝。咫尺濂溪水,源流许谁辩?"

舒芬系王阳明弟子,以倡明绝学为己任,学贯诸经。

五、顾应祥与白鹿洞书院

顾应祥是通过黄绾得识王阳明,并拜其为师的,时间在正德六年(1511)。孙奇逢《理学儒宗》:"顾应祥,号箬溪,长兴人。正德初官锦衣幕,与黄绾同官,日夕讲论,绾因导之见文成公。时文成公为司封郎中,道讲'颜渊问仁'章及《大学》格物致知之说,应祥偶有所见,文成是之,应祥遂受学焉。"《两浙名贤录》卷十八《刑部尚书顾惟贤应祥》云:"应祥少从阳明、增城二先生游,然不甚传依其说,其所持衡,足破世学之的,而不立门户。"正德六年,王阳明偕徐爱、顾应祥、王道等春游,夜宿功德寺,有诗唱酬,王阳明《夜宿功德寺次宗贤韵二绝》,其一:"山行初试夹衣轻,脚软黄尘石路生。一夜洞云眠未足,湖风吹月渡溪清。"其二:"水边杨柳覆茅楹,饮马春流上一亭。坐久遂忘归路夕,溪云正泻暮山青。"

正德七年(1512)正月,徐爱至京城,来见王阳明,王阳明邀请顾应祥、黄绾、徐爱一起游香山,登玉岩,有诗唱酬。王阳明《香山次韵》:"寻山到山寺,得意却忘山。岩树坐来静,壁萝春自闲。楼台星斗上,钟磬翠微间。顿息尘寰念,清溪踏月还。"又有《夜宿香山林宗师房次韵二首》,其一:"幽壑来寻物外情,石门遥指白云生。林间伐木时闻响,谷口逢僧不记名。天壁倒涵湖月晓,烟梯高接纬阶平。松堂静夜浑无寐,到枕风泉处处声。"其二:"久落泥途惹世情,紫崖丹壑是平生。养真无力常怀静,窃禄未归羞问名。树隐洞泉穿石细,云回溪路入花平。道人只住层萝上,明月峰头有磬声。"徐爱《孟春与顾惟贤奉陪阳明先生游香山夜宿林宗师房次韵》:"春间出廓探幽情,杨柳迎风绿意生。最爱僧堂无俗气,犹怜寺主有诗名。山空籁寂鲸音杳,月白烟微野色平。云鹤来依聊一息，翛然飞去不闻声。"徐爱又有《登玉岩次惟贤韵》："师友同真乐，比幽岂在山？身随尘土脱，心与野云闲。日落荒山外，烟横碧树间。徘徊凝望处，飞鸟倦初还。"黄绾也有次阳明韵纪游诗。王阳明还有书致顾应祥，答其所问。

正德八年（1513）十一月，王阳明任太仆寺卿，顾应祥与汪汝成、刘观时等皆来滁州问学。

正德十二年（1517），顾应祥任广东按察金事兼岭东道，汀州、漳州詹师富、温火烧作乱，朝廷派中丞王阳明率顾应祥前去平定，事息，王阳明上奏朝廷，奏设立平和县以强化地方管理。

正德十六年（1521）六月，顾应祥南昌来求"警戒"之辞，书卷赠别，其云："惟贤以予将远去，持此卷求书警戒之辞，可此'警戒'二字，便是予所最丁。"

顾应祥有《望白鹿洞》诗："寻幽来古洞，得意在山中。独坐欺无语，虚襟当远风。"又有《游白鹿洞》诗二首，其一："偶从林谷探春芳，石洞幽兰处处香。惆怅人豪招不起，野云长护讲经堂。"其二："新祠白鹿尚流芳，公暇摳衣一瓣香。自笑半生空面壁，敢云今日已升堂。"又有《泉石》诗，咏庐山之泉奇石异，其一："野人不作繁华梦，只爱山间泉石清。扫处乱云黏帚重，汲来新月注壶明。"其二："卧听漱月醒尘耳，坐拂苍苔解宿酲。莫道膏肓已成癖，此中幽趣有谁争。"

正德十五年（1520）八月十五日中秋，顾应祥来南昌见王阳明，书游九华山诗赠之。又闰八月二十日，王阳明四疏省葬，不允，同时有书致顾应祥，告图归计。王阳明《与顾惟贤书》："近得甘泉、叔贤书，知二君议论既合，自此吾党之学廓然同途，无复疑异矣，喜幸不可言！承喻日来进修警省不懈，尤足以慰倾望……"

正德十六年（1521）十月九日，顾应祥寄来贺仪，有书答谢："洪都相与几两年，中是疏缺多矣。而诸公相爱之情不一而足，别后益隆无替，感怍岂有尽也。荏苒岁月，忽复半百，四十九年之非，不可追复。"

嘉靖元年(1522)八月,时为江西副使的顾应祥江西策问,王阳明有答书论"致知"之说:"近得江西策问,深用警惕。然自反而缩,固有举世非之而不顾者矣,其敢因是遂靡然自弛耶?《易》曰:'知至至之。''知至'者,知也;'至之'者,致知也。此知行之所以合一也。若后世致知之说,止说得'知'字,不曾说得'致'字,此知行所以二也。病发茶苦之人,已绝口人间事,念相知之笃,辄复一及。"所谓"江西策问",指是年江西乡试策问卷。乡试在八月上中旬举行,王阳明得到江西策问而作是书则在八月下旬。

嘉靖二年(1523)七月,顾应祥考满进京,携《大礼论》过绍兴,递于王阳明,王阳明有答书是其大礼说。

黄宗羲《明儒学案》之《尚书顾箬溪先生应祥》云:"顾应祥字惟贤,号箬溪,湖之长兴人。弘治乙丑进士。授饶州府推官。桃源洞寇乱,掠乐平令以去,先生单身叩贼垒,出令,贼亦解去。入为锦衣卫经历,出金广东岭东道事,讨平汀、漳寇、海寇、郴、桂寇,半岁间三捷。宸濠乱定,移江西副使,分巡南昌,抚循疮痍,招集流亡,皆善后事宜。历苑马寺卿、山东右参政按察使右布政,擢右副都御史,巡抚云南。奔母丧,不候代,家居者十五年。再起原任。时方议征元江,先生以那监孤豚,困兽不可急。会迁南兵部侍郎以去。后至者出师,布政徐波石死焉。嘉靖庚戌,升刑部尚书。先生以例繁,引之者得意为出入,命郎官吴维岳、陆稳定为永例,在曹中荐拔于鳞、元美,由是知名天下。分宜在政府,同年生不敢雁行。先生以耆旧自处,分宜不悦,以原官出南京。癸丑致仕,又十二年卒,年八十三。"

六、罗辂与白鹿洞书院

嘉靖元年(1522),时任南康知府的罗辂兴葺书院。

罗辂以南康知府的名义,发布《白鹿洞书院洞学榜》:"一、尊师道。迩来书院之师,就委本府儒学者教官兼摄,上司所以责望者每在迎送奉承之间,以致屈抑之态无所不至，无以示诸生之观望而起严惮敬畏之心。自今议定，或在儒官内选取，或访聘隐逸耆旧。抚、按两司入洞学，待以宾师之礼。一、择生徒。访闻近年邪正贤否，漫无去取。中间诚心向学者固有，然或恣意游观，兴兴而返，或设心规避，假此为名。不惟继前修者寥寥无闻，而行检大坏，往往为洞学之玷，以致有志之士不屑而去。自今凡奉公移来者，慎于所选，从游之后，洞师验其可拒者则拒之，而上司不必挠其权。其四方有志之士，听其肄业。一、务实学。迩来所谓佳士，或清谈高论以为能，或竟日静坐以为工，或矜持举动，互相推重斯人也。衎衎终日，无所用心，皓首无成，追悔莫及，虚费馆谷之需耳。自今明示程式，以讲读《四书》《五经》大义为主，而扩充史传。一、节迎送。洞学诸生谢绝人事，远来就学，比诸在府、州、县者不同，一切迎送之礼，各宜报罢。迩来凡遇上司临府，师率弟子入城参谒，至候送之期，动经数日。凡一临洞，成行导引，终日趋承，不惟妨废学业，抑且沮士气。自今上司临府，免其迎送。入洞之时，止令参见，谈经讲道之外，一切虚礼尽革。"

又榜三事："一、省游观。尝谓南康小郡，有此洞学，在古为潜修之所，在今为游观之地；在古为一方之胜，在今为一方之害。盖缘官府往游，导从太多，供具太盛，上司留心于责备，下司专意于奉承。使二十八里贫民增此无名之役，以耗其财，劳其力。诚有司之所痛心，而隐忍不敢言者。苟怀冲淡之真，略声势之末，驺从稍减，供应不费。就令本县于洞租内动支，不许里甲内费用，诚为至便。其开先寺、天池寺亦然。若过往士夫与府县相识，各令自备款待，不许干预里甲洞租。一、谨修建。大抵洞学之胜，始以地，继以人。至于大圣有庙，诸贤有祠，此外有堂有馆有舍，凡聚讲宴息，迎宾执爨之处，靡所不备，但时加修葺足矣。近年每出新意，创建各亭，然一亭之建，一石之立，在官府一言一念之间，而民财民力所费不小。宜暂为停止，亦节用爱民之一端也。一、清田赋。查得洞田旧有、新增，近一千七百余亩。岁租所入，若不负欠，计有一千八百余石。从此量入为出，可无不足之虞。近年卖远买近，未免妨民；旧改新移，易于混乱。其田租就委管洞教官兼理，不惟出纳扰其念，而各县顽民不听督促,负欠太多。自今府县委官管理,严加稽考。其在南昌府、新建县者,累年田租不纳,返累差役相干。必须定委彼府、县官严督解洞,庶向事体归一。至于所以待师生礼义供具之隆替,在本府之自;有关实学而少为师生裨益者,在本职亦未敢自弃而漫视也。"

罗辂有《高美亭铭》诗:"高齐庐岳,美见宫墙。道无定在,亭以名彰。因名求道,终成望洋。为山不止,匪徒升堂。"又有《和乔宇韵》:"五老声名万古雄,凭栏时得仰高风。乾坤丘垤儿孙辈,吴楚江湖襟带中。绿野新诗千里至,紫阳遗爱几人同。使车何日经游遍,四海文章一脉通。"

罗辂(1487—1535),字质甫,号半窗,江苏南京人。明朝正德三年(1508)进士,官至大理寺左少卿。正德十四年(1519),擢江西袁州府知府。得到都御史王阳明的推荐,改任赣州府知府,又改任南昌府知府。嘉靖八年(1529),擢升江西按察副使,整饬饶州、抚州兵备。

七、聂豹与白鹿洞书院

聂豹在白鹿洞书院作《刻〈秦汉书疏〉序》:"文之不古,治道之不竞,势相因也。夫子之欲,无言久矣,乃二三子以为隐,于是删诗书,定礼乐,赞《周易》,修《春秋》,悉本先王之旧而推明之,非有所作也,鲁齐二论,又皆出于门下之所记。广大配天地,昭明配日月,润泽配江河,其切于民之生也。譬之菽粟、布帛、末稆、釜甑,不可一日阙。噫!文至是极矣,其太初之元气呼!一时并出章教,如老庄诸家之说,闳深奇诡,非不古也;崇奖虚放,阔略事实,鄙谈法制,鲜及伦理、忧治,君子罕训焉。惟是秦汉书疏去古未远,三代之遗风犹在。敷陈理要,功利生民,裨赞世教,究治乱之原,而不诡乎帝王之道。直而不激,婉而弗迂,曲而中,简而该,博而要,使听之无怒,循之寡失,自六经、四书而下,谓文之古不在兹乎!监察徐君获是本于三泉林监察之所传,读而说之,谓是传宜广,以不负博我之教。但断自汉始而黜秦,备采书疏而不及诏令。秦治无论也,而文之古不可少。乃诏令出于朝廷,当有大手笔在,固无假于秦汉也。惟士之资献以言,格君图治,非文不远,非古不传,而臣子告君之体要,与文章家之型范,舍是斯下矣。欲复古治,当复古文,不得三代而思两汉,有志于古者,每描擘焉。监察宪古弘化,清治黜秽,奏对有体,称名御史是也。尝订是编于前巡抚马中丞,亦谓监察宜刻。刻宜序,序宜委豹,无以林卧寡营,役以楮墨,或足以风其懒散忘世之意欤? 校刻为南康推吴国伦。中监察命以速予言,则吉安守黄国卿。刻板藏洞学,使士之游学于洞者获纵观焉,率监察意也。监察姓徐,名绅,字思行,号五台,以名进士起家建德,奉命按江右,兹得代,行矣。"案:《秦汉书疏》十八卷,十六册,收秦汉书疏四百零七篇。嘉靖三十七年吴国伦任南康推官兼主白鹿洞时所刻,题"明武昌吴国伦校"。前有嘉靖三十七年聂豹序。

聂豹游庐山、憩白鹿洞,留下多首诗。有《次九江》诗云:"平生鹿豕资,原不闲羁束。胡为连王章,一体联三木。念兹栗里间,肯效穷途哭。寄语柴桑翁,冻馁亦自足。"又《送吕惟敬南康》诗:"周回江浙两经年,香币翩翩远贲然。风木岂胜悲岁晚,草晖何自报春妍。此行真感师生爱,临别能为儿女怜。洞学传心须有秘,相承无负我斋贤。"又《望庐山寄南康守王敬敷》诗:"庐山已负廿年兴,此日重过是逮臣。朱陆讲堂云满地,远陶诗社日生尘。天池寒浸中宵月,鹿洞苔滋十月春。倘遇生还来拄杖,将迎今有旧门人。"

聂豹(1487—1563),字文蔚,号双江,江西永丰人。正德进士,官至兵部尚书,以边功加至太子少傅。聂豹为王阳明心学正统传人,认为良知不是现成的,要通过"动静无心,内外两忘"的涵养功夫才能达到,主张主静修养,致虚守静的工夫论,还主张戒慎戒惧。黄宗羲《明儒学案》之《贞襄聂双江先生豹》云:"阳明在越,先生以御史按闽,过武林,欲渡江见之。人言力阻,先生不听。及见而大悦曰:'君子所为,众人固不识也。'犹疑接人太滥,上书言之。阳明答曰:'吾之讲学,非以靳人之信也,行吾不得已之心耳。若畏人之不信,必择人而与之,是自丧其心也。'先生为之惕然。阳明征思、田,先生问"勿忘勿助之功',阳明答书'此间只说必有事焉,不说勿忘勿助。专言勿忘勿助,是空锅而爨也'。阳明既殁,先生时官苏州,曰:'昔之未称门生者,冀再见耳,今不可得矣。'于是设位,北面再拜,始称门生。以钱绪山为证,刻两书于石,以识之。"

八、其他亲传弟子与白鹿洞书院

1. 曾屿

曾屿游白鹿洞书院,有诗云:"我来庐山山水县,白鹿不鸣何处眠!图书散逸苦兵燹,木石阴森经岁年。新题嵌壁纷古刻,凉月堕影惊秋蝉。幽人移情寄旷奥,几杖何得陪周旋。"

曾屿(1480—1558),字东石,又字岷野,自号少岷,四川合江人。正德进士,授户部江西司主事。善书法,工古文词。任南康知府时,帮助王阳明平定宸濠之乱。王阳明即令陈槐领兵四百,合着饶州知府林珹部下,攻收九江;曾屿领兵四百,合着广信知府周朝佐部下,攻收南康。

2. 屠侨

屠侨宿白鹿洞书院,有诗:"白鹿清幽洞草香,五峰影里见宫墙。图书道妙谁开始?天地人文有主张。云壑风泉刊不泯,匡庐彭蠡胜兹长。登祠拜罢论来夕,竹树阴阴锁院凉。"

屠侨(1480—1555),字安卿,号东洲,浙江宁波人。正德进士,任巡按江西监察御史。正德十三年(1518)来游白鹿洞。累官太子太保、左都御史赠少保。正德十二年(1517),王阳明在平定了谢志山、蓝天凤乱民之后,奏设崇义县,得到朝廷的同意。对于选调官员一事,王阳明与江西巡抚孙燧、巡按御史屠侨进行商议,选拔刚果有为、才力过人的南康县丞舒富担任。

3. 夏良胜

夏良胜访白鹿洞,有诗:"贫儒不用买山钱,到处开堂坐暖毡。白鹿效灵名古洞,紫阳卫道辟闲田。一湖水面真无恙,五老峰头尚有镌。末学虚怀遭雨恶,瓣香遥奠愧崇贤。"

夏良胜(1480—1538),字于中,江西南城人。少为督学副使蔡清所知,曰"子异日必为良臣,当无有胜子者",遂名良胜。后投王阳明门下。正德二年(1507)举乡试第一。正德三年(1508)进士及第,授刑部主事,调吏部,进考功员外郎。南巡诏下,良胜具疏,与礼部主事万潮、太常博士陈九川联署以进,皇帝与诸幸臣皆大怒,遂下夏良胜等百有七人罚跪午门外五日,系狱。良胜既归,讲授生徒。世宗立,召复故官。再下狱,特旨谪戍辽东三万卫,卒于戍所。

4.徐樾

徐樾曾在白鹿洞读书,听到王阳明讲学,作《传习录拾遗》,记述了王阳明在白鹿洞的经典名言:"樾方自白鹿洞打坐,有禅定意。先生目而得之,令举似。曰:'不是。'已而稍变前语,又曰:'不是。'已而更端,先生曰:'近之矣。此体岂有方所? 譬之此烛,光无不在。不可以烛上为光。'因指舟中曰:'此亦是光,此亦是光。'直指出舟外水面曰:'此亦是光。'樾领谢而别。"

徐樾,字子直,号波石,江西贵溪人。嘉靖初为鹿洞诸生。初从王阳明游。嘉靖七年,复受业于王艮,为高足弟子,成泰州学派传人。嘉靖十一年进士。历官云南左布政使。沅江土官那鉴诈降,樾信之,抵其城下,被害。黄宗羲《明儒学案》《泰州学案·布政徐波石先生樾》云:"先生少与夏相才名相亚,得事阳明,继而卒业心斋之门。先生操存过苦,常与心斋步月下,刻刻简默,心斋厉声曰:'天地不交否?'又一夕至小渠,心斋跃过,顾谓先生曰:'何多拟议也?'先生过渠,顿然若失,既而叹曰:'从前孤负此翁,为某费却许多气力。'先生谓:'六合也者,心之郛廓;四海也者,心之边际;万物也者,心之形色。往古来今,惟有此心浩浩渊渊,不可得而穷测也。此心自朝至暮,能闻能见,能孝能弟,无间昼夜,不须计度,自然明觉,与天同流。一入声臭,即是意念,是己私也。'"

5.魏良器

魏良器,字师颜,号药湖,江西新建人。随王阳明至绍兴,归江西,为白鹿洞山长,生徒数百人,皆知道宗王门心学。疽发背,医欲割去腐肉;不可,卒年四十二。有云:"理无定在,心之所安,即是理。孝无定法,亲之所安,即是孝。"黄宗羲《明儒学案》之《处士魏药湖先生良器》云:"良器字师颜,号药湖。洪都从学之后,随阳明至越。时龙溪为诸生,落魄不羁,每见方巾中衣往来讲学者,窃骂之。居与阳明邻,不见也。先生多方诱之,一日先生与同门友投壶雅歌,龙溪过而见之曰:'腐儒亦为是耶?'先生答曰:'吾等为学,未尝担板,汝自不知耳。'龙溪于是稍相媿就,已而有味乎其言,遂北面阳明。绪山临事多滞,则戒之曰:'心何不洒脱?'龙溪工夫懒散,则戒之曰:'心何不严栗?'其不为姑息如此。尝与龙溪同行遇雨,先生手盖,龙溪不得已亦手盖,而有怍容,顾先生自如,乃始惕然。阳明有内丧,先生、龙溪司库,不厌烦缛。阳明曰:'二子可谓执事敬矣。'归主白鹿洞,生徒数百人,皆知宗王门之学。"

6.黄省曾

黄省曾《赋得白鹿洞送职方卢师陈江西校文还朝》诗:"咏真古灵区,崐嶙奠彭壤。洞辟涵幽虚,冈崇联崭嵤。七匡托霞踪,二李税云鞅。调鹿有神泉,瞻凰在珍幌。国庠肇唐建,学院由宋眆。聚彦理金匮,为宫耀银榜。朱赋遝泽流,吕记高山仰。昭代崇曩辙,名绅振前响。卢君茂苑英,骞腾风楼上。衡才抱纶命,清秋肃南牓。珪璧登水镜,骅骝尽贤网。事竣戒旋复,心劳惬盘赏。星子浮华奥,五峰驻徂两。重峦入回合,扬澜眺混漾。循涧玉膏溢,探岭瑶花长。贯道萝门清,礼圣孤殿敞。缨梁释烦襟,杯池动玄想。既悦讨仙峤,况喜裁吾党。群贤拱师哲,兹乐宁外奖。"又《庐山吟》诗:"我闻匡庐山,西峙宫亭湖。少读神禹经,昔为天子都。背岷南来几千里,巍峰秀出名香炉。石镜孤圆照闾阖,屏风九叠开蓬壶。盘霞错日气璀璨,天鸡紫凤时相呼。匡君胜游太清境,空留碧汉青山影。冬春不断霜雪光,昼夜尝看二轮景。天池犹馀慧远方,莲花宛种仙人杏。长风自昔吹二龙,明月当时照三隐。予也萦怀十余年,披图萧爽心冷然。行当骑鹿芙蓉顶,长啸支矶玉女前。"

黄省曾(1490—1540),字勉之,号五岳山人。江苏苏州人。《明儒学案》记其"少好古文,解通《尔雅》。为王济之、杨君谦所知"。王阳明讲学越东,往见执子弟礼,又请益于湛若水,学诗于李梦阳。黄宗羲《明儒学案》之《孝廉黄五岳先生省曾》云:"阳明讲道于越,先生执贽为弟子。时四方从学者众,每晨班坐,次第请疑,问至即答,无不圆中。先生一日彻领,汗浃重襟,谓门人咸隆颂陟圣,而不知公方厘理过,恒视坎途;门人拟滞度迹,而不知公随新酬应,了无定景。作《会稽问道录》十卷。东廓、南野、心斋、龙溪,皆相视而莫逆也。阳明以先生笔雄见朗,欲以《王氏论语》属之,出山不果,未几母死,先生亦卒。钱牧斋抵轹,空同谓先生倾心北学,识者哂之。先生虽与空同上下其论,然文体竟自成一家,固未尝承流接响也,岂可谓之倾心哉?《传习后录》有先生所记数十条,当是采之《问道录》中,往往失阳明之意。"

7. 伍希儒

伍希儒游白鹿洞书院,有诗云:"亭上光风坐我人,前修端合是天民。五峰入望疑曾识,十圣相传只会神。洙泗清流应接派,宫墙白鹿欲求邻。浮生愧恨来何晚,为报山灵莫浪嗔。"

伍希儒,江西安福人。正德进士。王阳明弟子,与王阳明有过从。嘉靖三年(1524)二月,杨廷和以大礼议忤旨致仕。伍希儒、谢源欲北上入京师辩谤,王阳明致书阻其行:"人之是非毁誉,如水之湿,如火之热,久之必见,岂能终掩其实者?故有其事,不可辩也。无其事,不必辩也。无其事而辩之,是自谤也。有其事而辩之,是益增己之恶,而甚人之怒也。皆非所以自修而平物也。"又有《用韵答伍汝真》诗:"莫怪乡思日夜深,干戈衰病两相侵。孤肠自信终如铁,众口从教尽铄金。碧水丹山曾旧约,青天白日是知心。茅茨岁晚饶风景,云满清溪雪满岑。"钱德洪《王阳明年谱》:"濠见檄,果疑惧,迟延未发。先生四昼夜至吉安,明日庚辰,上疏告变。乃与知府伍文定等计,传檄四方,暴发逆濠罪状,檄列郡起兵以勤王。疏留。

复命巡按御史谢源、伍希儒纪功。"

8. 万虞恺

万虞恺有《送王职方奉使游匡庐》诗："庐山高处可登游,云白风清万里秋。峰影倒悬彭蠡月,江流遥带岳阳楼。使君虎节观吴楚,华宝龙光动斗牛。回首秦淮论武地,上游形胜在江州。"又《宿圆通寺》："十年驰宦辙,几度宿圆通。旧句曾留壁,孤怀叹转蓬。存心云起处,杯酒月明中。老衲谈遗事,欧苏迹已空。"又《送王仓曹迁九江太守》："所惜王维别,临岐独怆神。风流著江左,儒雅自河汾。早射承天策,方为列郡臣。高才非寡遇,壮志肯沉沦。剖竹匡庐下,吟诗楚水滨。清朝贵文教,守牧用词人。叔度歌来暮,甘棠咏作新。六条看赋政,五马快行春。回首还依阙,劳心且爱民。文星逼南斗,灵雨足东旻。终拟归黄阁,休言恋白蘋。从教雪山重,五老并嶙峋。"

万虞恺《万枫潭行年状略》："庚寅,同熊一鸣、程宗洛、伊龚北、沙彦,相往白鹿洞讲学。会金溪吴疏山悌、何灵谷谏亦至。闽人刘平嵩先生世扬为洞师。师友切磋体认身心性情之微,天理人欲之辨,着己功夫,颇知奋迅。是冬,长子廷言生。辛卯,归自白鹿洞。"万虞恺,字懋卿,号枫潭,江西南昌人。嘉靖九年、十年,万虞恺为白鹿洞诸生。幼专敏,为诸生,十分贫困,带经锄地。进入白鹿洞书院学习,欧阳德一见奇之,问:"君子无入不自得,所得何事?"万虞恺对答:"自得,又何事也。"嘉靖十七年(1538)进士,官至刑部右侍郎。徐良傅《枫潭集序》:"懋卿为诸生时,讲学于庐山白鹿书院,后游南野大宗伯欧阳南野先生之门。"万虞恺和其子万廷言都是王阳明的弟子,他们的心学都是王阳明亲传。万廷言的学说以心学为传承,以易为依归。万廷言还曾开堂讲学,四方学子奔走如流。

9. 朱勋

据康熙十二年《滁州志》,朱勋,字汝德。少从王阳明游,涵养沉邃。应正德十六年贡,入都,上乔大宰《瘦马吟》,一时传播缙绅间。授安福训导。任白鹿洞书院山长,历升泉州府教授。所著有《养生秘诀》《金刚经解》《逊泉诗集》,为世传诵。李应升志:提学聘主书院,一时名士争师事之。博学敦行谊,恳恳迪诸生,发挥辨志之说。有《匡庐行》诗:"清世闲官何所事,泉流引入山中诗。揽衣直上万仞崖,落日半空不知去。招呼五老来未来,相望一笑心颜开。插天双剑拔入袖,穿云鸣鹤骑将回。君不见或把金龟换美酒,或悬金印大如斗。豪华一去安在哉?本来谁识无何有。"又有《望五老》诗:"五老乾坤冷阅人,谓谁为主谓谁宾。我来相对浑无语,付与溪流说道真。"

10. 赖贞

赖贞,字洛川,江西会昌人,太学生。王阳明巡抚南赣,在赣州讲学,赖贞与他的兄长赖元追寻王阳明,在赣州从学。王阳明去世后,他又跟随王阳明私淑弟子罗洪先讲学白鹿洞书院,三年不归,寄语家人:"昔舒璘云:'敝床疏席,总是佳趣;栉风沐雨,反为美境。'"赖贞手抄王阳明的《传习录》以及往来辩学诸书,又把自己的心得附于书后。嘉靖四年(1525),与他的兄长赖元捐贵建学宫及湘江书院,以讲学知名士林。

11. 林应骢

林应骢有《洞院留题》诗:"峦回径转洞门幽,万仞宫墙枕碧流。前哲规模便后学,十年梦寐喜兹游。林花细落匡庐雨,云气长浮彭蠡秋。试问诸生道何处,鸢飞鱼跃静中求。"林应骢(1488—1540),字汝桓,号次锋。福建莆田人。曾任行人,户部主事,员外郎等。嘉靖三年(1524)秋,王阳明在浙江绍兴,林应骢寄来二诗,阳明先生次其韵复作二诗寄别,其一:"断云微日半晴阴,何处高梧有凤鸣?星汉浮槎先入梦,海天波浪不须惊。鲁郊已自非常典,腊肉宁为脱冕行。试向沧浪歌一曲,未云不是九韶声。"其二:"尧舜人人学可齐,昔贤斯语岂无稽?君今一日真千里,我亦当年苦旧迷。万理由来吾具足,六经原只是阶梯。山中尽有闲风月,何日扁舟更越溪?"嘉靖四年(1525),王阳明为林应骢诗集《梦槎奇游集》二作序。

他的文章受到台阁风气和"文学复古"风潮的影响,他的思想受到程朱理学"格物穷理"的影响,又认同对阳明心学"心本论"观点,服膺阳明学,拜其门下,成为阳明弟子。

12. 刘节

刘节有《和黎乾兆》诗:"白云踪迹未生疏,回首青山拂袖初。忠赤平生余谏草,计穷今日有医书。匡山逸客曾骑鹿,桐水高人更钓鱼。十亩硗田堪种秫,晓烟扶杖伴耰锄。"刘节(1476—1555),字介夫,殿试以百首梅花诗入仕,世称梅国先生,江西大余人。刘节自幼聪明,勤苦读书。官至户部侍郎。刘节小时候家境并不好,开始以"打砖"补贴家用,后来跟做瓦师傅学做瓦的功夫,生活才慢慢改善。条件略微好些,他就立刻发奋念书,学业大进。他的思想受到程朱理学"格物穷理"的影响,又认同对阳明心学"心本论"观点,服膺阳明学,拜其门下,成为阳明弟子。

13. 孙一元

有《浔阳歌十首》颂阳明破宸濠。其一:"半夜烟飞杀气横,水军攻破九江城。天子垂衣正南面,殊方逆贼敢称兵!"其二:"画舰雕戈兵势来,南康已破九江摧。鄱阳激滟空愁目,庐阜崔嵬作战台。"其三:"安庆合围久莫摧,中原保障有奇才。半夜缒城三死士,艨冲百万只空回。"其四:"金陵龙虎帝王基,石作城垣江作池。此是先皇开国地,留都万载莫轻窥。"其五:"中丞就义身难屈,宪副临危骂未休。要令后代看臣节,白日行天沧海流。"其六:"潘鹏陷贼翻行说,刘李逆谋乃助奸。即日尔曹皆殄灭,一时天下愧儒冠。"其七:"兵戈北指犯天阍,未到南都势尽奔。一夜玉颜凋后舰,珊瑚宝珙泣王孙。"其八:"内官白面坐喧呼,尽道能开五石弧。临敌一时皆扑灭,貂珰铁券岂应图。"其九:"王公众道善提兵,伍守临锋气亦横。大战长江看掎角,成功今日是书生。"其十:"闻道君王统六师,蛮兵百万羽林儿。亲征若果临南徼,江水今为饮马池。"孙一元(1484—1520),字太初,自号太白山人。陕西关中人,风仪秀朗,踪迹奇诘,乌巾白帢,铁笛鹤瓢,遍游名胜,足迹半天下。善为诗,正德间僦居长兴吴琮家,与刘麟、陆崑、龙霓、吴琮结社倡和,称苕溪五隐。有《太白山人稿》。

14. 薛侃

薛侃游庐山,过白鹿洞,有《天池寺》诗:"池上有天泉,混混出无已。智者活而圆,爱此功德水。心净欲自空,风止波弗靡。泉照老僧心,阒寂了无滓。酌水诵楞伽,超然悟宗旨。"薛侃(1486—1546),字尚谦,号中离。广东潮安人。正德十二年(1517)中进士。官至行人司司正。师事王阳明于江西赣州。后传王阳明学于岭南,是为岭表大宗,《明史》称"自是王氏学盛行于岭南"。

15. 华云

华云有《送庐山僧洪经归天池兼怀凌虚阁予所建也》诗:"匡庐频年梦里看,天池峰畔寺云寒。登高经岁悲诗圣,览胜逢春忆谢安。忽遇僧来询法侣,何时飞去倚香澜。题诗为报凌虚阁,一夜秋风已挂冠。"华云(1488—1560),字从龙,号补庵。江苏无锡人。嘉靖二十年进士,授户部主事,榷税九江。其间在庐山天池寺建凌虚阁。官至南京刑部郎中。初从邵宝,后入阳明门。有《锡山先贤录》。

16. 王臣

王臣有《游白鹿洞次韵》,即次王阳明《独对亭对五老峰》诗。王臣,字公弼,学者称瑶湖先生。江西南昌人。为诸生时,从王阳明学。嘉靖二年(1523)进士。历官至浙江佥事,为王阳明抚孤不避嫌怨,以广东参议罢归。一生多交游,历庐山、白鹿洞。

17. 陈逅

陈逅有《南康呈林以乘宪副,时闻西报有感》:"蓟门迁客天涯路,古寺逢君日暮时。青眼照人频送酒,丹心入鬓欲成丝。贾生落莫难忘国,杜甫苍茫独咏诗。闻说西军能悔祸,惟呼万岁答天墀。"陈逅(1493—1557),字良会,一作鲁山,江苏常熟人。正德六年进士。除福清知县,入为御史。累官河南副使。王阳明督两广,聘为师,讲道灵山书院。

18.翁万达

翁万达来庐山、白鹿洞,有《过虎溪》诗:"虎溪祠屋对山开,白水纡回银汉来。绝顶云霞依石塔,斜阳钟鼓动林隈。远公遗事今存钵,靖节当年此筑台。登眺无缘愧飘忽,古梯度马又寒梅。"翁万达(1498—1552),字仁夫,号东涯,广东揭阳人。嘉靖进士。历任广西梧州府知府,陕西布政使、巡抚,宣大总督,兵部尚书,三边大总制。有《东涯集》《稽愆集》等。翁万达兼备文武才略,被明世宗称为"岭南第一名臣"。从学阳明。

19.薛甲

薛甲曾登庐山,游鹿洞,留下诗作。有《游东林寺》诗:"黄叶山头寺,秋风日夕来。饭盂幽鸟下,拄杖白云开。故国莼鲈晚,清时钟磬哀。远公遗迹在,明月照经台。"又《雨中登天池绝顶》诗:"一步一登泥滑滑,千回千上雨霏霏。与君直去探龙窟,方是天池夜宿归。"又《游天池时癸亥八月》诗:"幽寺竹林过碧涧,香炉石刹口青郊。云浮晴旭峰峦入,叶下秋原杖屦高。岁月淹留堪小隐,江山寂寞恋同袍。从今分得岩前地,拟制长镵手自操。"薛甲(1498—1572),字应登,号畏斋,江苏江阴人。嘉靖进士。历官宁波府通判、保定府同知、四川佥事,江西赣州兵备副使、江西按察副使。嘉靖四十二年(1563)游庐山、鹿洞。

第十三章

再传弟子　发扬光大

——阳明后学与白鹿洞书院（上）

嘉靖年间,在王阳明过化白鹿洞书院的影响下,书院的讲学风气十分兴盛,王阳明的一大批后学来到这里,讲阳明心学,如王畿、魏良器、罗洪先、贡安国等,他们或者在书院举办讲会,或者入主书院,各有成就,影响巨大。

一、王宗沐与白鹿洞书院

王宗沐《与魏水洲先生》:"白鹿洞中拜翰教,令人瞿起,不知席之失也。道学微丧,得大贤身任其责,而某以浅薄执役,是方得窃闻而私相淑焉,何其幸也。若其风声雷动,固必有大功德、大力量者出以承之,而鄙人苦于与此,犹精卫之苦填海哉。咫尺千里,驰仰何极。即今秋气全苏,诸生皆集,乡贤云云,同袍共推,不以势位而尊,此真足以当之。鄙人幸与盛典,而令侄远来相谢,是叨天为功,尤自增愧。事毕,稍以此学提醒诸生,无不有醒发者。而抚赣生在盛夏中还省,同志四集,伏惟大贤照临之,则斯道兴起可期,公能无意耶。"

又有《朋来亭记》:"嘉靖丁巳,余视学事,八月十五日按南康,既竣试,出居白鹿洞。时兴国吴君明卿由给事谪居主洞事也,各府生儒至者几三百人。秋色霁肃,月吐而净,山高远市,树抄水出,石鸣籁静。昼集礼殿,夜则巾履,敷席岩头,诸生环坐,剧难发幽,各有旨趣。意得喉嗌,歌声四发,振薄空虚。解涤羁,洗嚣湫,队分侣引,或留或起,凡七日而解。余与吴君在徽缠中,宜无有是。而诸生亦往往苦铅椠咕哔,一旦与会偕来,宜其若抉飞仙与造物游。已而步西麓,得隙地而亭焉。向揽五老峰,余名之曰'朋来',所以志也。诸生有起于旁者曰:'五老巉苍,峙者不去,其亦何来?构亭面峰,人则就之,孰为去来?人虽乐山,而有情无情不相维也,而何为朋?以是名亭,义则何居?'余喟然曰:二三子,居,吾语汝。朋来而乐,非孔子之云乎!孔子之教于鲁也,布衣素王,无赏罚聚禄以奔走于其间。地不足以相假借,发声起名,而三千之徒亦皆甘恬乐道,无所市于世,相与问业就正,以毕其性命,不复求为宠也。然其奔驰流离,戈围木伐,甚至绝粮而不振。非有爽畅游玩足以娱厌耳目,而其徒相与结联,依恋不舍,终其身夫尝释。居则谈,行则随,相与骨肉之不唐,而世之炎而聚,冷而散,不面则背,若传侣然者不得而同焉。故弦歌浴咏,修然陶情合真,非世之浓艳于势位之间者。而苏轼曰:其徒自足以相乐,自尧、舜、周公而下,君与相未有以易之也。余与二三子学孔子者,今日数百之踪。居方结轨,不约而集。地胜情畅,快于心而适于事,二三子其亦常友而有概于心乎?且兹行也,重湖险深,风涛壮驶,虽非流离,不可谓安。二三子轻而来也,其亦将有求于洞与月乎?风月澄霁,道就呈体,虽未能信,其亦浩焉。若有会于衷,然其乐将为山与月乎?而以朋来也。余之无当,以吾一日长乎尔也,则师之矣。余方与诸生略去堤藩,无所事于官方截然之制,而山巅水涯非有所以湘来缚者。余之乐于二三子犹二三子忘余也,而岂皆藉于洞与月乎?乐本性体,活泼见前,朋来偶合,所谓缘境而出,不缘境而有者。然方二三子之未来也,与既来而解也,其亦有酣畅递发,恬然熙然若今兹者耶?而乐奚以遽不宣也?朋来四集,腴情合心,沃浃穆辐,谓其有可求而益我者。至如五老错列拱立,云雾迷散,倏忽变化,境则奇矣,曾不能有所发以应我。而余与二三子得而乐,乐而且亭以而专之焉,略去形色臭味,而求无有之外,然则世之求友者有是者耶?不知孔子之于三千,其亦若是否也?道体不息,学与俱焉。孔子临水而叹,登山而小天下,彼有取尔。余与诸生来而乐,罢而归,于此不求,而光景是留,其于道也远矣。诸生皆不对。明卿起曰:先生命之矣。在《易·咸》之九四有之:'贞吉,悔亡。幢幢往来,朋从尔思。'夫无私,心体也。芟夷蠲涤,无复纤翳,则若兹月矣。无私,感道也。弃捐攀缘,空洞正志,则若兹亭矣。夫要于道而乐也,则三千之来,孔子不为有心,而五老之向亭也,不为无心。反是则朋从,朋从则幢幢,恶在其能乐也? 故道莫盛于孔子,学与朋要于无私。故学心若兹山之月,与相求者若兹亭之于五老,则几矣,而兹游其庶有藉乎! 诸生皆划然若有省也。遂书之石以记,而附会者之姓名于石之阴云。明卿讳国伦,从行者同知张应台、通判李景先。最后成亭且书扁,太守刘存德也。"注:朋来亭在白鹿洞书院山背。嘉靖戊午,提学王宗沐建,自为记及诗。《庐山小志》:亭面五老,云端峰峦拱若宾主,第二峰顶有星岩,霁光刻瞩,最称奇胜。

嘉靖三十六年(1557),南康府推官、前给事中吴国伦主白鹿洞教事。江西提学副使王宗沐行部南康,既竣试,出居于白鹿洞书院,讲学置田,并修建朋来亭于院西路旁。亭面对五老峰,又在由北入洞路旁。王宗沐自为亭作记勒石。与其事者有知府刘存德、同知张应台、通判李景先、生徒近三百人列名碑阴。今亭只存废基,碑亦残缺,在入洞公路山坡中,仿据嘉靖后诸洞志录文。又有三诗咏新构朋来亭,其一:"朋来诚不负亭名,坐对天空五老清。显晦有时云作幻,堂亭无去主为盟。芙蓉缬绣当窗落,礼乐声歌绕洞鸣。千古何人得同调,巢松李白竟无成。"其二:"孤亭缥缈四无邻,今古匡庐望里春。俯仰乾坤须著此,主张风月更何人。洗心赖境终非静,避俗耽山亦是尘。未丧斯文吾党在,莫教虚度电光身。"其三:"结亭原只为朋来,朋至亭成傍雪开。三载两番缘底事,成章未达欲谁裁。天风树际传鸣铎,夜月孤峰倚镜台。同学纷纷近何事,心斋赢得似颜回。"

又诗咏《高美亭》诗:"万壑松涛秋正衰,高歌况复共登台。骖鸾心在舟难就,眠鹿场荒人未回。峰际云霞应有约,眼前狂狷好谁裁。此行千古殷勤意,欲叩天关乞上才。"又《住白鹿洞赠吴明卿》诗:"昔游中秋望明月,君当师席我亦健。今来岁暮君缩符,我已抱府三月羡。诸生来去半是非,须臾濛汜惊飞电。晴湖扁舟数落手,五老孤亭展窥面。深山大泽天地周,绦羁顿辔频经践。天寒雨雪大如掌,朔风落木庭如霰。白鹿不归飞瀑缩,洗削萧森色象变。人生百年几登讨,三载两番徒缱绻。衣冠颇似沂雩集,法轮谁学灵山转。斯文荷担须有人,君才百倍深予眷。吐吞珠玑笼百物,淡泊铢尘真自见。空墙咫尺溯源委,婉转风尘只行传。君不记,去年空山溪石滑,十里赤足相扶陟飞巘。"又《白鹿洞示诸生用吴川楼韵》诗:"南国枫丹秋正深,万峰宛转入层云。不缘奔走方耽寂,自是英才足与群。丘壑道存还济世,诗书意失只空文。莫将静理全凭境,仙俗由来一念分。"又《五老峰》诗:"五老阴晴不可期,我来一望更无翳。协恭端拱当天缺,独力支撑畏地欹。色相巉苍无翠黛,生平意气岂须眉。功名未是瘿人事,结屋相招合有时。"

王宗沐(1524—1592),字新甫,号敬所,浙江临海人。出生于世家门第。嘉靖进士,官至刑部左侍郎。与李攀龙、王世贞等为诗文交。嘉靖三十五年,任江西提学副使,修王阳明祠,建正学、怀玉书院,于白鹿洞聚集诸生,亲自答疑、讲学。嘉靖二十八年,任江西参政,次年,任按察使,辑成《江西大志》。黄宗羲《明儒学案》之《侍郎王敬所先生宗沐》云:"王宗沐……在比部时,与王元美为诗社七子中之一也。久历藩臬。及河运艰滞,以先生为右副都御史,查复祖宗旧法,一时漕政修举。犹虑运道一线,有不足恃之时,讲求海运,先以遮洋三百艘试之而效。其后为官所阻而罢。万历三年,转工部侍郎,寻改刑部。先生师事欧阳南野,少从二氏而入,已知'所谓良知者,在天为不已之命,在人为不息之体,即孔门之仁也。学以求其不息而已'。其辨儒释之分,谓'佛氏专于内,俗学驰于外,圣人则合内外而一之'。此亦非究竟之论。盖儒释同此不息之体,释氏但见其流行,儒者独见其真常尔。先生之所谓'不息'者,将无犹是释氏之见乎!"

王阳明得中进士时,台州黄岩(今属温岭)的好友黄绾,已是王阳明的得意门人,订终生共学之盟,官至南京礼部左侍郎、礼部尚书兼翰林学士。王宗沐对这位同乡长者很敬重,自然而然也受到他的影响。同乡秦鸣雷,临海城关人,与王宗沐于嘉靖二十三年(1544)同榜进士,殿试第一名,历任南京国子监祭酒、太常卿、礼部右侍郎等职,与王宗沐为姻家亲,后又为诗酒交。秦鸣雷称不上阳明心学的传人,但亦是王阳明的崇拜者,且嘉靖时的朝廷会试也开始用心学出题,秦鸣雷、王宗沐等天子门生无不信奉王阳明的心学。

王宗沐传承王阳明的心学,一方面是创建书院,亲自讲学,诸如任广西检察佥事,督学政时,修宣成书院,建崇迪堂,任江西提学副使时,建正学、怀玉书院,并至名扬全国的白鹿洞书院亲自讲学;另一方面,以心学教育后代。促其成才,他的三个儿子"一门三巡抚",为官清廉,百姓送给"万民伞"10顶,还有一位视为己子的侄儿王士性,不仅是位名臣循吏,还是一位被后人誉为中国有史以来第一位最伟大的人文地理学家。

王宗沐及其三个儿子、侄儿王士性等,在各自的著述中,把王阳明心学的核心"知行合一"得以充分体现。尤其是王士性,他40余万字的科学著作,十分注重实证,反对藉耳为口,假笔为书,强调事必躬亲,实地考察,耳闻目睹。这也就是弘扬王阳明心学的现实意义和时代价值。

二、薛应旂与白鹿洞书院

薛应旂(1500—1575),字仲常,号方山,江苏常州人。嘉靖十四年(1535)进士,曾任慈溪知县,官南京考工郎中。因对严嵩不满,被贬为建昌通判、浙江提学副使。归居后,专事著述。家富图籍。改授江西九江府儒学教授。嘉靖十七年,徐阶督学江西,属主白鹿洞书院。薛应旂是王阳明南中王门颇有影响的再传弟子,王阳明的朋友、吏部尚书唐龙对薛方山评价,十分确切:方山"性过自执,学不徇人,疾恶如仇,去奸如脱,诚所谓任事任怨之臣也"。薛应旂爱才,提拔、扶持大批后起之秀,受到广大儒学生员和正直官员的好评和爱戴。他教出的学生中，著名的有顾宪成、允成兄弟俩和方山自己的两个孙子敷成、敷教。他们四人同时就学于薛应旂，后来均中进士，同为东林学派的领头人。薛应旂认为："古之学者，知即为行，事即是学。今之学者，离行言知，外事言学。一念不敢自恕，斯可谓之修；一语不敢苟徇，斯可谓之直；一介不敢自污，斯可谓之廉。"黄宗羲《明儒学案》第六十二卷，有一段关于薛方山的生动描述："先生为考功时，置龙溪于察典，论者以为逢迎贵溪。其实龙溪言行不掩，先生盖借龙溪以正学术也。"

薛应旂有《郭溪窗稿序》："往余请教九江，今大学士少湖徐公督学江右，属余署白鹿洞院，凡四方来学者，给洞租以资薪水膏火之费，俾其专志于学。维时类多预异之士，而南昌钟子季烈则尤余所知者。既徐公召为宫洗，余亦寻补南考功，诸生皆散归各学……郭溪者，季烈之别号也。"钟季烈，南昌人，薛应旂主洞时诸生。

又有《赠方生》文："抚州方生以数学名于时，其言多所可，征其足迹半天下，一日诣白鹿书院，问余生年月日，余辞之。生乃曰：'若以余言为不足凭乎？'余谓之曰：'进退利钝，固自有数，但余方谢病，而乃屑屑于星命之讲，不几于却行而求前邪？'生默然久之。余因试问某某君若何，曰：'此非远大之器也，然而皆位跻公卿矣。'又问某某若何，曰：'此皆远大之器也，然而皆白首穷途矣。'余乃哂之，曰：'汝言若是，何以取信于缙绅耶？'生正色曰：'曾谓方山子而为是言哉！不闻乎，颜非天也，跖非寿也，夷齐非贫也，齐景非富也，贾、董、公孙、程、朱、秦、史，子以为孰远大乎？'余为感发，留之山中者旬日。其言大率类此。濒行，索余言为赠，余尚何言哉！为书其答问之语于册，俾广其传，且以为世之论远大者告焉。"

又有《观易台记》："薛子署白鹿洞书院，日盘桓于五老峰下，乐其奇胜，自谓与僻性相宜。但好事者时或至止，亦未免接应款答，诸生中好静者，稍以为言，于是讲习之暇，相从游览，遂访穷采，逾年几遍匡庐诸胜矣。一日偃息于东林寺中，僧弘演出《庐山志》视之，且指说往迹遗事。余谓之曰：'此皆吾所知，亦古今人所共游也。兹山镇压九江、南康，盘据三百余里，其幽崖绝壑，不可胜计，必有人迹所罕至者，汝尚为我言之。'僧迟疑逾时，谓此中有人相约勿泄，然业已露矣。翊旦，僧遂引余出寺东，稍南折，逾涧水，入山坡，僻仄陡峻不容竹兜。余乃摄衣徒步，攀崖缘涧，登陟窈窕，纡回灌莽，无虑数十里，始于香炉峰之阴，长松修竹中得紫云庵而栖息焉。庵有禅僧，独趺坐榻中，始若弗怿，既亦相解，余遂乐而留之。庵之东有巨石如砥，纵横约三丈余，余终日坐于其上，恍若有悟。时闽遵岩王子以参议分守是方，闻之亦徒步过访，遂属有司为余筑室三间，题曰'观易台'云。余时倦于支离，行不挟册，或进而问曰：'吾见先生之居于是也，终日頽然尔矣，观易之义，将无负乎？'余顾谓诸生曰：'夫夫也，谓易为真有画也，谓易为真有卦爻、象象也？二三子不观乎？日月之往来，草木之荣悴，云物之卷舒，游尘之聚散，俯仰咫尺，变态倏忽，上下六合，消息万状，无在而非易也，无时而非阳也。吾之观易也，观是焉尔矣。'诸生闻吾之言，若有契焉，遂请书以记。高瑶，南丰人，薛应旂主洞时诸生。

又有《白鹿洞与诸生夜坐》诗："白鹿栖岩曲，青衿集洞隈。昔年人已去，今日我还来。祠宇除蟏蛸，庭阶茀草莱。如何星月夜，深树夜狐哀。"又《白鹿洞至开先蒋郡推赵工部各携酒过坊》诗："深松惊柱史，幽壑见司空。出郭元无约，携壶亦偶同。郑虔来洞口，王粲在山中。日月真如毂，桃源几度逢。"又《饮靖节书院有感》："憩马柴桑里，悠悠怀昔贤。清风一壶酒，幽谷万重泉。不羡金书券，何须黄石编。微官真愧我，腰斩未知还。"又《将发上饶闻迁南考功之报寄诸生》诗："旭日山城绕，披衣上石台。白云亲舍近，丹诏圣恩来。地喜留都旧，官惭佐治才。匡山读书处，怅望首重回。"又《送左教谕》诗："余昔请教江州，往来紫云、白鹿，左子实同朝夕。及余为南考功，逾年，左子迁教谕虞城，过余官舍，一宿而别去，感而赠此。尊酒秦淮月，重逢左太冲。虞城千里去，庐岳几年同。聚散怜文藻，飘零叹转蓬。黄河南逝水，愿寄鲤鱼封。"又《题五老图寿汪尹》："我昔匡庐访奇迹，五老参差共朝夕。分明蓬岛隔尘寰，长天秋水芙蓉碧。一朝策马出金陵，交结贵游多上客。朱门绮席列笙歌，珍甘不疗烟霞癖。汪生昨自池阳来，手持画图长数尺。悬我中堂得纵观，云根山骨多奇石。菌芝灵异树萧森，中有五老披巾帻。峻嶒古貌芰荷衣，物外逍遥真自适。翛然一鹤横高空，丹砂秀顶玄霜翮。对之终日两相忘，恍疑身在仙人宅。生欲携归寿若翁，若翁元是陶彭泽。解绶归来卧白云，刀圭已炼长生液。"又《天界僧果斌往年曾访白鹿洞适游天界相遇感赠》诗："我昔幽栖白鹿山，君曾远叩紫云关。逃名甘老烟霞境，混俗犹来尘世间。城市闹中谁解静，官司忙里自能闲。到头不负平生约，何必金丹强驻颜！"又《宿圆通寺》诗："一别匡庐忽八年，重来泉石总依然。山僧犹记当时事，说向灯前似有缘。"

　　黄宗羲《明儒学案》之《提学薛方山先生应旂》："古之学者，知即为行，事即是学。今之学者，离行言知，外事言学。一念不敢自恕，斯可谓之修；一语不敢苟徇，斯可谓之直；一介不敢自污，斯可谓之廉。气者，所以运乎天地万物者也。有清则有浊，有厚则有薄，穷则变，变则通，故一治一乱，皆非一日之积也。圣人制命，贤者安焉，不肖者逆焉。万物皆备于我，不可以物为非我也，然而有我则私矣。万物皆具于心，不可以心为无物也，然而有物则滞矣。"

三、袁懋贞与白鹿洞书院

　　袁懋贞《申聘南昌乡绅舒曰敬主洞并议款》云：

　　　　为昭复旷典，礼聘名贤，以光师席，以兴来学事。蒙提学刘宪牌：前事奉抚院王批：推贤主洞，文教聿兴，为国树人，此为攸系。诸议详妥，仰会同守九道移文该府，作速修举。或有未尽事宜，不妨临时润色。题请一节，候会议酌行。此缴。又蒙按院陈批：敦礼宿望，为白鹿洞主盟，聿起人文，挽维世教，将在兹乎！据详，以甄收寓劝课，以礼让寓节啬，以查盘防侵冒，最为妥悉。除题请一节候会议外，其余俱如议转行，着实修举。此缴。

今将各款事宜开后：

一　聘礼。看得古者聘必有仪，见必有贽，玄纁羔雁所从来矣。今主洞尤盛举，而本官又名贤！合如县议，支银二十两折花银色币，仍需俯官一员，率青矜数辈，亲诣敦请。其在祠铺陈帐幔，家伙什物，固无取于奢华，亦难容于苟简，合照司道行台供帐，容本府追取夙欠洞租，着量治备，大约不出二十金而足矣。

一　分督。看得师席本自尊崇，而敷教尚宽，无分等类。度此番负笈而至者，固不乏姱修有志之士。倘其中有一二不肖，私智先人，雌黄任口，灭维逾检，饮博恣情，相聚而移寸阴于清谈，相恶而出飞条于暗地。或上而为清水之傲，或卑之而贻薪木之忧。有此败群，究且辜此盛举，则绳愆纠慝，不可无人，此最吃紧一义也。本府即责在提调，而府与洞难以互相移文，势必仍照前规，另与所属训导一员，督理洞事，而受成本府。凡洞主所欲行，及洞中所应行者，须详悉申府。钜者以便转呈，细者以候批示。即在洞门户关防，什物稽查，人役管束，统所责成，庶师体益肃，而洞规亦永守勿坏矣。查星子县训导陈维智，年方力壮，模范素端，允可肩此任者，合无即行委用。其旧例，管洞俸外，每年给廪给银一十二两，仍照旧例支给，为彼在洞资斧可也。

一　优给。看得旧规，洞生每月给银三钱，至四十三年，改给月课优等。夫亦绠短汲长，为是变通其间，今为此举。计簦簪如云，昨者变通之术，当遂为经久之规矣。查算租银，除廪给、备用等外，计存二百两有零。每月计两考，每岁计考二十四次，每考该银八两五钱。除供给纸张，姑以百人作数，计应用银一两六七钱之外，凡一等赏三钱，应定为十名；二等赏银一钱五分，应定为二十名；三等前十名赏银一钱。以银之多寡，为优等之多寡。此规立而诸生有所激劝，租银亦多不告匮，允应照新例为优给者也。

一　号舍。看得本洞号舍六十余间，比见塾师学究，于中聚徒设帐，甚至挂名本洞者，终年绝迹，空室尘封，白占无用之房，预阻有志之辙。已经本府逐一查出，及各房置壁剖格，每房可容二人，见今可容百余人矣。但先至者业已占定，而后至者茫无投止，远方之士有可领袖诸生，时名籍甚者，忍令其望宫墙而返乎？合于洞主初至时，选留七八十生，宁空余房一二十间，以俟来者。嗣后则凭月课去留，每月二考，有于六考皆居三等末二十名内者，时已三月，天道小变，学业不进，实应自裁，让房空锁，以待后来。庶乎披沙拣金，所萃皆宝，而于招致之盛心亦不至于穷矣。

一　提调。看得洞主登文坛，具法眼，识骏于骊黄，辨材于良楛，自其所长，非簿书之余能参其一二。但虑月课非轻，优给之有无，号舍之去留，实系于此。洞主以师弟久稔，恐不能太为分别，或新进者有桑梓，于进洞主概能冷面相向乎？其中进退，宁本府代任恩怨，每月会考，悉听洞主品评外，仍送本府检阅一过，写案揭示。其有空房，亦必由本府封锁，后有为洞主新收者，洞主谕知教官，其教官并将试文送府，领钥启封，方许新生居住。庶洞主不至掣肘，而盛举可常，从前本府原有提调之责，恐在今更不容辞也。

一　题请。看得官为国家任职，师为国家造士任职，不过尽瘁厥躬，造士而储材特用，报效无穷，师盖綦重矣！此先年按院唐所以为蔡宗充而特疏也。然蔡先任兴化府教授，其时亦请以原官改任本府耳。至陈白沙、吴草庐诸先辈，或以孝廉，或以布衣，皆由荐闻，优以不次，是遂为我国家成宪。题必择贤，贤则不乏题也。惟自征聘之典，寥阔于今，而谈者遂诧为异举耳。今本宦文章行谊，大江南北无不仰为山斗，且其起家高第，亦曾领邑事、督郡学矣。比照前事，名实委属相符。且本洞自周、朱两夫子及象山先生、阳明先生先后倡明正学，而白鹿遂为文教名区。紫阳之知南康军也，请给洞田，请颁《九经》，皆因文教而重其地，因地而重其事。今幸际加意斯文，慨复旷典，是诚千载一会。倘徼德意，将本宦先事题请，或教成荐用，盛心盛举，岂其独让古人？但事干重大，有听上采酌而已。伏乞台栽。

一　羡余。看得本洞租银，每年四县额该解银三百五十四两三钱六分。每遇科举年分，给生员盘费银七十余两，解刊齿录银二十两，按院观风给赏师生银五十两。观风考校或一二年不等，姑概以三年扣算，每年额该支银四十六七两，赈助贫生亦于内取给，其听本洞支用者，实大约三百七两零耳。而历查以往，自三十一年至四十四年，逋欠乃至二千一百有奇。其间有水旱不登者十之二三，隐占侵牟者十之六七，解数不敌逋数，其常也。除见今兜底清查外，姑尽租计之：洞主廪给并节仪支银一百两，分督教官支银一十二两，每年二十四会，每会一、二等给赏支银五两，纸张供给支银一两五钱。本洞每年额共支银二百六十八两，余银三十九两七钱有奇。正恐逋欠难以取盈，号舍什物有时修葺，且多士久客，宁无匍匐归途，呻吟药饵，一切意外之用？所应代思其忧，则以余银备用，诚有见也。

一　登报。看得各县洞租，向来多付典史征收，礼房掌管，又溷入里递督催，以致隐占侵牟，种种弊窦。各县既漫不留意，诸生则意府有积银，以致本府受刊印之讥，而更勤仰屋之叹。夫均之钱粮也，无有钱粮而不奉查盘者，何独宽于此耶？今后请一如州县钱粮申报之例，必收支完欠，历历上闻，两院并提学道按季稽查，则所谓求者、主者、解者、逋者，无所作奸，无所掣肘矣。

又有《申请主洞文》：

看得鹿洞，理学名区，海内钦艳。先以师席虚旷，文路蓁荒，幸蒙院道嘉惠作兴，敦请碣石舒先生主洞，一时多士云从，文风丕变，传为胜事。亡何天啬其缘，先生会以艰去。本府犹会同刑厅，共相鼓率，远就丹铅，诸生旋又以试事分歧，前会遂寝。本年犹课数会，而坛坫无人，气衰再鼓，尘封茅塞，忽已逾期。学问消长靡常，玩愒光阴易迈。无论向者当道殷殷，初意不忍辄付灰冷，而有志子衿，每牢骚相向，亦安得谓薄书无暇，竟弃置之乎！初泥教必易子别，想借青成蓝；今悟归有余师，何似就灯乞火？本府推官李应升，高第联承蝴翼，文名久执骍旄，多士素已倾心，即该厅亦不靳雅意。况今榷事已竣，厅务非烦，兼摄无窨于长才，胜事则喜有专主矣。但师道宜尊，非允自上意，不为隆崇；礼遇当优，非体及其私，恐致苟简，每月除小会外，其两大会必当亲宿本洞矣。师生茶果，早晚饔飧，驿不能常供，力不能自备。往例：督洞教官二员，亦每年共给银十二两。兹欲仿问馈之遗，难同苜蓿之俭，议加一倍，每年支洞租银二十四两，送本厅自备往洞之需。至分督教官，劳逸应均，原议择时望者轮管。今查有某俱堪督洞，合俾更替，以示一新。若诸生供会、给赏诸费，悉具前案，无庸改议。

袁懋贞，江苏泰州人。明万历举人。知南康府，勾剔蠹隐，饬兵清赋建，隄筑闸，修白鹿洞书院，礼迎山长，兴起士行。明代泰州地区的袁懋贞、李春芳、凌儒、林春、韩贞、冒起宗、徐耀等地域性文化名流，均为泰州学派后期骨干。袁懋贞岳父则是王艮嫡传弟子林春。王艮之学，从其传至林春，林春传袁懋贞，袁懋贞传冒起宗和宫伟镠。

舒曰敬（1558—1636），字元直，江西南昌人。万历进士，历任知县、教授，后辞官居家四十年，曾主讲紫阳山、白鹿洞书院，并为滕王阁社、杏花楼社的盟主，与一大批名士往来唱和，喧噪一时。朝廷名公巨卿，多出自其门下。万历四十五年（1617）主白鹿洞书院。舒曰敬入主白鹿洞之后，采用的教学方法就是会讲、会文，每个月在这两方面所花的时间合计 12 天。会讲就是让学生准备好各种问题，集中起来向教师提问，教师逐个答疑辩惑，反复数次，直到学生弄明白为止。这种教学方式极大地提高了学生的学习主动性，发挥了各人的才华。为此四方学者闻风赶来，白鹿洞容纳不下，就住在附近的民房、道观及寺庙里,时任江西布政使描述了这一盛况,"始合一郡之英髦,继集四方之名彦"。

四、章潢与白鹿洞书院

万历十一年(1583)章潢被聘为白鹿洞山长。熊德阳《重修礼圣殿记》:"吾闻何、田二守,时赖李、朱二使君为之倡率,故得从容肆力,聘布衣胡居仁、章潢辈以主洞事,而教化大行。"章潢(1527—1608),字本清,江西南昌人。自幼好学,父亲去世,建此洗堂于东湖之滨聚徒讲学,尚主白鹿洞书院讲席,立《为学次第》示学者,参予江西诸多讲会之会讲活动,为其时南昌一带王门学者的领军人物之一。章潢在与学友往来互动中切身践履儒家生命之学。面对阳明后学异端四起,佛老及辞章训诂之流对儒学的冲击等一系列问题,章潢以弘道为己任,吸收各家思想,并熔铸于一身,形成了实学风格的心学思想。

章潢曾为书院制订《为学次第》学规:

一　学以立志为根源。

盖树必有根,其茂参云;水必有源,其流到海。志乃人之根源也,非心之外,别有志也。志义从士从心,即士之心也。夫天生斯民,聪明才力无多,兼之惟志有不立,则此心便为富贵、声色所诱,故智见之开通,气魄之担荷,尽从世间纷然赫然者驰骛一生,不思人之精神能有几许,人之受享各有限制,所见所为既已差别,及至身终,凡平日所谓纷然赫然者,一毫受用不着,不过与草木同腐朽耳,良可概哉! 若有志之士则不然。同一聪明也,反之身心,以究竟自家性命,苟不能通神明之德,类万物之情,不已。同一才力也,反之身心,以完养自家性命,苟不能为天地立心,为往圣继绝学,不已。则此志一立,此心恒存,一日千里,谁御之? 一念万年,谁夺之? 贯金石,通鬼神,树不朽事业,而无忝所生矣,不亦伟然大丈夫哉。程子曰:"言学便以道为志士,言人便以圣为志。自谓不能者,自贼者也。"人胡为乎忍自贼耶!

一　学以会友辅仁为主意。

盖志学,所以学为人也。人生七尺之躯,岂徒以耳目口鼻、知觉运动与物异哉!孔子曰:"人者,天地之心。"又曰:"仁者,人也。"言天地生生之德,凝聚成人此所以备五行之秀,擅万物之灵也。学以求尽人道,要做个顶天立地的汉子,须索求仁。然志仁在己,辅仁在友。反而思之,平日志气,果专在求仁,不以纷华美丽荡心,不以科名得失动念,不以人言毁誉动情否乎?平日交友,果专在辅仁,而群居切磋,果皆直谅多闻之士,无淫僻邪安之损否乎?程子谓必有求为圣人之志,方可与之共学。今日相聚一堂,正会友辅仁,共学入圣之日,须各从自家身中沉思默识,或摅所得以求证,或质所疑以求明,或举平时所玩经书及先儒格言未能慊心者相与论辩。大家平气以相资,虚心以相受。稍有胜心惰气、言行过差,即密相教正。虽退居各斋,因不可以冥冥惰行,亦须爱众亲仁,恳恳恻恻,忘人忘我,直欲同归于善,使天地生生之德,实有诸己,庶几践形惟肖,善与人同,无负今日共学之谊。

一　学以致知格物为入路。

夫人心之灵,莫不有知。即孟子所谓不虑之良知,孔子所谓知之为知之,不知为不知是也。但认意见以为知者,既不能求良知于自性,而求理于事事物物者,又不识物则一本之于天生,此《大学》所以有致知格物之训也。夫欲明明德于天下,即所谓志;推其功之最先,莫先于致知格物矣。玩圣经一篇,岂有二知,岂有二物哉!盖天下、国家、身心、意知,一物也。虽云为物不贰,其实物有本末。虽云万物戒备,其实天则秩然。凡知止,知本,知所先后,皆此物也。真知此者,内外精粗原是一物,天地万物浑然一体。程子所谓先须识仁是也。苟物有未格,且昧乎致知之所在矣,何有于知之至哉。乃近之谈良知者,又止认现在之智识,以为良知之妙用,且云只此便是顿悟用功,反加束缚。不思金杂砂砾,淘之方可以求真,水满污池,澄之方可以还源也。曾谓致知不在格物也耶?夫俗学不著不察,图逐末而忘本,异教专守灵驾,又未免自局其本而遗末焉。圣学不明,职此之故。态大学者,盖自天生蒸民之初而求之。

一 学以戒慎恐惧为持循。

夫《中庸》言戒慎不睹,恐惧不闻,何也?圣学本天,而天栽原无声臭,即天命之性,未发之中。《记》云"明目而视之,不可得而见;倾耳而听之,不可得而闻"是也。古人畏天命,尊德性,亦临亦保,不敢懈怠荒宁,岂能于性上加毫末哉!正以性体本自严明,本自钦翼故也。世人未尝不戒惧也,却又都从睹色闻声上枉费心神,终生忧惑,汲汲皇皇,祇于自性加桎梏耳。真心学者,既能格物以致其知矣,即于此小心翼翼,夙夜匪懈,顾諟天之明命,庶几时时此未发之中而为君子中庸也。否则无所忌惮,即小人之中庸矣。信平,能戒惧,则精神敛于隐微独觉之内,惟精惟一,俨然上帝之汝临;无忌惮,则精神逐于耳目见闻之表,愈浮愈荡,且不自觉其灵明之日丧也。即读书作文时验之,念弛则气昏,气昏则灵机窒塞,故记诵易忘,而词亦不达矣。可不慎哉!若曰性本洒落,学宜解脱,而恶戒谨恐惧之太严,盖缘不识干体,故不能朝乾夕惕,以法乎天行之健,不识自性,故不能竭才发愤,以励乎不息之功。纵有透悟,尽为虚见所障,所以耽玩意趣,格弄精魂,逍遥于无何有之乡,又何以底大成之域哉!

一 学以孝弟谨信为实地。

夫致知格物之学,戒谨恐惧之功,岂徒如世之闭关习静,以保守乎昭昭灵灵之性体云乎哉!凡今之人,孰不为人子,亦孰不为人弟也!观孔子天纵至圣,犹云君子道四,丘未能一。而言行相顾,一归诸慥慥之君子。吾侪愿学孔子,不思致力于此,可乎哉?盖孩提莫不知爱,莫不能爱,率此知能之良以孝其亲,不过取诸吾性之仁而自足也。稍长莫不知敬,莫不能敬,率此知能之良以弟其长,不过取诸吾性之义,而自足也。

何其简而易也？日用间言者言此，才觉浮靡，便须简嘿，时时修词立诚，不极其信不已，则言满天下，无口过矣。行者行此，才觉浅露，便须敛敕，处处諟身砺行，不极其谨不已，则行满天下，无怨恶矣。斯人也，一家之孝子悌弟，即天下之仁人义士。穷而在下，卓然乡邦之楷式；达而在上，巍然海内之仪刑。始焉，实德乎庭帏，终焉，精光射百代。孟子谓"入则孝，出则弟，守先王之道，以待后之学者"，亦惟自尽其性分，而无忝乎弟子之职焉尔已。

一　学以惩忿窒欲、迁善改过为检察。

盖内外兼修，本末交致，乃君子之实学也。彼徒粉饰其皮肤，检点乎事迹者，固非务本之道。若能循格致以启其端矣，成谨恐惧，从事于孝弟谨信以践其实矣，而细行不矜，得非大德之累乎？且善无穷尽，人多过差，忿心难除，欲念易动。试观《易·象》损、益二卦，其旨宏深，或气以忿而暴，或情以欲而迷，或以善小而为，或以过小而不改，于以会友辅仁，望其日进无疆也，难矣。是故惧爝火不熄，终至燎原，而惩之于微；惧涓流不塞，终成江河，而窒之必预。迁必如大舜之舍己从人，乐取诸人以为善，改必如颜子，有不善未尝不知，知之未尝复行，而后动心忍性坚志熟仁，一切逆境不能为之摇，庶气质可尽变，习染可尽除也。警之藩篱坏，即修之，则家之宝藏为愈固，风邪侵，即药之，则身之元气不愈充乎！周子曰："君子终日乾乾不息于诚，然必惩忿窒欲，迁善改过而后至。"诚哉，是言也！愿共佩眼之，以为防检省察之功。

一　学以尽性至命为极则。

《易》曰："穷理尽性，以至于命。"凡前所云，皆性命之理也。何也？物一也，真能格物，以致其知，则孝弟言行莫非此物之散见。而仁也，性也，命也，即此物之别名也。格致、戒惧、谨信、惩窒、迁改，孰非尽性至命之功哉。若云性之尽也，命之至也，未易言也，则是不知性与命者也，是故命即性之于穆不已，而一定之不易，性即命之流行至善，而生生之不息也。"尽"之云者，万物一体之量，必欲其充满无亏。"至"之云者，一原浑沦之大，务使其几微毕到。孔子自志学至从心所欲不逾距，其尽性至命，信万世之楷范也。噫嘻，凡今之人，孰不同此性命哉！特患无真志耳。有真志者，必有真学。故学必如是，而后不背乎圣教求仁之旨；人必如是，而后无忝乎父母罔极之思，无愧乎天地生成之德。《易》曰："穷神知化，德之盛也。""先天而天不违，后天而奉天时。"而人亦天也。愿同志共勉之。

一 学以稽古穷经为征信。

夫学不本诸身心性命，而祗尚记诵博洽以相高者，无足论已。然仲尼至圣，犹韦编三绝，好古敏求，四教四科，未尝废文学也。故《说命》曰："学于古训，乃有获。"凡《六经》《四书》，孰非古先圣贤之遗训乎？但近之谈学者，弃往圣之典坟，鄙宋儒之成宪，一切师心自用，游谈无根，自任顿悟顿修，标立门宗，谓能使不识一字之凡夫，立跻圣位。不曰皋夔以上，何书可读，则曰《六经》乃"吾心之注脚"耳。此所以人人得为异说，侮圣言，悖圣道，殆莫可救药矣。矧国家以明经造士，盖将涵养薰陶于中正纯粹之归，故即其文词，可以见心术也。奈何习举子业者，所嗜反在班、马、庄、《骚》，甚则猎战国策士之雄谈及空门话柄，以发挥孔、孟旨趣。杞人之忧，岂徒坏士习已耶！至若世之所称聪明俊杰，留神心学者，又每每遗弃人伦，结侣方外，或单提直指，或一意双修，所习者寂体静功，所证者真途内典。若混三教而一之，其实视吾圣门典籍，不啻糟粕而土苴矣。虽然，经书具在也，态格数之学者，维庄诵圣经贤传而紬绎玩味之，孳孳乎论世而尚友，多识以蓄德，则所征不差，所信念笃，凡一切非圣之书，曾得而惑之哉！谅哉，穷经不特可适用也，实为明体之证，学古不特可入官也，实为入圣之资，是穷理多端，而惟穷经为尤要。苟曰不然，试观千古，曾有不明经典之圣贤哉！

黄宗羲《明儒学案》之《征君章本清先生潢》云：章潢，字本清，南昌人。幼而颖悟，张本山出"趋庭孔鲤曾从《诗》《礼》之传"句，即对"《大学》曾参独得明亲之旨"。十三岁，见乡人负债缧绁者，恻然为之代偿。与万思默同举业，已而同问学。有问先生近日谈经不似前日之烦者，先生曰："昔读书如以物磨镜，磨久而镜得明；今读书如以镜照物，镜明而物自见。"构洗堂于东湖，聚徒讲学。聘主白鹿洞书院。甲午，庐陵会讲，有问："学以何为宗？"曰："学要明善诚身，只与人为善，便是宗。"又问："善各不齐，安能归并一路？"曰："继善成性，此是极归一处，明善明此也。如主敬穷理，致良知，言各不同，皆求明性善之功，岂必专执一说，然后为所宗耶？"又问："会友如何得力？"曰："将我这个身子，公共放在大炉冶中，煅炼其习气，销镕其胜心，何等得力？"入青原山，王塘南曰："禅宗欲超生死何如？"曰："孔子朝闻夕死，周子原始反终，大意终始皆无，便是儒者超生死处。"邹南皋曰："今之学者，不能超脱生死，皆缘念上起念，各有牵绊，岂能如孔子之毋意、必、固、我。"曰："意、必、固、我，众人之通患，毋意、必、固、我，贤者之实功。孔子则并此禁止而绝之矣。"御史吴安节疏荐，少宰杨止菴奏授顺天儒学训导。万历戊申，年八十二卒。所著《图书编》百二十七卷。先生论止修则近于李见罗，论归寂则近于聂双江，而其最谛当者，无如辨气质之非性，离气质又不可觅性，则与蕺山先师之言，若合符节矣。

章潢又有《勉诸友四首》，其一《立志》："为学须当志在先，精神若奋肯悠然。输忠抵死心弥切，失节捐生气愈坚。吃紧些儿含万化，最初一念定千年。乾坤担子传今古，惟愿诸贤硬着肩。"其二《修身》："诸贤矢志欲修身，却要还他一点真。向里研穷先圣脉，从头指点本来人。寝行独惧羞含影，昼夜常期通鬼种。天性不离形色外，承当早已异凡民。"其三《循礼》："圣门礼教肃威仪，一敬端然绝百非。规矩严才堪琢削，准绳定自不差移。居常模范宽而采，屋漏神明俨若思。信得颜渊犹四勿，此身何敢任骑跌。"其四《穷经》："自从河洛出图书，天地文章大展舒。六籍中天行日月，百家当路长榛楛。传心不独空稽古，开卷须教面启予。况是圣经原注我，试看学易者何如！"

五、邹元标与白鹿洞书院

邹元标在白鹿洞书院写景抒情,留下了 10 多首诗。邹元标《次阳明韵》:"几从江上过,危峰坐中见。清秋披蒙茸,始得陟崇巘。诸贤聚一堂,图书已识面。忆昔迷歧路,困衡不善变。博文并格物,留情经与传。于今两置之,深荷圣衷眷。古人弃糟粕,用为来者劝。素琴本无弦,了心何足辩。"

在庐山天池,邹元标有怀阳明,有《天池寺次阳明先生韵四首》,其一:"嵯峨峭壁有高台,太乙谁将混沌开。见说远公曾说法,空中纷堕雨花来。"其二:"问道山僧谁是主,山僧指点空中取。空中无相亦无色,龙过山头行暮雨。"其三:"是处青山能作主,年来无住亦无取。琼浆一掬正泠泠,翻手为云覆手雨。"其四:"趺坐凌空并鸟宿,雷声隐隐来东麓。须臾雨散银河净,月满岩头云满屋。"

其《大意亭》云:"烟水环山碧,不见垂纶客。空余此高台,惆怅千年迹。"又《闻泉亭》:"沥沥泉声响,因风杂涧篁。仲尼观逝水,孺子咏沧浪。"又《钓台亭》:"山头一片石,人传旧钓矶。万竿秋色里,相对已忘机。"又《思贤亭》:"芳兰不可握,翠竹映楼台。隐几焚香坐,清风扑面来。"又《朋来亭》:"圣贤久寂寞,六籍总荒芜。夜夜庭前月,相看自不孤。"又《偶言二首》,其一:"壁间时挂不弦琴,风度泠泠万古心。我欲一弹山水曲,却嫌人拟太高深。"其二:"无古无今无显微,千年贤圣意同归。庭前草色青青出,未许人间说是非。".

又有《题无学卷兼柬三怀上人时同寓匡庐二首》,其一:"见说栖霞曾住世,忽闻飞锡在匡庐。非生非死应须识,莫向岩头又著书。"其二:"持经为母到西台,五两风轻一苇开。月照蒲团猿鹤静,好骑白鹿再归来。"又《东林寺》:"皓月东林寺,来过恰二更。碧天澄霁色,凉夜捲涛声。虚谷攒松桧,芳洲剩杜蘅。秋风吹挂杖,拟续北山盟。"

又南康《谒周元公祠》:"水漫平田绿树滋,野塘孤浦敞遗祠。春融砌草年年长,云拥图书片片垂。未拜匡庐犹仰止,坐听彭蠡亦流澌。乾坤负荷者谁子,独立庭阶有所思。”

又有白鹿洞书院《读书》诗:“红尘玉案休相侵,为爱名山即道林。残卷开题珠影遍,空斋长掩白云深。眼看大易原非画,弹到朱弦别有音。何处更寻糟粕句,斲轮先已得吾心。”

邹元标(1551—1624),字尔瞻,别号南皋,江西吉水人。明代东林党首领之一,与顾宪成、赵南星成为“东林党三君”。万历进士,入刑部观察政务。到任后,忠言直谏,抨击时弊,改革朝政,屡遭贬谪。居家三十年讲学,未涉仕途。崇阳明学,提出“致良知”应该有“良能”,“良能”就是效国效民的能力,“良能”是“致良知”的“核心”。邹元标的学说影响极大,是明代后期江右王学的重要代表人物。

黄宗羲《明儒学案》之《邹南皋先生元标》云:“罢官家居,建仁文书院,聚徒讲学。……建首善书院,与副都御史冯恭定讲学。群小惮先生严毅,恐明年大计不利党人。兵科朱童蒙言:‘宪臣议开讲学之坛,国家恐启门户之渐,宜安心本分,以东林为戒。’工科郭兴治言:‘当此干戈倥偬之际,即礼乐润色,性命精微,无裨短长。’先生言:“先正云:本分之外,不加毫末。人生闻道,始知本分内事,不闻道,则所谓本分者,未知果是本分当否也。天下治乱,系于人心,人心邪正,系于学术,法度风俗,刑清罚省,进贤退不肖,舍明学则其道无由。湛湛晴空,鸢自飞,鱼自跃,天自高,地自下,无一物不备,亦无一事可少。琳宫会馆,开目如林,呗语新声,拂耳如雷,岂独碍此嘹嘹,则古昔谈先王之坛坫耶?臣弱冠从诸长者游,一登讲堂,此心戚戚。”

六、孙应鳌与白鹿洞书院

孙应鳌有《白鹿洞》诗:“匡山游览意不尽,挟翼飞下五老峰。岩壑累累漱琼玉,穹窿岳岳开芙蓉。洞中鹿去草花合,林外鹤鸣烟雾浓。学道采真本吾志,兴来直欲凌乔松。"又《重游白鹿洞歌》:"白云初开瀑布飞,逸客复来登翠微。山影照耀转日晖,忽忽满空烟雨霏。穿林度崖苔藓腓,野花袭人香气馡。洞口波长没钓矶,石脉泉流冲荆扉。爱景步涉忘曲磋,随尽杯酒相与挥。气志潇洒偕音徽,盘桓送目未云几。群峰散紫暑色希,不觉明月乍沾衣。濯出混沌流光辉,移阴耀彩星宿稀。啸歌逍遥言旋归,心虑淡然理无违。世事浩渺何是非,回首陈迹莫歔欷。古来曾点得所依,不见舞雩与浴沂。六极放怀且忘机,松风悠扬露渐晞。"又《庐山四首》其一:"千山掩映万山低,一径萦回百径迷。风静云消还独啸,满轮孤月在天西。"又《再览庐山诸峰五首》,其一:"吾将学道庐山颠,紫电白虹相护缠。湖中蛟龙莫浪吼,倚天双剑秋娟娟。"

又《次王宗沐题朋来亭韵三首》,其一:"乔岳高人两并名,文章相对有余情。每缘休暇耽幽赏,得向巉岩结静盟。歌罢雅音真寡和,梦残天籁自相鸣。十年愧杀奔忙客,何事金丹不可成。"其二:"欲问兹峰早卜邻,开花鸣鸟八千春。采芝常想宽闲野,避世应归磊落人。忍使白云依水石,翻怜黄发老风尘。玄珠象罔何由得,姑射山中信有身。"其三:"重到匡庐旧雨来,芙蓉面面若为开。清溪净扫谁磨洗,锦谷分流自剪裁。几向支离穿晚径,试从漂忽望春台。偶忘问答非偕众,满耳松声鹤正回。"又《太平兴国宫用王龙溪韵》:"咏真元福地,古径已平芜。林隐云光乱,烟销殿影孤。仙源何寂历,灵迹半虚无。闲坐观元化,吾今且丧吾。"又《谒濂溪墓次罗念庵韵》:"地切名儒墓,瞻依洽素襟。水萍成独荐,风叶自相吟。庐阜高何极,浔江信几深。卜居邻有道,洒扫亦吾心。"又《谒濂溪祠次阳明韵》:"溢溪对眼照还真,绿草离离映葛巾。共尔后游寻圣轨,启予先觉是天民。满庭风月应无尽,千古心知合有神。泣路昔曾悲白首,采芳今得荐青萍。"

孙应鳌(1527—1584),字山甫,号淮海,贵州凯里人。嘉靖进士,历任户科给事中、江西按察司金事、刑部右侍郎、南京工部尚书等职。孙应鳌是明代贵州地区最有名的学者,属于陆王心学派。正德初年,王阳明因为得罪大太监刘瑾,被廷杖四十,贬官贵州龙场驿,贬谪期间,建书院,讲学,自此之后,贵州当地人方懂得了心性之学。王阳明在贵州当地的弟子有陈宗鲁、汤伯元、叶子苍等,这些人成为了贵州心学的第一代传人。后来,王阳明弟子徐樾又在贵州讲学,孙应鳌拜其门下。

七、徐阶与白鹿洞书院

嘉靖十七年(1538),王门后学徐阶,以江西提学副使身份邀请九江教授薛应旂兼任白鹿洞书院山长。薛应旂的孙子薛敷教是顾宪成、顾允成的老师,史称东林之学源于薛,可见白鹿洞书院对后来的东林书院有学术影响。徐阶也曾来白鹿洞书院视学。同时,他在南昌建"仰止祠",专祀王阳明。徐阶有《滕王阁送别骊山侍御时按江西未讫事谪司韶州》:"高阁栖烟湿不收,东风送客回添愁。山连瓯粤穷南服,水绕匡庐阻北流。得意野禽时共语,失群汀雁竟何求! 春明自古天涯隔,泪满青山回白头。"

徐阶(1503—1583),字子升,号少湖,上海松江人。嘉靖进士第三名。明代中期名臣,嘉靖后期至隆庆初年任内阁首辅。徐阶早年师从聂豹,是王阳明之再传弟子。嘉靖十五年(1536)十月,徐阶改按江西按察司副使,仍提督学政。黄宗羲《明儒学案》之《文贞徐存斋先生阶》云:"聂双江初令华亭,先生受业其门,故得名王氏学。及在政府,为讲会于灵济宫,使南野、双江、松溪程文德分主之,学徒云集,至千人。其时癸丑甲寅,为自来未有之盛。丙辰以后,诸公或殁或去,讲坛为之一空。戊午,何吉阳自南京来,复推先生为主盟,仍为灵济之会,然不能及前矣。先生之去分宜,诚有功于天下,然纯以机巧用事。敬斋曰:'处事不用智计,只循天理,便是儒者气象。'故无论先生田连阡陌,乡论雌黄,即其立朝大节观之,绝无儒者气象,陷于霸术而不自知者也。诸儒徒以其主张讲学,许之知道,此是回护门面之见也。"

八、陈汝简与白鹿洞书院

陈汝简,浙江青田人,嘉靖四十四年(1565)任白鹿洞书院山长,多有兴复之功。曾率生员陈耀、张文明等23人立王畿所撰《白鹿洞续讲》于洞,今尚存。王畿《白鹿洞续讲》:"嘉靖乙丑夏,予赴吊念庵罗子,回舟过彭蠡。南康守沧江张子,予同志旧交也。既邀会聚寒燠,乃命洞主、学博梅川陈君偕予入白鹿。"王畿《致知难易解》石刻:"嘉靖乙丑仲夏上浣山阴龙溪王畿书于彭蠡舟中。管理白鹿洞书院事青田梅川陈汝简率洞学门生陈耀等二十三人立石。"李资元《白鹿洞学交盘册序》:"乙丑前梅川陈君以洞长张文瑞送阅受轩贡公交盘簿。"作《次阳明先生韵二首》等。有《雪霁偕鹿洞诸生步朋来诸亭》诗:"雪霁庐峰云尚痴,洞天深处透进曦。须知瑞气三冬足,且喜琼林万象奇。松竹翻风添郁翠,溪潭冻解涨涟漪。亭台登览舒怀抱,乘兴从容迭咏归。"

陈汝简《鹿洞栽兰》组诗,序云:"甲子孟冬,少参伯冯翁重修洞学,扩开后墙,命循晦翁故址,丈量间见小兰于萧艾中,移植郡斋,感赋十二首。"其一:"新筑黄墙跨洞山,芟除荆棘见芳兰。呼童移入蕃花圃,添土栽培莫等闲。"其二:"僻爱兰花喜种兰,此花应作万花冠。碧芽玉干芳英缀,纫佩何人问牡丹。"其三:"手握清香情甚快,栽邻绮石最堪观。紫茎绿萼春风里,唤客酣歌一解颜。"其四:"移得山兰只数荄,锄云旋向玉栏栽。明年春暖花争发,端忆香从鹿洞来。"其五:"绿华堪佩更堪簪,秋桂冬梅品可三。春英冶色休相笑,蜂蝶纷纷不敢贪。"其六:"楚泽风烟凝九腕,谢家庭院长千行。须知鹿洞花偏异,洙泗门墙带国香。"其七:"孔子援琴嗟伍草,屈生采佩表孤贞。古今臭色浑相类,圣哲原来得我情。"其八:"傲雪凌霜色转新,丛生山麓友松筠。初分须记频浇灌,岁发清香可逼人。"其九:"挺生深谷应怜尔,无人一顾亦芬芳。此日移栽承雨露,万花丛里叶苍苍。"其十:"森森剑舞高抽叶,累累蝉联遍着花。秀质不从萧艾化,金芝玉树旧同家。"十一:"几载林间耐岁寒,芳姿不自媚人看。殷勤遍植庭阶上,付与诗人艳笔端。"十二:"眷此猗兰叶瘦青,风翻露浥正含英。开时应有花口避,万斛香飘一味清。"

又《鹿洞栽柏二首》,序云:"甲子重春,季冬二十五日也。移小柏一株,栽白鹿洞庙庭,配西畔古柏,喜成二首。"其一:"谕御殷勤移柏日,正逢甲子再春时。枝枝叶叶都生意,万祝诸贤好护持。"其二:"小柏逢春色转浓,郡斋移入庙庭东。他年倘得成梁栋,只在于今培植功。"

第十四章

知行合一　百载传承

——阳明后学与白鹿洞书院（下）

一、张元忭与白鹿洞书院

万历七年（1579），张居正废全国书院，卖田以充边需。白鹿洞书院本亦在废之列，巡抚御史张简划没白鹿洞建昌田千余亩。巡抚邵锐以白鹿洞曾有敕额，不便拆毁，改额为祠，量留田以备祭祀。就在这时，状元张元忭游白鹿洞，留有诗文在记文中，张元忭也对张居正废书院表示了不满，"徘徊久之，为之三叹"。记存《张阳和集》。诸家白鹿洞志书皆未收录。

张元忭《游白鹿洞有感》诗："五老峰前白鹿居，得来瞻眺独欷歔。百年画栋巢新燕，几箧残经隐蠹鱼。流水何人溯濂洛，高山犹自见匡庐。乾坤我辈空冠冕，屈指先贤总不如。"

又有《游白鹿洞记》："域中凡四大书院，予既游岳麓、石鼓，顷又至白鹿，所未至者，睢阳耳。观览既多，然而感慨亦不少矣。白鹿洞之山曰后屏，当五老峰之东南，巉然突起，四山环之，有水自西来，萦绕其前，为贯道溪，东流出峡口，声益喧隐如雷，名小三峡，跨溪为桥者三，东西为亭者五六，皆可游眺。既入门，谒先圣先贤祠，坐文会堂，四壁题刻几满。洞嵌山趾，垒石为之，又凿石为鹿蹲洞中，其上为思贤台。旧有田二十余顷，以廪学徒,近以新法废书院,于是改额为祠,散其田十之八九,文室讲堂虽幸存,亦且渐圮矣。予上下徘徊久之,为之三叹。盖古之为教者,既设之学校矣,而又党有序,术有庠,家有塾,所以振起涵育之者甚备。故当其时,士有学道之乐,而国收养士之效。迨乎后世,学校既衰,而乡三物之教罔闻。好古之士,乃并建书院,群师徒讲习其中,盖以广乡校之遗意,而佐学校之所不及,即未能无弊,乃其利为多矣,是何可废也。昔者子产不毁乡校,其言曰:'夫人朝夕退而游焉,以论执政之善否,是吾师也,若之何毁之?'子产之得为君子也,以是哉。且吾儒往往距佛老而外之,以为抑邪而崇正也,今二氏之宫遍天下,通邑大都,无虑千百计,曾不能庐其居而徒自庐其居,以摧沮学者之气,是不几于抑此而崇彼也乎?是可慨矣。予又自解曰:'凡物之兴废何常之有。'白鹿之兴也,盖始于唐之李渤,其后遽废。至南唐升元中,又复兴,其后又废。至宋太平初,又复兴,赐九经,置洞主,视昔加盛。其后又废,至淳熙中,朱子来守南康,力请于朝,又大兴。当元末则大废矣。迨我明正统以后,乃又大兴。今所创构,大抵皆百余年物也。夫其兴也,或废之,其废也,或兴之,兴而又废,废而又兴,若循环然。斯道之流行于天下,历万古而不泯灭,余废举坠,存乎其人耳。天之未丧斯文乎,此其人必有存者,予又何慨焉。若乃居者冒饫廪而德艺不修,游者盛驺从而闾阎为病,学者趋终南之捷径,教者鹜江左之虚谈,若是则白鹿虽复兴,不如其废矣。凡居于斯,游于斯,学者教者,尚念之哉,尚念之哉!"

全篇意思是说,这里曾有白鹿居住过,而今来此,鹿去山空,不胜感慨。百年华栋,而今新燕来巢,人事已换。几箱残缺的经书,隐隐可见书虫。流水潺潺,不禁想到有谁能上溯濂洛之学。山峰巍峨,那就是庐山。天地间,我辈枉自还是做官的人,却总不如先贤。

张元忭(1538—1588),字子荩,号阳和,浙江绍兴人,与王阳明同乡。隆庆进士,官至翰林侍读。曾从同乡王畿游,为王阳明心学浙中学派的继承人。张元忭以心学为宗旨,认为"万事万物皆起于心",心是绝对"至善"的本体,而普通人因蔽于污垢,需要"日新""洗心",从静寂中得存心之功。主张由功夫而见本体。提出"悟修并进"，领悟本体应有修持的过程，"故得悟而修，乃为真修，因修而悟，乃为真悟"。

黄宗羲《明儒学案》之《侍读张阳和先生元忭》云："先生之学，从龙溪得其绪论，故笃信阳明。龙溪谈本体而讳言工夫，识得本体，便是工夫。先生不信，而谓'本体本无可说，凡可说者皆工夫也'。尝辟龙溪欲浑儒释而一之，以良知二字为范围三教之宗旨，何其悖也。故曰'吾以不可学龙溪之可'。先生可谓善学者也。第主意只在善有善几，恶有恶几，于此而慎察之，以为良知善必真好，恶必真恶，格不正以归于正为格物，则其认良知都向发上。阳明独不曰良知是未发之中乎？察识善几恶几是照也，非良知之本体也。朱子《答吕子约》曰：'向来讲论思索，直以心为已发，而所论致知格物，以察识端倪为初下手处，以故缺却平日涵养一段工夫。'此即先生之言良知也。朱子易簧，改《诚意章句》曰：'实其心之所发。'此即先生之言格物也。先生谈文成之学，而究竟不出于朱子矣。"

二、宋仪望与白鹿洞书院

宋仪望有《独对亭望五老峰次阳明公韵》诗。又有《游白鹿洞四首》，其一："朝发豫章城，夜泊清溪渚。遥见匡庐峰，居然暮云紫。叠嶂郁岩峣，湖浸深瀰瀰。明发心不夷，挂帆指彭蠡。誓将入名山，历览先民轨。白鹿有遗洞，柴桑亦旧里。感彼嘉遁情，况此崖壑美。展转不能寐，披衣中夜起。"其二："昔人有名洞，寄在匡庐下。裹粮往从之，仆夫候中夜。朝出城北门，凉风吹长夏。草树蔽修途，云峰簇如昼。俯听岩壑流，仰观瀑布泻。情境既空旷，应接那能暇。洞门何森邃，松竹亦潇洒。安得接精庐，逝将税吾驾。"其三："昔人慕桶隐，名山远相寻。匡庐何岩峣，突兀大江阴。结庐在幽涧，读书出孤岑。我来探奇踪，高风夙所钦。白鹿不可见，苍烟但荒沉。徙倚陟层台，松风出长林。初疑琴瑟响，仿佛鸾鹤音。悠悠遁世心，感叹发幽襟。"其四："宫墙何森邃,顾瞻发退思。采蘋涧水中,荐之明信辞。自从混辟来,大道坦且夷。如何中世士,荆棘相蔽亏。仲尼起周末,删述析群疑。上下千余载,异端互相持。剖析良为勤,真性日以离。默诵无欲篇,斯言岂我欺。"

又《坐朋来亭,读前督学王公留题,次韵寄之三首》,其一:"孤亭高处有题名,亭畔花香入座清。海上风尘新执法,山中泉名旧为盟。忽看云气千峰起,还听松涛万籁鸣。遥想淮阴开府暇,闭门应草治安成。"其二:"久向匡庐拟卜邻,松筠深闭洞门春。莲花溪上谁为主,白鹿亭前赖有人。道在高山弦久绝,心同空水境无尘。应知当日朋来处,解说从前四大身。"其三:"何处孤亭与客来,白云飞尽日初开。座中五老如相识,望里群峰尽入裁。买地移家还采药,看山扶杖且登台。莫言五柳归来后,不见高人跨鸠回。"

又《偃卧洞中有客问予出处,再次前韵示之》:"久从渔父学逃名,懒向人间问浊清。绝口不言黄石事,灰心长结白鸥盟。深潭日落影常静,独鹤天空时一鸣。为语行藏君识否,云松巢处是功成。"

又《二贤台眺望一首》:"游庐山,时赴太仆作。岧峣深辟里,上有二贤台。白鹿归何处?青牛去不来。峰回烟树际,路转薜萝隈。登眺浑忘倦,凭栏首重回。"

又《白鹿洞遍览名迹次二泉邵公韵示同游刘行甫》诗:"朝来入名山,飞策凌绝缅。故人重夙期,旷怀今始践。攀援竟忘疲,应接亦多眩。采芝涉深涧,扪崖历层巘。耳听流水鸣,目送飞云卷。我本麋鹿姿,与世久疏远。愿结兹山庐,五老日在眼。竭来承嘉命,夙抱良已晚。偃卧松林下,兰风被原坂。何当谐夙心,归来共游衍。"

宋仪望(1514—1578),字望之,吉安永丰(今属江西)人,明朝嘉靖二十六年(1547)进士,官至大理寺卿。宋仪望师从聂豹,故其学以王阳明为宗,又跟随邹守益、欧阳德、罗洪先交游。王阳明能从祀于孔庙,宋仪望功不可没。黄宗羲《明儒学案》之《中丞宋望之先生仪望》云:"先生从学于聂贞襄,闻良知之旨。时方议从祀阳明,而论不归一,因著《或问》,以解时人之惑。其论河东、白沙,亦未有如先生之亲切者也。"隆庆元年(1567),给事中赵轼、御史周弘祖奏请礼部侍郎薛瑄从祀孔庙,御史耿定向奏请新建伯兵部尚书王阳明也从祀,下礼部议,至此开启王阳明是否从祀孔庙之争。隆庆六年(1572),礼科部给事中宗弘暹请议王阳明从祀孔庙,仍没有结果。万历六年(1578),宋仪望撰《阳明先生从祀或问》,以问答的形式从思想上阐释王阳明从祀孔庙的理由。正面回答了许多人对王阳明思想的困惑,强调他与孔孟儒学一以贯之,并突出心即理、致良知、知行合一等在思想上的贡献。

三、罗洪先与白鹿洞书院

有《白鹿洞》诗:"贤圣生不数,五百斯其期。获麟事已遥,白鹿乃在兹。濂溪指迷途,朱陆分两歧。其人虽不作,其言尚可师。嗟予不自量,独往失不疑。玄精惑异趣,难闻悲后时。荏苒历二纪,仿佛见津涯。望望足莫前,如有神鬼司。日月宁再与,虚知竟何裨。感此未遑安,三益恒所须。碣来遵故躅,庶几或见之。精爽俨如在,荆榛多蔓枝。在昔义利谈,闻者曾涕洟。悠悠今古心,岂伊异所思。川谷耀余彩,竹树含新滋。披衣冈阜巅,濯缨溪水湄。怀哉祗于役,日夕伤迟迟。"又有《贡受轩鹿洞诗来相讯,适寇初退,次韵奉报》:"经年一榻洞松旁,世虑萧然欲尽忘。寇至无因遥避地,身全方解戒垂堂。溪前茂叔窗连草,洞里希夷石作床。试问安危竟何在,不知谁与道相当。"又《望庐山》诗:"我昔望庐山,高高上无极。中有羽化人,林栖绝粒食。绀发方碧瞳,肌肤冰玉色。借问年几何,春秋千百亿。"又《望匡庐》诗:"去年逃暑寻瀑布,岩崖带雨迷归路。暂向禅房解客衣,石坛犹记莓苔处。扁舟此日下浔阳,天际孤帆一雁翔。却望千峰烟云里,白云明灭间青苍。"又《天池寺》诗:"颠仙丹成献明主,半留天池人莫取。出岫常为一片云,有时解作千峰雨。"又《登天池绝顶用龙溪见怀韵》其一:"鸟去林逾静,龙过雨尚腥。空馀孤棹月,夜夜到南楹。"其二:"绝顶半江吟,偏增念远情。望穷落日处,觉有御风声。"又《洞中屡辱龙塘兄惠诗次韵奉酬》："独眠深洞不知晓,屡递飞云似见君。岂为风波曾试险,故寻麋鹿与为群。因酬诗内莲花句,却掩窗前贝叶文。笑谓奚童好归语,云间世外此从分。"

又《洞中别萧生四首》,其一："洞下流泉春正深,洞前新竹翠阴阴。问君此去何年返,对竹饮泉空素心。"其二："岩下疏梅旧几枝,今年春色较迟迟。叮咛风雨休相撼,正值青青结实时。"其三："煨芋炉边客到稀,岁寒何事又相违。长安也是降心地,风雪深时归不归。"其四："柳下不知卑小官,万钟一芥等闲看。书来报我平安字,可是心能处处安。"

罗洪先(1504—1564),字达夫,号念庵,江西吉水人。嘉靖八年(1529)中进士第一,授翰林修撰,迁左春坊赞善。后罢归著书。与阳阳弟子何廷仁、黄弘纲游,为王阳明心学派别中的江右王门重要学者。曾于嘉靖三十二年(1553)五月四日至二十三日游庐山。著有《念庵文集》。黄宗羲《明儒学案》之《文恭罗念庵先生洪先》云："先生之学,始致力于践履,中归摄于寂静,晚彻悟于仁体。幼闻阳明讲学虔台,心即向慕,比《传习录》出,读之至忘寝食。同里谷平李中传玉斋杨珠之学,先生师之,得其根柢。而聂双江以归寂之说,号于同志,惟先生独心契之。是时阳明门下之谈学者,皆曰'知善知恶即是良知,依此行之即是致知',先生谓'良知者,至善之谓也。吾心之善,吾知之,吾心之恶,吾知之,不可谓非知也。善恶交杂,岂有为主于中者乎? 中无所主,而谓知本常明,不可也。知有未明,依此行之,而谓无乖戾于既发之后,能顺应于事物之来,不可也。故非经枯槁寂寞之后,一切退听,天理炯然,未易及此。双江所言,真是霹雳手段,许多英雄瞒昧,被他一口道著,如康庄大道,更无可疑。'"

四、王慎中与白鹿洞书院

嘉靖年间,一批阳明后学如王慎中等在白鹿洞书院或讲学,或主洞学,使书院一度文风、人气空前兴旺。

王慎中在书院留下了多首抒情咏物诗。

王慎中有《游白鹿洞》诗:"素婴丘壑情,况秉英贤想。寤寐悬夙心,游盘得兹赏。重阴始晦蒙,杲杲旋开朗。揽胜据巉岩,探奇历榛莽。境闲百虑空,意惬二仪广。野色净巾衣,秋容成物象。菊含露下英,泉作山中响。柔叶稍朝零,刚条非夏长。景光易流徙,今古同俯仰。踌躇怅回轸,何时还独往。"又《白鹿洞书院》诗:"昔贤敦雅尚,设教托灵壤。妙得高深理,非关山水赏。道因名胜尊,神以流行养。时去迹空留,风存化犹广。宏基茂草余,巍构浮云上。无事鸟频飞,有怀予独访。林芳郁纷敷,庭木自成长。泉石有余清,弦歌辄遗响。川水逝如斯,山形高可仰。徘徊西日斜,惆怅前人往。"

又《六合亭》诗:"亭宇凭虚空,结构出妙境。攀援藉葛藟,毫末凌光景。豁达四天通,夷犹双目骋。云生当正襟,风起吹方领。泉脉散千峰,湖波澄万顷。烟霏自开敛,鱼鸟各翔泳。即事天机深,忘言外物屏。始知世上日,不比山中永。"又《高美亭怀徐少湖》诗:"林麓莽苍苍,亭幽人独上。萦回瞰岩岫,沃衍观田壤。嘉卉散异芳,珍丛发新爽。微阴益峰高,始霁壮泉响。迹羡鱼鸟闻,心忻草木长。不谐意所钦,终未极兹赏。"又《白鹿洞见张东沙壁上留题》诗:"登高能赋者,到处有新诗。草木留光宠,云峰发咏思。护持山鬼力,指说野僧知。大贤难继作,吟玩但嗟咨。"又《游白鹿洞归道中作》:"岩壑变阴晴,归途风物清。斜阳衔绝壁,微雨过高城。草动含秋意,虫鸣急暮声。明朝劳簿领,应自想兹行。"

王慎中还宿南康、游庐山,留下诗作。有《南康公署十五夜月》诗:"迢迢三五夜,江郡影星河。积水生凉气,空斋兴晓歌。心微千念寂,室浅一灯多。不酌盈樽酒,其如月出何。"又《由大林寺寻讲经台因循香炉峰侧下山》诗:"千尺飞萝手自援,鸣泉处处弄潺湲。半峰栖雾逢僧湿,绝径穿云见虎闲。岸帻正宜岩石上,褰衣时傍竹林间。夕阳翠巘看尤好,去路心知是下山。"

王慎中(1509—1559),字道思,号江南,别号遵岩居士,福建晋江人。"嘉靖八才子"之一。进士,官至河南参政。当时与四方名士如唐顺之、陈束、李开先等一起讲习,学业大进。曾任江西参议。江西是王阳明讲学、过化的地方。王慎中追寻王氏的旧迹,经常往来于白鹿洞、鹅湖之间,与王阳明弟子欧阳南野、邹守益、罗念庵、聂双江等学士交游讲学,阐发经学新义。王慎中对白鹿洞书院情有独钟,留下多首诗。

五、张位与白鹿洞书院

万历十九年,南康知府田琯出俸余重修白鹿洞书院,除新宫墙,改学门、建贯道桥、创忠节祠外,复重修孔子庙宇。礼部侍郎张位为之作记,兵部侍郎万恭篆额,南京国子祭酒邓以讃书丹,勒石立碑于书院。记文中除叙重修书院事外,还提到提学佥事朱廷益讲学鹿洞,星子教谕卿延粥、南昌布衣章潢相继主洞。张位为诸生时,曾从王宗沐来游鹿洞,记中每每流露缅怀之情。碑石今存白鹿洞书院碑廊,略有残缺。《白鹿洞重修庙学记》载:"田使君之为南康也,以清德醇学,擅誉大江之右。地僻事简,才无所于展,乃自叹曰:'郡即斗大,踞匡庐而绾彭蠡,足称要区。且白鹿洞先贤过化地,暇得与二三子容与林壑,商榷名理,是吾志也。'乃捐俸新宫墙,改学门,建甬道,创忠节祠,修葺号舍及鹿鸣诸亭,吉月必率僚寀躬诣释奠,倡率而鼓舞之。博士弟子员感公实意,喁喁向风。顾学宫舍宇颓敝,庙貌不肃,恒叹时诎,胡能举嬴? 由是直指使钱塘陈公,发官镪若干金为修葺费,乃以某年兴役,某时落成。值督学使嘉兴朱先生来,朱海内名师也,拳拳以兴教造士为念。行部来斯,先檄诲语,迪励诸生;复为讲章,阐明性命、修道、格物之旨,多所独得,诵之者具有省悟。既命博士卿君领洞教,又从豫章范府君荐,延请布衣章君来主讲席。取诸郡俊髦士有志者会聚其中,声应气求,欣然向往。名山胜地,林峦草树,蔚然一时生色焉。田侯与余年家夙契,由是命某生致词,属余言以纪其事。忆余诸生时,会从天台王敬所先生来游洞中,山翠透窗,流云绕户,咏歌弦诵,心梦皆清。汩没尘网三十余年,思一再诣无由。窃闻舜居深山之中,与木石居,鹿豕游,而就之者成市、成邑、成都,庚桑楚栖迟环堵之室,三年畏垒大穰,百姓相与尸而祝之。此非有声音笑貌之通,寂然于此,翕然于彼,其故何也？精至而神应也。清一则不二,不二则神明自来,呼噏感通,造化归我,而况于人乎！阛阓喧嚣,耳目溷而神情不怡;山林皋壤,使我欣欣然乐矣。是以圣不择境,居能移人,空谷闲旷之中聆人謦欬,未有不洒然自胜者。今浮屠梵刹,金碧日新,白云缥缈间,常有冥心绝欲之士,超乎声利,故尘世慕焉。慕之,斯崇之矣,乃其教所由盛而不废。吾徒愧之,欲以诗土之踪,议清虚之界,是以遑遑自甘沦堕而弗克振也。今兹地也,朱先生倡之,田侯主之,博士卿君领袖,提醒其间,精神感动,朋来聚乐,山增高而水增深矣。慨自政教废而后理由道立,学校颓而后书院兴。居斯游斯,倘不为性命真切之求,经纶实务之讲,师者徇名而赴,士者为糈而来,又何以异于竞进奔荣者之为耶？教以人而兴,地以人而胜,会以人而盛,言以人而传。然则今日之举,余所嘉叹而乐与之者,亦惟其人焉。故记。"

张位系阳明后学,汤显祖友。张位（1534—1610）,字明成,号洪阳,江西新建人。隆庆进士,改庶吉士,授翰林院编修,官至吏部尚书、武英殿大学士。

张位被革职后,隐居南昌市南湖中的湖心亭,取名杏花村（今杏花楼）,筑闲云馆,藏书万卷,与汤显祖、刘应秋等人常在此以文会友。

六、黄宗羲与白鹿洞书院

黄宗羲《白鹿洞》诗:

宾客当年晋隐地,至今花鸟未雕残。

口珠不碍山精弄,洙水常流石洞寒。

总使黄金多气焰,不妨白鹿自盯瞳。

人间书院常兴废,唯此犹将世法宽。

黄宗羲《匡庐游录》云："至白鹿洞，则贞一、君斐先至。谒圣殿，先圣及从祀皆像设。嘉靖间，易天下文庙以主，此以书院得如故。然两庑模范尽以剥落僵仆，减不如主之为愈。次宗儒祠，故三贤祠，已祠李宾客、周、朱两先生，已迁宾客于别屋，已又祠从朱子门人之讲学于洞者一十四人，改名宗儒。已又龛象山、阳明，合周、朱为四先生。次先贤祠，隐居自李渤以下，主洞自李善道以下。彝伦堂有对云：'鹿系与游，物我相忘之地；泉峰交映，智仁独得之天。'犹朱子遗墨。书院国初已废，故子充云'树生瓦砾间，大且数围'。正统中，郡守翟溥福兴复之，今之规制，大略从翟守也。院后梵砖为洞，若城阙，以当白鹿之目。李献吉尚不许以鹿眠场为洞，况出自造作者乎？西行数十步，有石突如洞上者，旧侧钓台，献吉因而亭之。又数十步，有石洞二三尺，即所谓鹿眠场。朱子诗'昔人读书处，町疃白鹿场'，又云'旧眠闻野鹿'是也。献吉乃以玉川门为鹿洞。玉川门去此十余里，朱子云：'寻白鹿洞故址，爱其幽邃，议复兴建。'盖自南唐以来，耳目相接，初无异议，而献吉云然，不应近者反失，远者能得之也。且宾客为江州刺史，即所隐地，创台榭以张其事，玉川险削，不容台榭，若洞在彼，而隐地在此，则环数里，而近如雨花洞、圣泽源，焉知不出其间，乃逃集于玉川乎？就献吉亦无证据，盖因子充或者之言而意会之也。子充谓：'或云从此右折东南，逾重冈，行二三里，乃至所谓白鹿洞，却从洞后复右折，陟岭乃可到寻真观，望水帘也。'按从此右折东南，即鹿眠场耳，子充未尝至此，或者以鹿眠场对。其云'逾重冈，行二三里者'，荆辣之中不核其程里也。若以鹿眠场之近，不应言二三里；则玉川之远，亦不应言二三里矣。故自洞而寻真，自寻真而水帘，其先后或者本不误，献吉易其鹿眠场为玉川门，则寻真、玉川始倒置耳。上卓尔山，贞一、君斐别去，乃下小三峡桥，观洞底'枕流'二字。时已薄暮，虎声震地。宿文会堂。"

七、贡安国与白鹿洞书院

贡安国,字元略,号受轩。安徽宣城人。初为王阳明弟子邹守益门生,嘉靖二十七年(1548)从钱德洪、王畿赴青原之会,追随讲学于匡庐、复古之间。又从师于欧阳德,参与泾县水西六邑之会。三十年立水西精舍,撰有《水西精舍志》。复主宁国同善会。嘉靖三十七年(1558),江西提学副使王宗沐聘其为白鹿洞书院山长。官至东平知州。归里应提学耿定向、知府罗汝芳聘主志学书院。其教学戒生徒莫凭口说,应务实行。先后倡学四十余年。《宣城事函》:"贡安国,翰林湖涯公长子,有《启蒙》《规条》二书,开启后学。东廓邹公、南野欧阳公、龙溪王公,皆所往来讲肄者也……司训江西之湖口、永丰,督学王敬所檄管白鹿洞书院事,每午后登座,焚香一炷,集诸生谈论,大率戒口说而务实行。倡学四十年,语多不传,门人有私录一二者,先生见之,自题曰《学觉窥斑》,言自诣与觉人,皆非其至也,词甚敛而意自任矣。"阳明后学查铎有《祭贡受轩师文》:"先生少负奇气,即究心当世之务,文章气节,为时所推重。及闻文公成良知之教,知圣人可学而至也,遂屏去旧好,毅然立必为之志,聚精会神者,垂四十余年,功从悟入,动率性灵,盖有独得其深者。故主盟鹿洞,司训麻城,助教成均,出宰东平,所至发挥性灵,则透人心髓而朋类咸兴;轸念民瘼,则独持体要而人心极感。先生之学,盖已征诸实用矣。"

王畿《与萧全吾》:"贡受轩云执事在白鹿时,向道之志甚切,所见亦遂,询问居官作用,能盎然出之,不失初念否? 予以为洁己爱民,更无可管,若讲学风声未见鼓动,岂意兴少减于白鹿时耶?"

八、其他师友与白鹿洞书院

1. 李材

李材有《示洞诸生说》:"学惟知本。人之邪正,自是万有不齐。命之遭逢,自昔圣贤不偶,孔孟终穷。亨途自在,只为本领上的工夫,守得无有空缺,故随分满惬,俯仰之间,两无愧怍耳。修身为本之分量虽大,法度却严,落手虽平,入理甚细。高明忽之,吾既虑其践履之或亏;醇谨慕之,吾又忧其体认之未彻。揭三纲,止归至善;布八目,本归修身。一个命脉,一个落场,全副家当,一语提揭。盖真不是浅浅之语,幸在洞诸公更味之。"李材(1529—1607),字孟诚,号见罗 。江西丰城人。明代理学家。嘉靖进士,官至右佥都御史。素从邹守益讲学。自以学未成,乞假归。访唐枢、王畿、钱德洪,与问难。李材所至皆聚徒讲学。

黄宗羲《明儒学案止修学案·中丞李见罗先生材》:"先生初学于邹文庄,学致良知之学。已稍变其说,谓'致知者,致其知体。良知者,发而不加其本体之知,非知体也'。已变为性觉之说,久之喟然曰:总是鼠迁穴中,未离窠臼也。于是拈'止修'两字,以为得孔、曾之真传。'止修者,谓性自人生而静以上,此至善也,发之而为恻隐四端,有善便有不善。知便是流动之物,都向已发边去,以此为致,则日远于人生而静以上之体。摄知归止,止于人生而静以上之体也。然天命之真,即在人视听言动之间,即所谓身也。若刻刻能止,则视听言动各当其则,不言修而修在其中矣。使稍有出入,不过一点简提撕修之工夫,使之常归于止而已。故谓格致诚正,四者平铺。四者何病? 何所容修? 苟病其一,随病随修。'"

2. 罗大纮

罗大纮《白鹿洞度岁静观纪怀》二首,其一:"千古玄关一线通,悬崖撒手步虚空。莫将此道寻常看,不在人间尺寸中。"其二:"行脚当年一叶轻,庐山山水半晴阴。自从亭午闻鸡后,处处桃花照眼明。"罗大纮为阳明后学,对阳明开启的青原讲会的历史发展有详尽的描述:青原会馆,明正德间,王阳明令庐陵,安福邹守益从游青原山,讲良知之学。其后会讲者吉水罗洪先、永丰聂豹、泰和欧阳德,于是青原讲会称邹罗聂欧。黄宗羲《明儒学案》之《给谏罗匡湖先生大纮》云:"辛卯九月,吴门为首辅,方注籍新安山阴,以停止册立,具揭力争,列吴门于首。上怒甚,吴门言不与闻,特循阁中故事列名耳。时先生以礼科给事中守科,愤甚,上疏纠之,遂谪归。先生学于徐鲁源,林下与南皋讲学。南皋谓先生敏而善入,众人所却步踌躇四顾者,先生提刀直入;众人经数年始入者,先生先闯其奥。然观其所得,破除默照,以为一念既滞,五官俱堕。于江右先正之脉,又一转矣。野史言:'吴门殁,其子求南皋立传。南皋为之作传,先生大怒,欲具揭告海内,南皋嘱申氏弗刻乃止。'"

3. 顾阙

顾阙,字子良,号桂岩,蕲州人。同兄问数往来庐山白鹿洞,与余姚王畿、钱德洪、南昌李材、吉安罗洪先、盱眙罗汝芳、琼山海瑞、安福邹德溥、丹阳姜宝、黄安耿定向、定力讲学砥行,千里往还,脱粟野蔬,或旬月留。京师语曰:"天下清绝,顾问、顾阙。"

4. 张思得

张思得,字阳山,诸暨人,余姚钱德洪弟子。以乡贡分教南康,传阳明子之学。大吏聘主白鹿洞讲席。与诸生发明宋儒语录,令体诸身心,以自验得失。改教闽之福安,士服其教如在南康。据同治《南康府志》,张思得为府儒学训导。

5. 何迁

何迁《白鹿洞书院》诗:"白鹿山中放鹤游,匡庐风月古尼丘。三泉倒吸长江水,五老横飞彭蠡秋。"又《将至白鹿洞憩五老峰下》:"楚客移家五老旁,岂如司马卧浔阳。天王乞与游仙地,长日匡庐访洞章。"又《高美亭与刘南康对酌》:"白鹿欲下天门开,吾将命尔游九垓。夜深五老作人语,此有真源君可来。"又《四仙亭野望》:"野径披寒雪,空山傍夕昏。万峰藏日观,一水上天门。"又《卧龙潭》:"寻山须到巅,寻水须到源。尘看泉落处,欲问已忘言。"又《御碑亭》:"石室犹堪到,神仙不可求。天风吹酒盏,更作采真游。"又《文殊台》:"独立千峰杪,神灯五夜悬。望山深霭合,疑在斗牛边。"又《万松庵》:

"青林千尺阴,覆此山中阁。月出不逢人,门前松子落。"何迁(1501—1574),字益之,号吉阳。今湖北安陆人。嘉靖进士。历任户部主事、九江知府。曾以太常卿巡抚江西,学识渊博,喜谈性名之学。受业于湛若水,但不墨守师说,他的学说介于王阳明与湛若水两家之间,而另立新义。后升任南京刑部侍郎。辞官后,致力于讲学。

6. 郭持平

郭持平《游白鹿洞二首》,其一:"雪霁兰舆入洞天,溪毛采采荐先贤。庭前枯木昏鸦集,石上遗文细草穿。寒涧水声弦诵永,隔林野烧佛灯传。徘徊不尽高山兴,遥听儿童指鹿眠。"其二:"一上匡庐望北辰,江风吹浪起长鳞。道生天地元无异,学入渊源始有真。洞口云深迷去路,溪头水活濯飞尘。独怜倒向书堆里,拟对春风只问仁。"郭持平,江西万安人,正德年间进士,曾任提学副使等职。阳明后学。

7. 潘志伊

潘志伊有《兴复书院记》:"自大江而西多名山,匡庐实为之冠。其东南五老峰尤雄特,唐李白诗云'青天削出金芙蓉'者是也。李宾客渤与兄涉隐居其下,有白鹿驯焉,故以为名。至宋濂溪周子来知是军,始倡正学。既而考亭朱子继之,于兹洞中增舍,聚徒讲学,尤奏乞赐额给书,则兹洞不独以名胜称,而尤为圣学之标的矣。凡前之官于斯土而有志乎道者,举为之置产益书,以为游学者资,山塘田地至二千七百亩有奇,藏书亦无虑数千卷。近因故相建议,以天下郡县既有圣庙、学宫,而所在复有书院,徒以开幸途、饰虚名,皆令毁革。以是洞有先圣贤遗像,仅留田三百亩供祭祀,余悉令分市诸民,收其直以为国需。是何一时所遭之厄也!朱子云:'今佛、老之宫,一郡一邑凡有几,而夫子之宫何嫌于二?'阳明子云:'书院之建,譬如于军伍中择其精锐者别为一营耳。'余又以为今寰宇名胜之墟,率为二氏所据,而惟此一洞属之吾儒,使复弗存,不几于阴奖异说,毁吾道而去之帜乎?况天之生才也难,而成之也尤难，多方以振之犹不克就，乃又拘而局焉，使不翱翔容与以适乎大中，不尤过乎！幸天子明圣，寻悟其非，用言官奏，遂诏复之。时殿宇亭榭，与昔名贤诸祠，及栖士肄习之所，多颓圮不支，或窗阖不庀。而洞田之分属于诸县者，惟星子、都昌二县价尚逋半可复，建昌县田价，民既悉输而用之公矣。余因议以二县田咸归之洞，以其价还之民，尚得田七百六十亩有奇，入其税以充诸费，稍增其中佣役，专选一郡博主之。又计前用羡余租与尚逋于民者，并得七十九两有奇，以鸠工庀材，凡栋楹梁桷之腐黑挠折者，盖瓦级砖之破缺者，赤白之漫漶不鲜者，或易或葺，或整或除，或垩或護。以至图书器皿之类，皆检理而重籍之。使于前无侈，于后无废，于诸监司之隆委少称，而余夙愿亦幸获酬焉。实经始于万历癸未十二月三日，至甲申六月七日乃毕。郡邑之博士与其弟子员，济济融融，瞻拜圣庙，咸喜胜典之既湮而复光也，请余为文以记之。余既不得辞，略叙之若此。"潘志伊，江苏吴江人，字伯衡。嘉靖四十四年进士。隆庆末官刑部郎中，万历十一年（1583）迁南康（今江西星子）知府，恢复庐山白鹿洞书院学田三十余顷。坐刑部失察冤狱，谪知陈州，后官至广西布政司右参政。

8. 瞿九思

瞿九思是罗洪先的弟子，纵观瞿九思一生，对其思想产生影响的，不仅仅是江右派罗洪先等人，还有阳明后学、泰州学派李贽等。瞿九思，字睿夫，号慕川，湖北黄梅人。万历举人。19 岁开始游学，曾应邀到白鹿洞书院、濂溪书院、岳麓书院、石鼓书院讲学。瞿九思 10 岁跟着为官的父亲到江西吉安，拜罗洪先为师。后从同郡耿定向游，学问大进。江西督学徐爌迎主白鹿洞书院，来到江西，与徐爌论太极定性之学，致书罗汝芳论文。曹于汴《复瞿慕川》："向者江右之役，李楮山先生顾我于棘院，继谒张斗津先生、朱守约先生于其庐，已而陟匡庐，读阳明先生遗咏，游白鹿洞，想朱陆二先生之高致。"

9. 邓以赞

万历十九年，南康知府田琯出俸余重修白鹿洞书院，除新宫墙，改学门、建贯道桥、创忠节祠外,复重修孔子庙宇。礼部侍郎张位为之作记,兵部侍郎万恭篆额,南京国子祭酒邓以讃书丹,勒石立碑于书院。邓以讃(1542—1599),字汝德,号定宇,江西新建人。少好读书,与张元忭从王畿游、传良知之学。隆庆进士,历官右中允、南京国子监祭酒、吏部侍郎。退居南昌西山,在罗溪书院讲学达 30 年之久,私淑王守仁弟子。黄宗羲《明儒学案》之《文洁邓定宇先生以讃》云:"先生澄神内照,洞彻性灵。与龙溪言:'学问须求自得,天也不做他,地也不做他,圣人也不做他。'阳和谓'所言骇世人之听'。先生曰:'毕竟天地也多动了一下,此是不向如来行处行手段。'而先生记中删此数语,亦虑其太露宗风乎?谓'阳明知是知非为良知,特是权论。夫知是知非不落于是非者也,发而有是有非,吾从而知之谓之照,无是无非,澄然在中,而不可不谓之知是知非,则是知之体也。犹之好好色、恶恶臭,好恶之体,何尝落于色臭哉!'在阳明实非权论,后来学者多在用处求,辨之于有是有非之中,多不得力,先生堕其义,不可谓非药石也。先生私淑阳明之门人,龙溪、阳和其最也。"

10. 吴悌

吴悌(1502—1568),字思诚,号疏山。江西金溪人。白鹿洞书院诸生。嘉靖进士,官至刑部侍郎。与吴岳、胡松、毛恺并称"南都四君子"。吏部尚书孙丕扬称悌为"理学名臣"。吴悌为王阳明学,但清修果介,反躬自得者为多。里居 20 年,布袍蔬食,涵养益粹。与四方名士相切磋,所得日深。无日不以正学自力,躬行心得,诚孚于物而介节凛然,故其当官立事皆切于民生国计。邹元标《南京刑部侍郎赠尚书谥文端疏山吴公墓表》:"自幼即凝重端雅,长而闻乡故大儒象山先生学得其宗,寤寐不忘,师事卓峰黄君,复之白鹿,与诸名贤切劘,归而道鄱湖,舟几覆,坦然自如,若有得也。"

11. 钟谟

钟谟,字近修,号仰泉,江西瑞金人,习阳明学。隆庆间由选贡司训南康,饬躬洁履,为郡太守所重,聘请为白鹿洞书院山长。

12. 赵贞吉

赵贞吉有《梦波石徐子》诗:"万里湖天一发通,光风吹落玉壶中。丈人别去应强健,夜上庐山五老峰。"波石徐子:徐樾,字子直,号波石,王艮弟子,江西贵溪人。赵贞吉(1508—1576),字孟静,号大洲。四川内江人,嘉靖十四年进士,官至文渊阁大学士,又被任命掌管都察院。赵贞吉是王学传承之一的泰州学派的代表人物。王阳明学说提倡知行合一,赵贞吉也这么要求自己,所以他"身居臣子之地,每怀经世之愿;心慕道德之门,时发出世愿"。经世、出世,都统一于赵贞吉身上,并贯穿其一生。做官时就要有所作为于国有益,不做官时则致力讲学,为社会培养人才。黄宗羲《明儒学案》:"先生之学,李贽谓其得之徐波石。按先生之论中也,曰'世儒解中者,不偏不倚,无过不及之名,而不知言中为何物。今夫置器于地,平正端审,然后曰:此器不偏不倚;度物之数,长短适中,然后曰'此物无过不及。今舍其器物,未问其作何名状,而但称曰不偏不倚,无过不及,则茫茫虚号,何所指归? 若以为物物有天然之则,事事有当可之处,夫天然之则,在此物者,不能以该于彼物;当可之处,在此事者,不能以通于他事。若以为道心为主,而人心听命,则动静云为之际,自无过不及之差,此又以中为学问之效。宁有三圣心传,不指其体而仅言其效乎?'坡石之论中也,亦曰:'伊川有堂之中为中,国之中为中,若中可拟而明也,《易》不当曰神无方而易无体矣。'故知先生有所授受也。"

13. 朱曰藩

朱曰藩有《白鹿洞》诗:"涧水触石锵鸣璆,桂树丛生山之幽。山南初喜到白鹿,水北恰当逢女牛。入耳蜩螗休太沸,会心尺蠖自知求。回看五老好容色,潇洒江湖溯早秋。"又《南康道中寄吴使君》:"雪和冰雨迸成珠,相思涧底出彭湖。候雁已应无所往,饥乌何事集于枯。庐山道人绝火粒,洞学诸子待晨馎。岩阿凄凄伫遥念,春风争及使君需。"又《纪梦因呈念庵先生》(有序):

"癸丑腊月十有三日,在太平门官舍夜梦云:'主张白日千年正,领略春风一座先。'晓令族孙秀才缅笔之册。乃后七年己未,自客部郎中出守江州,缀以册示曰:'梦之征在此。'然非予之所敢当也。因述其句成一篇纪事,以俟念庵先生证之。我身疑是朱公掞,梦里句传癸丑前。主张白日千年正,领略春风一座先。今来得展元公墓,平生喜读明道编。欲彰所知谁可证,引领无由到石莲。"又《张田道中》:"白马庙中江水平,望入匡庐眼便明。磨蚁南旋萦导骑,贯鱼西向引船旌。高田尚喜余秔稻,邻境如闻报甲兵。惭愧闾阎情可得,须将揖让化溢城。"朱曰藩(1501—1561),字子价,号射陂,江苏宝应人,出生于宝应书香仕宦世家。其父朱应登与李梦阳、何景明等称"十才子"。嘉靖二十三年(1544)进士,授乌程令。嘉靖三十八年(1559)擢九江知府。与罗洪先交好。嘉靖二十七年(1548),在江西省吉安县青原山,罗洪先与阳明后学的代表人物邹东廓、王龙溪、钱绪山等人举行大会,朱曰藩不仅与会,而且与罗洪先、王龙溪以吟诗倡和切劘道学。而在朱曰藩文学交游所有的诸人中,唐枢为理学大家湛若水门人,顾应祥少尝从王阳明、湛若水游,张寰亦尝师从王阳明,黄姬水的父亲黄省曾亦从湛、王两家之学。可贵的是,虽然与这些学术名人交往,但朱曰藩却能够保持自己的学术独立。

14. 李万实

李万实有《紫烟洞四首》其一:"匡庐之洞白鹿闻,新题石刻何纷纷。请君便作紫烟记,山水长流二妙文。"又《过五老峰》诗:"庐峰矗矗五老峰,云物苍苍秋更妍。嶙峋并削昆山玉,绰约遥开泰华莲。罗立儿孙应共笑,本来面目最堪怜。它年偕尔遨游去,直溯天池泛铁船。"又《白鹿洞》诗,其一:"我寻白鹿匡山前,呦呦何处鸣秋天。虚亭挥洒见大意(大意亭晦翁所书),古庙瞻依怀昔贤。未有青衿趋几杖,只看黄叶啄鸟鸢。寂寥钟磬悬东序,徙倚西风倍飒然。"其二:"衰草荒荒鹿洞前,闲云漠漠度南天。新游正值秋风暮,胜赏追随太守贤。剩有高吟留木石,还将道眼照鱼鸢。飞泉户外鸣寒玉,独对清泠意洒然。"又《白鹿洞思贤台怀叶乾甫年兄》:"鹿鸣曾订秋风约,鹿洞宁违此日盟。末路悲秋谁共赋,荒台吊古若为情。祠前落木一枝净,天际轻鸿数点明。扶杖凭高还纵目,豫章湖水独青青。"李万实(1509—1579),字少虚,号㓐庵。江西南丰人。嘉靖进士。历任刑科给事中、广东佥事、官至浙江按察司副使等。敢于言事,不畏权贵,多次受挫。为给事中时,尝因疏论权改官,亦骨鲠之士。其学传王阳明之说,家居二十年,为人讲良知之学,同时从事著述。

15. 陈嘉谟

陈嘉谟《庐山御碑亭二首》,其一:"青莲万朵白云低,云里仙人望不迷。千载鼎湖弓剑在,雨花台畔竹林西。"其二:"千佛阁前佛手垂,天泉长满镜心池。钟鸣雨暗孤峰冷,应是风云护御碑。"又《天池寺》诗:"云萝历尽暮钟时,石磴千盘到寺迟。人世尘埋何处所,直从天上访天池。"陈嘉谟(1521—1603),字世显,号蒙山,江西吉安人。嘉靖进士,历官给事中、四川按察司副使、广布改司左参政。陈嘉谟与王时槐阐明良知之说。黄宗羲《明儒学案·参政陈蒙山先生嘉谟》:"少读书西塔,值刘两峰在焉,即师事之。间以其说语塘南,塘南心动,亦往师之。一时同志邹光祖、敖宗濂、王时松、刘尔松辈,十有七人,共学两峰之门。螺川人士始知有学,先生倡之也。归田后为会青原,与塘南相印正。慨然士习之卑陋,时举江门名节藩篱之语,以振作之。凡来及门者,先生曰:'学非一家之私也,有塘南在,贤辈盍往师之。'其忘人我如此。"蒙山论学书《答友人书》曰:"人之生而来也,不曾带得性命来,其死而往也,不曾带得性命去,以性命本无去来也。乾性坤命之理,合天地万物为一体者也。悟性修命之学,还复其性命之本然,通天地万物为一贯者也。"

16. 胡直

胡直有《拟游匡庐》诗:"岂不待婚嫁,吾归吾奈何。世情先老绝,游兴傍秋多。五老鞭龙到,三江摘叶过。云空从直上,濯足于银河。"又《送邹二下第南还》诗:"怜君复不第,归去大江滨。抱剑从兹往,雕龙竟莫陈。帆依彭蠡雁,裘满蓟门尘。定遇匡山侣,多应问远人。"又《卧雪东林寺延望天池感赋五绝》，其一："宿世天池客，云深世绝寻。东舍匡仙馆，西家董奉林。"其二："寉寐香炉峰，偃蹇东林寺。朝饮虎溪水，还共天池味。"胡直，字正甫，号庐山，学者称庐山先生。江西泰和人。嘉靖进士。官至广东、福建按察使。年二十六，始从王阳明弟子欧阳德问学，得"立志"之教，为学方向转向心性修养。年三十一，又拜罗洪先为师，罗授之以"主静无欲"之教。黄宗羲《江右王门学案·宪使胡庐山先生直》云："先生著书，专明学的大意，以理在心，不在天地万物，疏通文成之旨。夫所谓理者，气之流行而不失其则者也。太虚中无处非气，则亦无处非理。孟子言万物皆备于我，言我与天地万物一气流通，无有碍隔，故人心之理，即天地万物之理，非二也。若有我之私未去，堕落形骸，则不能备万物矣。不能备万物，而徒向万物求理，与我了无干涉，故曰理在心，不在天地万物，非谓天地万物竟无理也。先生谓：'吾心者，所以造天地万物者也，匪是，则黝没荒忽，而天地万物熄矣。故鸢之飞，鱼之跃，虽曰无心，然不过为形气驱之使然，非鸢鱼能一一循乎道也。'此与文成一气相通之旨，不能相似矣。"

17. 伊秉绶

伊秉绶过白鹿洞书院，观王阳明诗，留下《白鹿洞次王文成公韵》："白云走如鹿，隐者安可见？五老故多情，拨云出层巘。天风吹我襟，湖水照我面。洞门町疃荒，石径阴晴变。昔贤讲堂在，一过恍乘传。徘徊独对亭，但有中心眷。屡虞神虎迹，杯倩流莺劝。茵席展名山，何暇陆朱辨！"伊秉绶（1754—1815），字组似，号墨卿、默庵。福建汀州人。乾隆五十四年（1789）进士，历官刑部主事、惠州知府、扬州知府、两淮盐运史。书法家。

18. 魏禧

魏禧《读邓南津天宁废寺诗因感白鹿洞书院作》诗："天宁高寺临古盱，昔日繁华今荒芜，深殿无灯鬼昼呼。马夫三尺延殿除，扈厮烂漫睡呿呿。邓子过之三欷歔，归作长篇刺芯刍。前年我行游匡庐，五老猕豫扳山狙，力尽玉川足趑趄。恭闻白鹿麓南偶，先圣先贤遗令模。从之不惮我仆痛，白日欲落啼野乌。松阴竹阴光模糊，入门登堂色丘墟。至圣戴板坐中区，弟子潦倒班两庑。丹粉剥落纷头颅，冕无缀旒缨绝须。叩头再拜起踌躇，不敢久留张足趋。嚜嘻！白鹿白鹿多生徒，秋稼登场复何如。但闻诸村昨日下官符，皂隶分头征洞租。"魏禧（1624—1681），字冰叔，号裕斋、勺庭，江西宁都人。与侯朝宗、汪琬合称"明末清初散文三大家"，与兄魏祥、弟魏礼并美，世称"三魏"，与彭士望、林时益、李腾蛟、邱维屏、彭任、曾灿等合称"易堂九子"，多次参加抗清斗争。魏禧论文主张经世致用，积理、练识，长于策论等以广大胸怀而谋天下之事的文体，同时对其他文体的创作有所心得，并且写出了煌煌百万字的作品。文章多颂扬民族气节人事，表现出浓烈的民族意识。尊崇阳明学。

19. 魏际瑞

魏际瑞《白鹿洞》诗："季子先来此，曾言洞口松。千株百株尽古怪，烟生白日寒溟濛。中有紫霞诗，壁上拏惊龙。风雷轰裂变昼夜，精灵破壁腾秋空。洞门之侧立五老，洞中之鹿如冥鸿。五老骑鹿去不返，遂使千古朱陆纷异同。鹿不归，洞已没。洞口苍松日夜号，苔藓缘碑蚀山骨。"又："洞口松云万树移，紫霞曾此一留诗。只今白鹿如黄鹤，李白重来不敢题。"魏际瑞（1620—1677），江西宁都人。明末文学家，"易堂九子"之一。

20. 彭士望

彭士望《白鹿洞谒朱晦翁先生题壁》诗："剩水残山只一身，萧然来拜古先民。江南虽幸无降表，湖北何曾有角巾。入字青田同立脚，千年白洞只明伦。野人心祀凭谁荐，独向寒波怀采萍。晦翁云：'南渡以来八字立脚究心此道者，惟某与青田陆子静二人而已。'鹿洞教条以五伦为首。"彭士望（1610—1683），本姓危，字躬庵，又字达生，江西南昌人。明末文学家，"易堂九子"之一。其学说，大抵以王阳明、罗念庵之说为主，但倾向实用。

21. 张象文

张象文有《文公朱子专祠碑记》："朱子守南康军，重辟白鹿书院，后迁浙东提举。鹿洞诸生立生祠奉，朱子闻而遗书撤之。殁后，开禧乙亥，复以周濂溪、程明道、伊川三夫子并祀宗儒，继以陆象山、王阳明二先生合祀焉。此朱子之祀所由来也。岁丁卯，我皇上颁赐'学达性天'匾额，初与大成殿'万世师表'同悬。夫'万世师表'尊宣圣也，'学达性天'崇紫阳也。今以紫阳之匾加宣圣之堂，于义弗协。余乃与学博熊君士伯言，鹿洞礼教攸关，其所以妥侑朱子者，有所未尽，须详明院司道宪，更于宗儒堂外，择先贤旧址，特建祠一所，前后二进，专祀朱子，东西位配以鹿洞从事者十有四人，颜其门曰白鹿洞紫阳书院。栋宇坚朴，规模弘敞，多士慰焉。盖濂溪莅南康军时，鹿洞久湮，二程未至鹿洞，望而祀之。象山来自金陵，讲义勒石，未曾专驻。阳明擒宸濠，游匡庐，憩鹿洞，手录《大学》《中庸》古本，及独对亭题咏镌石立洞，兼置田养士，其功迹俱不可泯，统祀宗儒，宜也。朱子守南康甫二年，善政惠民，郡乘彪炳。惟经营鹿洞书院，立殿堂，请敕额，校书籍，置田亩，惓惓以昌明正学、教育人才为念。上以绍千圣道统之传，下以阐奕世师儒之绪。重荷圣天子眷注宠锡，良有以也。余忝任康郡，数年来冰兢职守，每坐六老堂，常怀惕若，用是肃俎豆，荐蘋繁，端祀朱子于风泉云壑间，不亦宜乎！工始于某年月日，告成于某年月日。董其事者学博熊士伯，并识之。"张象文，清康熙年间任南康知府。康熙四十八年（1709），应南康府教授熊士伯之请，南康知府张象文创建此祠专祀朱熹。祠中立朱熹自画像石刻，左有张象文《文公朱子专祠碑记》，右有《白鹿洞书院教条》碑刻。

22. 方以智

　　方以智曾任白鹿洞书院山长。方以智推崇王阳明"致良知"的"心学"，以"至善统善恶"这一命题对王阳明的"无善无恶是谓至善"说作出了诠释和辩护。方以智（1611—?），字密之，号曼公等，人称药地和尚。今安徽桐城人。"明末四公子"之一。居白鹿洞书院时号无可道人。熊德阳《重修圣殿记》："仿徐公亦奉和中丞蔡公之命求主洞者，举前翰林方以智、布衣方文以应。"方文，字尔止，号嵞山，安徽桐城人。或者因为方以智未就而复聘方文。徐公，徐士仪,字伯羽,清顺治七年时在南康府知府任上。

23. 黄道周

黄道周系王阳明后学。黄道周(1585—1646),字幼元,又字螭若、螭平,号石斋。今福建东山人。天启进士,历官翰林院修撰、詹事府少詹事。南明隆武(1645—1646)时,任吏部尚书兼兵部尚书、武英殿大学士(首辅)。因抗清失败被俘,后壮烈殉国。曾在白鹿洞书院讲学。有《辞匡庐》诗:"西林与归宗,胸背一百里。白鹿时往来,丹书系两耳。"

24. 蔡懋德

蔡懋德(1586—1644),字维立,一字公虞,号云怡。今江苏昆山人。万历进士,官至山西巡抚。为江西提学副使,于白鹿洞书院讲《孝经》大义,作《文心八则》以正诸生文体。蔡懋德工书法,拜三峰法藏禅师参学净土,与金正希、黄元公等居士结密社,律身如苦行僧。蔡懋德少时敬慕王阳明的学问和为人,常以王阳明《拔本塞源论》教诸后生,还依此撰成《圣门律令》,以勉学人。宋之盛《跋蔡忠襄先生正学贞节序论》:"先生讳懋德,字维立,昆山人,万历四十七年进士,原任山西巡抚。崇祯甲申二月,李自成至太原,城陷,先生与副应时盛等死之。崇祯壬申,小子盛以科试道受知忠襄蔡云怡先生,时先生讲学白鹿洞,谆谆然揭阳明'拔本塞源'论为的。其论推'一体万物'之旨以教以学,以用人、用于人,无崇卑劳逸,惟知同心一意,以安天下之民也。时小子盛盖窃识云之。"

一、古人著述

[宋]普济.五灯会元[M].苏渊雷点校.北京:中华书局,1984.

[明]黄宗羲.明儒学案[M].黄宗羲全集:第7、8册.杭州:浙江古籍出版社,1992.

[明]王守仁.王阳明全集[M].吴光,董平,钱明,等,编校.上海:上海古籍出版社,1992.

[明]严嵩.钤山堂集[M].影印本.上海:上海古籍出版社,2002.

[明]邹守益.邹守益集[M].董平,编校整理.南京:凤凰出版社,2007.

[明]邹元标.愿学集[M].上海:上海古籍出版社,1987.

[明]邵宝.容春堂别集[M].上海:上海古籍出版社,1987.

[明]焦竑.国朝献征录[M].上海:上海古籍出版

社,2022.

[明]李梦阳,等.白鹿洞书院古志五种[M].北京:中华

书局,1995.

[明]湛若水.泉翁大全集[M].

[明]万虞恺.枫潭集钞[M].北京:北京出版社,2000.

[明]薛应旂.方山先生文录[M].济南:齐鲁书社,2002.

[明]王畿.龙溪先生全集[M].南京:凤凰出版社,2007.

[明]程敏政.篁墩文集[M].上海:上海古籍出版社,1987.

[明]魏校.庄渠遗书[M].上海:上海古籍出版社,2022.

[明]查铎.阐道集[M].北京:北京出版社,2000.

[明]王阳明.阳明先生集要[M].施邦曜,辑评,北京:中华书局,2008.

[明]黄宗羲.明儒学案[M].北京:中华书局,1985.

[明]罗钦顺.困知记[M].

[明]薛侃.中离先生全集[M].

[明]王时槐.友庆堂合稿[M].刻本.1610(万历三十八年).

[明]明史纪事本末[M].北京:中华书局,1997.

[明]明武宗实录[M].上海:上海书店,1984.

[明]宋仪望.华阳馆诗集[M].万历刻本.

[清]永瑢.四库全书总目[M].北京:中华书局,1987.

[清]王懋竑.朱熹年谱[M].

[清]徐松.宋会要辑稿[M].北京:中华书局,1957.

[清]罗天尺.五山志林[M].顺德县志办公室,1986.

[清]廖文英.白鹿洞书院志[M].济南:齐鲁书社,1997.

[清]蔡瀛.庐山小志[M].刻本.1824(道光四年).

[清]王士禛.皇华纪闻[M].济南:齐鲁书社,2022.

[清]文行远.浔阳蹈醢[M].鸿文斋刻本.1873(同治十三年).

［清］施闰章、蔡蓁春.宛雅二编［M］.

［清］章学诚.章学诚遗书［M］.北京:文物出版社,1985.

［清］张廷玉.明史·王守仁传:卷195［M］.北京:中华书局,1974.

［清］四库全书［M］.上海:上海古籍出版社,1987.

二、方志

《江西通志》,清光绪刻本。

《南康府志》,清同治刻本。

《星子县志》,清同治刻本。

《诸暨县志》,清乾隆刻本。

《九江府志》,清同治刻本。

《贵州通志》,清同治刻本。

《江西通志》,清雍正刻本。

《浙江通志》,清雍正刻本。

《安徽通志》,清光绪刻本。

《赣州府志》,明嘉靖刻本。

《赣州府志》,清同治刻本。

《南安府志》,明万历刻本,日本藏中国罕见地方志丛刊,书目文献出版社,1990 年。

《虔台志》,明嘉靖刻本。

《虔台志》(重修),明天启刻本。

《赣县志》,清同治刻本。

《九江府志》,清同治刻本。

《广信府志》,清雍正刻本。

《饶州府志》,清康熙刻本。

《九江府志》,清同治刻本。

《南昌府志》,清同治刻本。

《抚州府志》,清光绪刻本。

《袁州府志》,清同治刻本。

《吉安府志》,清光绪刻本。

《临江府志》,清同治刻本。

三、今人著述

陈谷嘉,邓洪波.中国书院史资料[M].杭州:浙江教育出版社,1998.

李宁宁.朱子白鹿洞规条目注疏[M].南昌:江西人民出版社,2014.

李宁宁,高峰.白鹿洞书院艺文新志[M].南昌:江西人民出版社,2007.

李才栋,熊庆年.白鹿洞书院碑记集[M].南昌:江西教育出版社,1995.

黎业明.湛若水年谱[M].上海:上海古籍出版社,2016.

孙家骅,等.白鹿洞书院百年纪事[M].南昌:江西高校出版社,2020.

吴平,吴建伟.鉴真年谱[M].扬州:广陵书社,2018.

吴震.明代知识界讲学活动系年:1522—1602[M].上海:学林出版社,2003.

吴国富,黎华.白鹿洞书院[M].长沙:湖南大学出版社,2013.

吴国富.新纂白鹿洞书院志[M].南昌:江西人民出版社,2015.

吴宗慈.庐山诗文金石广存[M].南昌:江西人民出版社,1996.

吴宗慈,胡迎建.庐山志[M].南昌:江西人民出版社,1996.

杨永康.李梦阳年谱[M].北京:新华出版社,2001.

朱鸿林.明人著作与生平发微[M].桂林:广西师范大学出版社,2005.

王懋竑.朱熹年谱[M].北京:中华书局,1998.

郑翔.庐山历代诗词全集[M].上海:上海古籍出版社,2010.

白寿彝,启功,等.文史英华:学案卷[M].长沙:湖南出版社,1993.

贺伟.会讲故事的庐山石刻[M].南昌:江西美术出版社,2007.

束景南.王阳明年说长编[M].上海:上海古籍出版社,2017.

吴宗慈.庐山志[M].南昌:江西人民出版社,2007.

周建华.王阳明南赣活动研究[M].北京:中国文联出版社,2002.

周建华.朱熹与江西文化研究[M].南昌:百花洲文艺出版社,2004.

周建华.南赣理学及其影响[M].北京:线装书局,2012.

周建华.王阳明与江西[M].南昌:江西高校出版社,2017.

邵启贤.赣石录[M].石印本.1920.

江西省林志[M].合肥:黄山书社,1999.

四、工具书

李崇智.中国历代年号考[M].北京:中华书局,1981.

中国历史纪年表[M].上海:上海人民出版社,1976.